王剑冰——著

中国电力出版社
CHINA ELECTRIC POWER PRESS

图书在版编目（CIP）数据

南瑞之变 / 王剑冰著. -- 北京 : 中国电力出版社，
2024. 7.（2024. 9 重印）- - ISBN 978-7-5198-9029-2

Ⅰ. I25

中国国家版本馆 CIP 数据核字第 2024R1G581 号

出版发行：中国电力出版社
地　　址：北京市东城区北京站西街 19 号（邮政编码 100005）
网　　址：http://www.cepp.sgcc.com.cn
责任编辑：王春娟　张　瑶（010-63412503）
责任校对：黄　蓓　郝军燕
装帧设计：张俊霞
责任印制：石　雷

印　　刷：北京顶佳世纪印刷有限公司
版　　次：2024 年 7 月第一版
印　　次：2024 年 9 月北京第二次印刷
开　　本：710 毫米 × 1000 毫米　16 开本
印　　张：28.5
字　　数：316 千字
定　　价：98.00 元

以十年磨一剑的韧劲，
以"一辈子办成一件事"的执着，
攻关高精尖技术，
成就有价值的人生。

第二部 创新驱动：创新是基因和动力

第三部 人才支撑：人才是核心和根本

第一部 | 发展奋进：
发展是基础和关键

南瑞，沐浴江南南京之瑞阳，50年攻坚克难，风雨兼程，肩扛使命，一路走来。

南瑞，胸怀国之大者，半个世纪开拓进取，创造辉煌，不忘初心，向光前行。

50年来，南瑞集团作为国家电网公司直属科研产业单位，通过践行科技自立自强，推进产业转型升级，推动创新链与产业链深度融合，从无到有，从弱到强，参与和见证了中国电力事业的高速发展，实现了技术水平领先、产业动力强劲的目标。50年后的今天，我们走进南瑞，怀着欣喜和崇敬，追忆南瑞的发展，展现南瑞的精神、智慧和理想。

2023年，习近平总书记考察南瑞，极大地鼓舞了南瑞集团的广大员工，他们更是乘着这一强劲东风，秉持科技兴国、产业强国的初心，推进高质量发展，在保障电网安全、推动电网智能化的征程中再攀高峰！

第一章　走进南瑞

一、殷殷寄语

01

2023 年，是南瑞集团 50 年华诞。

7 月 6 日，一个阳光明媚的日子，习近平总书记来到南瑞集团考察调研！

总书记走进南瑞集团的展厅，详细了解特高压输电技术、电网调度自动化系统、电网安全稳定装置及控制系统、巨型水电站监控系统及装备等核心技术。

当总书记听到南瑞的特高压装备在巴西美丽山工程中成功应用，标志着我国特高压技术、装备和标准已经"走出去"时，总书记表示肯定。

总书记非常关心企业的发展，对这个重大工程很熟悉。巴西美丽山水电站是世界第四大水电站，二期特高压线路跨越 2500 多公里，用电覆盖面涉及近 1600 万人口。2017 年和 2019 年，中华人民共和国主席习近平与巴西总统共同见证了巴西矿产能源部向中国国家电网公司颁发巴西美丽山水电特高压直流送出二期工程项目开工许可和运行许可。

总书记勉励南瑞集团："你们企业对国家整个电网系统安全、效率、智能化，发挥了很大作用，要继续办好。"

02

在企业智能制造生产区，习近平总书记详细了解企业开展核心技术攻关、服务电网安全、电力保供和能源转型等情况。

总书记考察的智能制造生产区所在的 3 号生产楼共有 4 层，包括 12 条板件生产线、5 条装置生产线。在高度智能化的柔性化生产车间里，板件生产线并行作业，平均每分钟就能生产 1 块板件。1 分钟内，每块板件要经历贴装、焊接、检测等多道工序。隔着玻璃墙，一台巨大的橘色"板件机器"像一只"大手臂"，不停抓取板件"奋力工作"。南瑞集团自主可控的自动化产品都源自这里。

见到总书记，热情的员工们围拢过来，向总书记高声问好。

"大家在这里工作满不满意？"

"满意！"

"都有下一步去努力奋斗的目标吧？"

"有！"

看到大家意气风发、朝气蓬勃，习近平总书记的话语充满期待：

"我们说大器晚成，大器是什么？就是那些最好的东西、最高精尖的东西，这些东西都不是一下子可以做成的，都要下很大的功夫，甚至要用毕生精力。希望大家立志高远、脚踏实地，一步一步往前走，以十年磨一剑的韧劲，以'一辈子办成一件事'的执着，攻关高精尖技术，成就有价值的人生。"

总书记指出，能源保障和安全事关国计民生，是须臾不可忽视的"国之大者"。要加快推动关键技术、核心产品迭代升级和新技术智慧赋能，提高国家能源安全和保障能力。

南瑞集团的员工大部分是中青年，他们是集团的生力军。总书记的亲切勉励，使他们懂得了精修、磨炼和深潜的志向，更加坚定了信心和信念，对责任和担当有了更深的领悟。

03

正当南瑞集团成立 50 年的节点，总书记来南瑞考察调研，极大地鼓舞了南瑞的广大员工。

在学习习近平总书记考察调研南瑞的重要指示精神时，南瑞人感召于国家科技创新的战略和使命，决心勇担重任，勇攀高峰，当好建设世界科技强国的排头兵。

南瑞集团负责人说："我们要深入贯彻落实总书记要求，心无旁骛潜心攻坚，为国家能源转型、大电网安全稳定运行做出更大贡献。"

现在，南瑞人正乘着习近平总书记考察调研南瑞的东风，牢记总书记的殷殷嘱托，坚守迎难而上、刻苦钻研、求实创新、勇攀高峰的精神，再接再厉，努力推进南瑞集团高质量发展，为加快构建新型电力系统，书写新的精彩华章。

二、国之重托

01

新的时代，科技创新，科技赋能。科技，成为第一生产力。

在切实感受到现代科技力量的同时，我们或许会想起一个响亮名词：国家电网。

是的，就是有这么一张网，处于我们的周围，为我们的生活和工作保驾护航。它的背后，是一支默默奉献、勤奋工作的庞大团队。

你会看到越来越大的变化，到处都在架线，变电站如雨后春笋，超高压、特高压，西电东送、清洁能源、智能发电……一个个新名词触动人心。

进入新时代的 12 年来，作为关系国家能源安全和国民经济命脉的特大型国有重点企业，国家电网公司坚定不移推进能源消费革命、能源供给革命、能源技术革命、能源体制革命，深化国际合作，真正做到了把能源的金钥匙牢牢握在自己手中，更好地支撑和服务中国式现代化。

12 年来，我国能源电力基础设施建设有目共睹：绿色低碳转型速度最快、安全高效发展质量最高、重大科技创新成果最多、国际电力合作领域最广。在全球业界，我国发电装机容量、新能源装机容量、输电线路长度、变电容量、发电量、用电量独占鳌头。

02

那么，要想进一步看到我国电力的科技之光，就让我们走进南瑞集团，走进这个国之重托的优秀企业。

我们知道，30 多年来，中国电网是全世界唯一没有发生大面积停电事故的特大型电网。心系总书记提出的"国之大者"，南瑞人在自主可控特高压输电、柔性交直流输电、大电网安全稳定、继电保护等核心技术攻关上取得了一系列新突破，并且构建了以

"三道防线"为基础、适应我国国情的电网风险防御技术及装备体系，保障了我国电网安全稳定运行。

大国重器，已经牢牢掌握在我们自己手里。

截至 2023 年年底，国家电网公司在国内建成 35 项特高压工程，具有世界电压等级最高、输送容量最大、输电距离最远等多项"世界之最"，有力促进了电力资源在全国范围内的优化配置。

南瑞集团起了关键作用，她支撑锦屏—苏南、准东—皖南、白鹤滩—江苏、白鹤滩—浙江等特高压工程；助力山东沂蒙、安徽金寨等抽水蓄能电站投运；支撑江苏、河北等省电力公司新型电力系统建设。

可以说，我们走进南瑞集团，便走进了横刀立马、干霄凌云的高地，走进了波翻浪卷、日月经天的潮头。

南瑞集团，中国电力科技的引领者，诸多专业人才汇集的高地，时代英雄大显身手的平台。

她顺应时代潮流而生，有着既是科研单位又是企业的双重角色，也就更加拓展了她腾飞的空间，以江河入海之势，迎风破浪，一往无前。

如果说，电力是中国工业的脊梁，南瑞集团，便可称为中国电力的脊梁。

如果说，电力工业是这个时代一道耀眼的闪电，那么，南瑞集团就是这道闪电最华丽的辉光。

作为国家电网公司直属科研产业单位，作为我国能源电力及工业控制领域优秀的高科技企业集团，南瑞集团在国内外拥有极高的信誉和知名度。

我们来看——

她在特高压、继电保护、变电自动化、配电自动化、信息通信等核心产业是龙头老大;新一代调度系统、新一代用电信息采集系统、新一代集控系统、新型负荷管理系统为业界翘楚;电网资源业务中台、企业级实时量测中心、新一代设备资产精益管理系统(PMS3.0)、应急指挥系统、电力保护控制系统无与伦比;4500伏绝缘栅双极晶体管(IGBT)压接式器件、12兆瓦海上风电变流器得到用户肯定。

我们来看——

她有多个国家和世界第一:国内首套省级虚拟电厂运营管控系统,国内首台变速抽蓄全功率变流器,国内首套无储能支撑光伏自同步电压源及其场站控制系统。世界首台±1100千伏直流线路避雷器样机,世界首套完全可控换相技术换流阀,世界首个上海35千伏公里级超导输电示范工程,国际首个碳管理系统权威机构认证。在柔性直流、大电网控制领域,取得了一大批具有自主知识产权、世界领先的重大成果。

我们来看——

她先后攻克了交直流混联电网、新能源大规模接入电网的继电保护关键理论技术难题。国内所有特高压直流输电工程、国家电网公司六大区域电网系统保护工程,全部采用南瑞集团研发的安全稳定控制系统。安全稳定控制装置整体国产化率达到100%。

我们来看——

她在输变电装备、配用电自动化、水电站自动化、轨道交通综合监控等领域,完全达到了国际先进水平,并且全力支持以"一带一路"为标志的国际能源合作。巴西美丽山特高压直流送出一期、二期工程,巴西东北部新能源送出特高压直流输电特许权项目，巴基斯坦默拉直流输电工程等特高压技术，在海外生根开花。2022 年，南瑞集团又中标德国海上风电柔直项目，实现了高端装备在欧洲市场零的突破。

……

03

可以说，我们走进南瑞集团，就走进了气势磅礴、壮烈豪迈的宏大史诗，走进了生机勃勃、异彩纷呈的精美画卷。

我们看到，南瑞集团聚人才也聚产业，始终占据企业科技创新主体地位，保持电网自动化、信息通信等传统产业强劲势头，全面布局大数据中心、工业互联网、5G 应用、人工智能等新兴产业，加快智能终端、IGBT、电力物联网、海上风电、综合能源服务、储能、智慧消防、带电作业机器人等新业务发展。

我们欣喜地知道，现在，南瑞集团在江苏、北京、广东等 13 个省（自治区、直辖市）建有研发和产业基地，拥有 500 多种具有自主知识产权的高新技术产品，产品和服务覆盖全国及 130 多个国家和地区。

如今的南瑞集团，拥有一个全国重点实验室、两个国家工程研究中心，下属产业单位数十家。拥有 14000 名员工，博士、硕士 5000 余名。

可以说，完全构成了一个集团军般的科技方阵。这个方阵的前列，是 2 位南瑞自主培养的中国工程院院士。

04

我们不会忘记，电改变了世界，推动了生产力的发展，推动了经济社会的发展。

生活中，几乎每时每刻都离不开电。电为我们学习、娱乐和生活质量提供了保证，并且不断地提升着生活品质。

电促进了医疗保健、科技教育、娱乐文化等大量科技成果的开发和应用，推动了经济基础产业尤其是交通运输业的大发展，电动汽车、磁悬浮列车、高速电动列车等大幅度降低了运输成本、节约了能源。风力发电、太阳能发电等新能源技术的研究和应用，对于人类健康和社会的可持续发展做出重要贡献。

随着电子技术和信息通信技术的发展，电力已经很好地融合了互联网和智能终端等各种新技术。譬如智慧电网，已经使得能源管理更加高效，电子商务已经革新了商品交易方式，智能家居等产品，也赋予了家庭更多的新功能。

强国富民，工业必须发展，工业发展，电力必须跟上，没有强劲的电力，一切都无从谈起。

先前，为了解决暂时以及长远的问题，我们不得不花费大量外汇，从国外引进先进的技术，进口电力所需的高端设备和元器件。

而这些设备和元器件连带着后续长期的跟进，摆脱不了的跟进。

也就是说，你需要不断地投入。关键设备和零部件，价格高得离谱。

没有钱是万万不能的，花了钱，也不一定就千能万能。

而我们要发展，要大干快上。但是"卡脖子"的事却常有发生。尖端技术谁都不会轻易给你。

我们需要突破，需要靠自己的力量立志立身。这个举国渴盼的大事，成了国之重任。南瑞集团乘着中国电力事业迅猛发展的东风，如遇甘露，如逢朝阳。一个目标，全力以赴，跃马扬鞭，只争朝夕……

春种一粒粟，秋收万颗子。今天，南瑞人做到了，做到了不再看人脸色，不再向国外伸手，南瑞人的一个又一个新发明、新产品，完全达到了国际标准，有些达到了世界领先水平。我们的电力设备，已经可以全部采用具有自主知识产权的国产器件。

甚至可以这样说，有些西方科技大国，也越来越多地承认和使用南瑞集团的技术和产品。多年前寡头垄断的局面，被彻底改变。

中国电力人，真正地扬眉吐气了。

三、风华正茂

01

我们的目光，定格在那虎踞龙盘的六朝古都南京的长江南岸，一处绿茵蓬茸的地方。

这个安静得有些神秘的所在，就是南瑞集团有限公司，也叫国网电力科学研究院有限公司。不过，人们总是亲切地称呼她——南瑞。

有着2500年建城史和近500年建都史的南京，自古以来就是一座崇文重教的名城，这里有南京大学、东南大学等近70所高等院校，是名副其实的国家科教中心。

而南瑞集团，更是重要的科研人才基地，同样担负着教书育人的责任。其有研究生招生资格，有硕士学位授予权，并与浙江大学、西安交通大学、山东大学、东南大学、河海大学和武汉大学联合培养博士研究生。南瑞还设有博士后科研工作站。

南瑞还与南京师范大学共建南瑞电气与自动化学院，南瑞每年招收的不少硕士和博士均来自这个学院。

可见，南瑞处于南京这样一个地方，是多么重要，又是多么和谐。

多少年来，人们已经有一种意识，或者说一种下意识，那就是如果特别在意一个名字，就会把这个名字同一个地方联系起来，只要提到这个地方，就会联想到那个名字。

由此，人们提起南京，就会想到南瑞，而提到南瑞，也会想到南京。京是一种聚合，一种气势，瑞是一种美好，一种气象。这是两个意义相近的词语，是两个相辅相成的组合。有时候，你会感觉，京也是瑞，瑞也是京。

南京与南瑞，是一种互光互采的关系。南瑞得益于南京，南京也因南瑞而骄傲。南京祥瑞——南瑞。

02

南瑞的西北，有一座起伏的山峦，双峰突起，东西对峙，形似牛头的双角，气势非凡。

问旁边的人是什么山，回答是牛首山，也称天阙山。

说东晋时期，晋元帝司马睿渡江初建东晋王朝，定都建康（今南京），想在皇宫外建造石阙，以示皇权至尊。

宰相王导认为国家初创，不宜大兴土木。于是请晋元帝出游，看见牛首山双峰对峙，趁机劝喻："此天阙也，岂烦改作！"元帝欣然打消兴建双阙的念头，称牛首山为天阙。

好名字，南瑞在牛首山跟前，是一种巧合，也是一种天意。

南瑞在国家电力研究和制造领域卓越超群，自然是牛首。而天阙，也是一种美好的意象。

03

半年来，我多次到南瑞采访，走进一座座大楼，走进一个个实验室、一个个智能制造生产区、一个个检测大厅，我总觉得来到一个新天地。

是的，这座集研究、生产与试验检测为一体的园区，舒适、整洁、安静，充满了现代气息。

当你走进南瑞，就如走进了南京的一处温馨的公园，一所优雅的校园。

你会觉得那一群群的年轻人，仍旧是一个个学子，他们风华正茂，朝气蓬勃，在这片大有作为的广阔天地，不断书写着最新最美的文字。

谁能想到呢？每天 80 多辆浅绿色的大巴，穿越南京的各条大街，最后竟是驶向了这里。

04

在南瑞阔大的空间里，有一个人们喜欢的瑞湖。

一泓湖水，总是那么净、那么蓝。湖里两只白鹅，或自在地划水，或优雅地散步。

它们已经把员工们当作朋友，员工也亲切地称呼它们——"瑞鹅"。

瑞湖周围，是绿茵如毯的草坪和奇特秀美的假山，阳光洒在上边，透出一片亮丽而朦胧的色光。

有鸟儿从哪里飞出，又落在哪棵树上。

这时就看到一条条道路两旁，有着数不清的枫杨、紫叶李、女贞和樱花。还有一丛丛的火棘，举着红红的果实。

鸟儿十分喜爱这里的环境，它们干脆将巢做在树上，在这里谈情说爱，生儿育女。

一条大路通往"双创青年林"，这是南瑞的年轻人共同打造的一道景观。

那些树已经长成可观的森林，透出一种青春勃发的朝气。

香樟大道，一棵棵挺拔的大树拉起手来，拉出一条清香馥郁的绿色长廊。走在其间，心情会格外地舒展。

布谷鸟从这棵树飞到另一棵树上，不断地发出"布谷、布谷"的叫声。

似在告诉你，又一个季节来到了。

第二章　一步一步往前走

一、筚路蓝缕开新篇（1973—1991）

万事开头难，但是，艰难困苦，压不垮他们执着的信念，荆棘塞途，阻止不了他们坚毅的脚步。一张白纸，好写最新最美的文字，好画最新最美的图画。

没有技术参照，自己比画设计，没有仪器设备，自己发明创造，没有办公场地，锅炉房、装箱间，照样干事业。

千淘万漉虽辛苦，吹尽狂沙始到金。

01

时光倒回。

1973 年 5 月 3 日。

南瑞之源，水利电力部南京自动化研究所宣告成立。根据有关批复，水利电力部一纸调令，下放到南京水电仪表厂的原电力科学研究院、华北电力设计院、北京水利科学研究院、良乡电力建设研究所等单位的几十位科技工作者，带着希望，从天南海北相聚在这片热土。

这个研究所，180 人的事业编制，设继电保护、计算机、远动通信、土工仪器和坝工仪器五个专业。明确为县团级单位。

牌子不小，地方不大。

建所初期，没有自己的办公场地，利用的是南京水利电力仪表厂的厂房。

各个专业部门，还不是研究室，而是"组"，几个组分散在工厂的一些小角落里办公。

02

我们至今能看到一幅照片，那是一座锅炉，废弃的锅炉，像一个庞然大物，更像是一个蒸汽机车。

是的，这里曾经是厂子的锅炉房。

厂里腾不出更多地方，继电保护组，正在研究国家重点工程项目"500千伏晶体管继电保护"，没有固定场地，就在这个已经停火的布满灰尘的锅炉房里办公。

科研人员每天面对着庞大的锅炉，就像看到了进军的火车头。

也许那个时候，有人走进这科研室，会感到莫名其妙，感到不可思议。

当时的国情同今天的南瑞真的是没有比头。但是，它诞生且传续了南瑞精神。

那就是：坚韧不拔，励志求变，自立自强。

环境好坏不重要，重要的是人心，只要人心齐，泰山也能移。

03

就在这样的环境下，南京自动化研究所又接受了一项国家重点项目——SD-176型电子计算机及其配套设备研制。

那时中国电网自动化装置都是国际巨头的产品，价格昂贵。

水利电力部开展引进国外继电保护系统国产化的攻关工作，南京自动化研究所肩负重托，领命出征。

见证 SD-176 型计算机设备研制的工程师金振东说：当时，由于国外对中国采取技术封锁，条件非常艰苦，我们拥有的唯一的计算机设备，就是一台电脑主机。相关的接口、驱动，都是在没有任何技术援助的基础上独立开发。

那时实在可怜：一个电脑显示器，还是用电视机改造的。

是的，就在这样困苦的环境下，在这样艰难的背景下，几十名电力科技人员，胸怀献身中国电力事业的大志，开启了他们筚路蓝缕的科研之路。

04

1979 年，南京市终于把善意和希望的目光，投向了这个研究单位，将市木材公司中央门制箱厂 53.98 亩土地，划拨给研究所。

自动化研究所的职工兴奋万分。

他们终于要有建设自己独立的研究室、实验室的地方了！

1979 年 12 月 25 日，蔡家巷 24 号一声哨响，打桩机铿锵有力地打下了第一根桩。

3 年过后。1983 年 5 月，科研主楼顺利竣工。

那雄伟矗立的科研大厦，不仅在当时的蔡家巷，甚至在南京城，都算得上是亮眼的建筑。

好消息接踵而至。

1985 年 8 月，国家再次拨付经费，紧贴着主楼，建成了科研副楼。主副相依，错落有致，颇有些艺术感，也平添了科研气象。

紧接着，工厂厂房、科研辅助用房、礼堂、食堂、招待所以及职工宿舍，相继建成。

完全是要大搞特搞电力科技的架势了。

只要从蔡家巷这条不算宽阔的小路经过，大老远就会看到那新起的漂亮建筑。

他们甚至有些羡慕这个单位的良好环境和生活条件。后来，院子里又建起了两栋当时南京最高的职工住宅楼。

他们那个赞叹劲儿，就更不用说了。

05

困苦中起家的南京自动化研究所，有了一次次科研上的华丽转身。

1977 年，南京自动化研究所完成了国家重点项目 SD-176 型电子计算机及其配套设备的研制，1978 年在京津唐电网投运。

在此基础上，又研制出我国首个电网监视双计算机系统。中国电力系统调度管理，从此进入了计算机在线应用阶段。

科学的春天来得稍晚一些，但终究是来了，在寒冷的风霜雪雨后款款地来了。

1984 年，水电部对南京自动化研究所的这个研究，给予了科学技术进步奖一等奖。

1985 年，南京自动化研究所电网监视双计算机系统，又荣获了国家科学技术进步奖二等奖。

1978 年，全国恢复了研究生教育制度。南京自动化研究所获批招收首届硕士研究生 14 名。

中国工程院院士薛禹胜和沈国荣，分别是南京自动化研究所自主培养的第一届、第二届硕士研究生。

40多年，这棵大树结出了累累硕果——

截至2023年底，南瑞共招收硕士研究生716人，毕业620人；与其他高校联合培养硕士693人，毕业574人；联合培养博士86人，毕业58人；累计招收博士后50人，出站28人。

06

1981年7月，由电力部科技委组织鉴定的"光纤通信在电力系统中的应用——南京3.2公里光纤通信系统"，是我国电力工业第一个由实验转入实用的光纤通信系统。

此项研究，获1981年度水电部重大科学技术成果二等奖。

研究所的实力越来越显著，县团级的建制似乎是小了。

于是，水电部在1983年8月3日再次下文：南京自动化研究所，调整为地师级单位。

级别重要也不重要。

南京自动化研究所的科技工作者，在近20年的时间内，完成了600多项科研任务，28项成果获国家发明奖和国家科学技术进步奖，133项成果获部、省级科学技术进步奖。

可喜的是，有不少产品和系统已经可以替代进口，具备了参与国际竞争的实力。

07

伴随着时代发展的步伐，沐浴着改革开放的东风，这支电力科研队伍的步子越迈越大。

20 世纪 70 年代末，他们率先试行奖励制度。

1984 年，率先启动科研体制改革。

通过推行课题承包和拓展横向项目等方式，激发科研人员积极投身经济建设。

1985 年，南瑞成为我国首批科研体制改革的 10 家试点单位之一。

通过不断探索实践，成为我国科研院所最早实现市场化转制成功的典范。

1985 年 12 月，他们自主研发的 500 千伏线路成套继电保护装置，通过水电部科技司、机械部电工局组织的鉴定。

这套继电保护装置，填补了国内 500 千伏线路保护产品的空白，获 1987 年国家科学技术进步奖三等奖，1986 年水电部科学技术进步奖一等奖。

08

1985 年开始，水电部组织实施"四大网"调度自动化系统引进工程。

南京自动化研究所主要参与了对工程引进的技术支持、工程引进以外的软硬件开发、对引进技术的学习借鉴开发国产系统三个方面的工作。

"四电网"WESDAC-32 系统的引进，是国内电网调度自动化系统引进中唯一实行技贸结合的项目，对我国电网调度自动化系统的科研和开发，具有长期、深远的影响。

1987 年 10 月 14 日，他们自主研制的 WSST-2 型微机型双调节水轮机调速器，通过水电部科技司组织的鉴定。

这是国内第一台采用微机控制的大型双调节水轮调速器，获1988年水电部科学技术进步奖二等奖。

1987年11月，由水电部科技司组织鉴定的JKF-1型工频变化量快速方向保护装置，是国内首次研制的超高速方向保护装置。

这个装置十分重要，因而获了1988年水电部科学技术进步奖一等奖。

09

此后的成就和贡献，越发地显现出来。

1988年，他们自主研制的国内首套500千伏线路继电保护装置在国际招标中首次中标，成为南京自动化研究所继电保护产业规模发展的突破口。

1989年，他们研制的我国第一套大型水电厂计算机实时监控系统，在葛洲坝二江电厂投入运行。

这是首次在国内大型水电厂实现了计算机监控系统的实时闭环控制和功率调节，成为我国水电厂计算机监控技术从无到有的一个重要里程碑。

该项目于1990年8月通过部级鉴定，获科学技术进步奖二等奖。

1990年12月25日，天生桥—广州、天生桥—贵阳直流输电工程保护设备圆满通过验收。

1991年8月，在我国"七五"科技攻关成果展上，南京自动化研究所"七五"攻关项目DAMS-1型大坝安全自动控制系统、GGY型扬压力计、SR2型三向垂线仪、SRY型双向引张线仪、SRB

型大坝变形自动检测装置，在"水电工程筑坝技术"展览中亮相。

这是中国电力科技的华丽转身！就如舞台上猛然甩出的水袖，展露出优美的姿态。

稍微懂一点电力知识的，都会对这些成果感到惊讶和欣慰。

二、勇立潮头促改革（1992—2012）

改革开放，东风劲吹。1992年，南京自动化研究所与南瑞公司实行"一所两制"运行管理模式。1993年，南京南瑞自动化总公司注册成立。

科研支撑产业、产业反哺科研的南瑞模式成为科研体制改革中的一面旗帜。昂立船头，劈波斩浪。1998年，在市场化改革的大潮中，南京南瑞自动化总公司更名为南瑞集团，2003年10月16日一声钟响，"国电南瑞"成功上市。

从此，南瑞人大刀阔斧，奋力向前闯。时时刻刻都会有好消息传来，那真的是四海欢腾，五洲震荡。

01

可以说，20世纪80年代末期到21世纪的2012年，是南京自动化研究所的丰果期。

他们先后完成了首台继电保护装置的国产化，完成了首套变电站计算机监控系统、首套水电站计算机监控系统的开发。

由于自主研发了一大批国内首台、首套设备和系统，也就确立了南瑞在电网自动化、发电及水利自动化等领域的国内领先地位。

1992年，他们再次进入高新技术产业转化的深化改革阶段，大踏步地实行"一所两制"的运行管理模式，促进科研产业协调发展。

1993 年，为了应对市场经济发展，南京自动化研究所成立南京南瑞自动化总公司，下设农电分公司、信通分公司等市场化企业。

1994 年，由南京自动化研究所更名为南京自动化研究院，所下设研究机构"室"改称为"所"，并陆续新成立了电网所、农电所、通信所等研究所。

1998 年，南京南瑞自动化总公司更名为南京南瑞集团公司。

02

1992 年 12 月，基于扩展等面积准则（EEAC）的国际上首个在线稳定评估系统在东北电网投入试运行，被国际大电网组织确认为世界上首例成功在线暂态稳定分析和预防控制工程。

这等于又将中国的传统水袖甩到了国际舞台上，一下子惊艳了全世界。

奋进的步子越迈越大！

接下来仍是喜报频传——

1993 年 12 月 14 日，基于 RISC 工作站的 RD-800 分布式监控系统通过电力部鉴定。

1995 年，我国第一套具有完全自主知识产权的建立在统一软件平台上的 SD-6000 开放式 SCADA/EMS 系统，在山东淄博电业局投运，获 1998 年国家科学技术进步奖三等奖。

1994 年 4 月 2 日，"EEAC 在电网 EMS 和规划分析中的应用"通过电力部科技司鉴定。解决了电网稳定量化分析与控制的世界难题。1996 年，薛禹胜院士发明的扩展等面积准则（EEAC）获得国家科学技术进步奖一等奖。

1997 年 12 月 18 日，LFP-900 系列保护装置在广东省惠（州）一汕（头）500 千伏线路投入运行，该线路是国内第一条全部采用国产保护的线路。"LFP-900 系列输电线路成套保护技术及其推广应用"荣获 1999 年国家科学技术进步奖一等奖。

1998 年 8 月 25 日，我国新一代高性能、高可靠性的 DISA 系列分布式变电站监控系统通过科技成果鉴定，满足变电站自动化及无人值班需要。2001 年获国家科学技术进步奖二等奖。

1999 年 11 月，国内首套集成 IEC 870-6 系列 TASE.2 协议的新一代能量管理系统 OPEN-2000 通过技术鉴定，系统整体技术水平实现国内领先，多项核心技术达到国际先进水平。

2000 年 12 月，签约广州地铁二号线工程电力监控系统，为南瑞首个国内城市轨道交通项目。

2000 年，首次将业务基础软件平台理念引入调度管理信息化系统领域，基于自主研制的 PI2000 基础平台，构建各级调度信息管理系统（DMIS）。

……

03

科技创新、创造的可喜成果和褒奖，大大激发了干事创业的热情。

20 世纪 90 年代中后期，"南瑞继保"在整个大环境下，顺势勃发，孕育而生。

以个人股份加上南瑞品牌为依托股份，成立了带有混合所有制经济形式的南京南瑞继保电气有限公司。

在电网继电保护和综合自动化方面，进行独立研究与经营。

2003 年，一声金锣，鞭炮炸响。

国电南瑞科技股份有限公司——"国电南瑞"在上海证券交易所成功上市。

鲜花纷舞，彩球飞扬。

这是国家电网公司首家上市企业！

04

南瑞科技创新、创造仍在捷报频传——

2004 年 4 月 5 日，承接葛南直流控制保护改造项目，标志着我国已经具备超高压直流输电控制保护系统的国产化能力。

2004 年，中标三峡右岸电站 12 台机组励磁系统，获得南瑞历史上首个过亿元项目。在举世瞩目的三峡工程中，南瑞承担多项重要项目，其中包括三峡水利枢纽梯级水库水情水调自动化系统、三峡右岸及地下电站发电机组励磁系统、三峡电力系统安全稳定控制系统、三峡电力送出系列 500 千伏变电站保护和监控系统等。2009 年获得"三峡工程重大设备国产化优胜单位"荣誉称号。

2004 年 8 月，完成国华绥中发电有限责任公司 800 兆瓦二号发电机组全套励磁系统国产化改造并成功投运，打破了国外设备在中国大容量机组励磁系统市场的垄断局面。

2005 年 9 月，基于标准化平台的电网调度自动化集成系统 OPEN-3000 通过技术鉴定，系统整体技术达到国际先进水平，多项核心技术达到国际领先水平。2008 年获国家科学技术进步奖二等奖。

2005 年，RCS 系列保护装置在我国第一条 750 千伏线路——青海官亭—甘肃兰州东输变电示范工程投运。2007 年获国家科学技术进步奖二等奖。

2005 年 10 月，一举中标北京地铁 5 号线综合监控系统项目，成功开拓了南瑞城轨综合监控业务。

此后，从 2005 年至 2010 年，先后中标了上海地铁 10 号线，苏州地铁 1、2 号线，西安地铁 1、2、3 号线，重庆地铁 6 号线，东莞地铁 R1 线，宁波地铁 1 号线等多个项目，在当时的国内市场占有率达 50%。

2007 年 3 月 9 日，世界上第一个大电网停电防御系统"华东电网广域监测分析保护控制系统"项目通过国家电网公司验收，综合水平国际领先。

6 月 20 日，由薛禹胜院士领衔研制的世界上第一个大电网"集中协调、分层控制"自适应紧急控制系统——江苏电网安全稳定实时预警及协调防御系统投入试运行，填补了这一领域的世界空白。

"电力系统广域监测分析与控制系统的研发及应用"，获 2012 年度国家科学技术进步奖二等奖。

2007 年 6 月 8 日，国内首套应用 IEC 61850 标准的数字化变电站自动化系统，在华北电网北京顺义 500 千伏数字化变电站工程投运。

05

这支劲旅愈加发展壮大。

国家有关部门已经认识到，她应该担负起更加重要的重担，被赋予更多的使命。

2008 年 5 月 23 日。

国家电网公司下达文件：将国网南京自动化研究院更名为"国网电力科学研究院"。

2008 年 6 月 20 日再次下文，将国网武汉高压研究院 100% 股权注入国网电力科学研究院。

欢庆的锣鼓响起来，大红的彩带飘起来。

人们激动的心情，不亚于井冈山两支劲旅的会师。

由此，大家可以利用各自的平台，在一起大干一番事业。

由此，我们清晰地看到，作为我国科研院所首批市场化转制的成功典范，南瑞集团在抢占产业制高点、推动产业转型升级中的一行行坚实的脚印——

2008 年 12 月 29 日，长治 1000 千伏变电站自动化系统在我国第一条特高压交流示范工程——晋东南—南阳—荆门 1000 千伏特高压交流试验示范工程中应用。

2009 年，为世博会电力供应保驾护航，承担世博会园区 110 千伏蒙自智能变电站综合监控系统、500 千伏静安变电站监控系统、上海世博变电站综合自动化系统等配套工程。

2010 年 3 月，承担国家电网公司首座典型设计的电动汽车充电站——唐山南湖电动汽车充电站建设，提供全套设计、核心装备和咨询服务。

2010 年 12 月，我国第一批全面国产化的智能电网调度支持系统（D5000）10 个试点工程全部上线运行，实现特大电网多级调度控制业务一体化协同运作，该系统获 2013 年度国家科学技术进步奖二等奖。

2010 年，南瑞集团完成了对南瑞继保的股权收购。南瑞继保成为南瑞集团控股子公司。

2011 年 1 月，成功研发具有国际领先水平的 ARP-300 系列新一代高压继电保护产品。

2011 年，自主研制亚洲首套柔性直流控制保护系统，实现我国柔性直流输电控制保护技术的突破，并达到世界领先水平。

2011 年，承建的国内首个智能化水电厂项目——国网新源公司松江河智能化水电厂建设工程顺利投运。

2012 年 12 月，支撑国家电网公司通信管理系统（二期）项目上线试运行，覆盖国家电网公司总部、5 个分部和 27 个省公司。

三、砥砺奋进新时代（2013—2022）

党的十八大以来，习近平总书记作出一系列重要战略部署，为新时代能源电力发展指明了方向。

新时代的 10 年间，我们国家发生了历史性变革。2013 年，随着国家电网公司智能电网科研产业（南京）基地投运，南瑞人更是向着新的高峰迈进。

他们顺应时代大潮，勠力同心，应对各种重大挑战。南瑞的发展，进入了新的征程。

01

2013 年 6 月，雷电定位系统国家电网和南方电网数据共享工程建设完成，标志着我国电网雷电定位系统成功实现全国联网，解决了困扰多年的国家电网与南方电网边缘地区未能有效覆盖及定位精度偏低的难题。

2013 年 10 月，由南瑞提供二次系统的我国首座新一代智能变电站——北京 110 千伏海鹠落新一代智能变电站投运。

2013 年，又是一个大动作，根据指令，南瑞完成对置信电气的资产重组。

至此，南瑞旗下上市公司增至两家。

同年，南瑞集团整体搬迁至现在的国家电网公司智能电网科研产业（南京）基地。

该基地位于南京江宁，是国内第一个以智能电网自主技术研发、核心装备制造为核心的科研产业基地。

巧得很，该基地奠基的日期，同 50 年南瑞华诞活动是同一天，也是 12 月 28 日。只不过那一年是 2009 年。

当时，凭着一股子热情，用了不到 3 年时间，科技范、现代感十足的新南瑞，就矗立在占地面积 1000 亩的大地上。

02

我们如何才能展现出南瑞势不可挡的前进洪流呢？只能开列出里程碑式的业绩表。

看起来有些单调的业绩表，却又是令人振奋的波涛。

这些波涛，是南瑞人心血和汗水的凝聚与叠加——

2015 年，南瑞智能电网保护和运行控制国家重点实验室获批。

2015 年 4 月，国家 863 计划课题风电场、光伏电站集群控制系统通过科技部验收，该系统在甘肃电网和河西走廊新能源基地成功示范应用。

2015 年 6 月，采用 NES6100 励磁系统的田湾核电站 2 号发电机组顺利通过各项试验，成功并网发电。这是国产励磁系统首次应用于核电机组，打破了进口产品的垄断。

2015 年 12 月，为世界上电压等级最高、输送容量最大的真双极柔性直流输电工程——厦门±320 千伏柔性直流输电科技示范工程提供全套核心设备。

2016 年 1 月，广州蓄能电厂 B 厂计算机监控系统上位机改造项目投运。该项目是国内首个大型抽水蓄能电站监控系统由进口完全改造成国产的项目。

2016年3月，自主研发的±800千伏直流线路避雷器在湖南宾金线遵义段成功挂网，实现世界首台±800千伏直流线路避雷器在特高压直流输电线路上的工程应用。

2016年8月26日，承担的世界最高电压、最大容量柔性直流输电工程——鲁西背靠背直流输电安全稳定控制系统工程通过现场验收并投入试运行，南瑞安全稳定控制系统首次应用于柔性直流与常规直流结合的综合控制。

2016年11月，为世界上电压等级最高、容量最大的统一潮流控制器（UPFC）工程——苏州南部电网500千伏统一潮流控制器示范工程提供核心技术和装备。

2016年12月29日，舟山柔性直流系统直流断路器及阻尼恢复技术示范工程投运，全球首台200千伏高压直流断路器正式投入运行，标志着我国直流高端装备实现重大突破。

2017年12月，自主研制的世界首台300兆乏调相机在±800千伏扎鲁特换流站一次并网成功并投运。

2017年，国电南瑞完成南瑞继保并购重组，南瑞集团实现核心资产整体上市。

2018年，南瑞以入选国资委"双百行动"试点综合改革为契机，成功实施首期990名骨干人员股权激励。

2018年12月，成功研发国家电网公司系统内首套自主可控四级（最高等级）安全操作系统——瑞盾安全操作系统（NARI Secos V2.0），并通过院士专家组评审。

南瑞的步子越迈越大，越干越有劲。南瑞，一艘驶往蓝海的巨轮，乘风破浪，一往无前！

03

我们再看看 2019、2020 年的南瑞成就——

2019 年 4 月，为三峡坝区秭归港口提供岸电解决方案，有效缓解三峡坝区航运污染问题，全力支撑长江航运绿色发展。

2019 年 12 月，发布"黎明牌"配网智能带电作业机器人产品，标志着国家电网公司带电作业机器人产业化工作取得重大进展。

2019 年，首套变电站远程智能巡视系统在浙江金华智慧变电站投运，实现变电站人工例行巡视工作的机器替代。

2020 年，高质量完成国网云、调控云、数据中台、业务中台等重点建设任务，建成国内首个省域电力无线专网、全网首个100G通信传输网。2020 年 7 月，建成南瑞调度自动化产品在线服务中心，提供 7×24 小时技术保障服务。

2020 年 6 月 29 日，为世界装机规模第七大的金沙江乌东德水电站提供具有完全自主知识产权的计算机监控系统及系列产品，首次全面实现重大装备国产化。

2020 年 7 月，中标国内首个线路级智慧地铁车站项目——西安地铁 14 号线项目，构建安全便捷、绿色高效的新一代智慧轨道交通。

2020 年 11 月，湖南 500 千伏鼎功变电站智慧化改造通过现场验收，该项目为全国首座 500 千伏智慧变电站。

2020 年，发布《电动汽车 ChaoJi 传导充电技术白皮书》和CHAdeM03.0 标准，迈入标准制定与产业应用新阶段，促进充电技术升级和标准国际化。

04

好消息一个接着一个。那么 2021 年呢？

2021 年 5 月，碳管理系统（CMS）首次在贵州兴义电网现场部署和示范应用。

2021 年 6 月，研制的源网荷储协调控制系统成功应用于全国首个"源网荷储一体化示范区"——浙江海宁尖山新区。

2021 年 6 月，世界电压等级最高、输送容量最大的柔性直流工程——张北可再生能源柔性直流电网试验示范工程竣工投产，该项目创造了 12 项世界第一纪录，其中，南瑞占 5 项。

2021 年 7 月，承建的目前国内标准最新、类型最全、技术领先的天津津门湖新能源车综合服务中心投运。

2021 年 9 月 7 日，中国第一笔绿色电力交易达成，南瑞集团研发的绿色电力交易"e-交易"平台和新一代电力交易平台为推进绿色电力交易正式启动发挥重要作用。

2021 年 10 月，自主知识产权的 3300 伏/1500 安 IGBT 器件在厦门柔性直流输电工程挂网试运行成功，取得电网核心功率器件"卡脖子"问题的重大突破，具有里程碑意义。

2021 年 12 月，承担二次设备总包的国华东台四期（H2）300 兆瓦海上风电场工程荣获 2020—2021 年度国家优质工程金奖，基于此工程在国内首创海上风电全景监控与预测性维护系统。

2021 年，完成国家能源集团生产运营协同调度系统（基石项目）一期建设。

2021 年，新一代设备资产精益管理系统（PMS3.0）在江苏上线发布，标志着国家电网公司现代设备管理体系数字化支撑平台基本建成。

2021 年，新一代调度技术支持系统在华东等多地试点建设，全面服务于"双高"电网一体化运行控制目标。

05

再看喜人的 2022 年——

2022 年 6 月，支撑世界首例梯级水光蓄互补联合发电系统——小金川流域梯级水光蓄互补联合发电示范工程正式投产。

2022 年 7 月，"西电东送"能源大动脉——白鹤滩—江苏±800千伏特高压直流输电工程投运，在该工程中，南瑞集团提供送端安全稳定控制系统、换流阀、阀控系统、系列高压保护系统等多项核心技术和设备。

2022 年 7 月，首批新一代调度技术支持系统试点工程陆续上线运行。

2022 年 8 月，支撑江苏省首个电动汽车 ChaoJi 充电示范项目——京沪高速泰州宣堡服务区 ChaoJi 充电站建设完成，推动 ChaoJi 充电技术进入实用阶段。

2022 年 12 月，参建的全国首台（套）单机 650 兆瓦水电机组全国产调速器、励磁系统在华能糯扎渡水电站 1 号机组投运，为我国水电站核心技术国产化替代提供了示范样板。

2022 年，碳管理系统（CMS）在行业内首个通过国际权威机构认证。

2022 年，研发国内首套面向新型城镇的能源互联网综合管控与服务平台，为绿色低碳新型城镇建设贡献力量。

2022 年，承建的 23 家省（市）公司实时量测中心上线运行，标志着以实时量测中心为核心的应用生态基本建成。

时间进入了 2023 年的春天，大步迈进的南瑞集团，接过了国资委颁发的"科改示范企业"的牌匾……

四、奋楫扬帆再启程（2023—2024）

50 年沧桑，50 年巨变，50 年的江海奔腾，50 年的砥砺前行。绿水青山，天地盎然，南瑞人绘就的蓝图，沾满太阳和星光。一代代的南瑞人，正在这太阳和星光中英姿勃发，合着新时代的脉搏，踏着新时代的步伐，奋进新征程，建功新时代，去迎接又一个 50 年，去见证伟大中国的繁荣富强！

01

习近平总书记考察调研南瑞集团一年来，南瑞的改革活力新风扑面，澎湃创新第一动力，激活人才第一资源，诸多改革新举措落子、新成效开花——

2024 年 6 月 13 日，在南瑞集团研究院（全国重点实验室），一张题为"新型电力系统 2030 重大技术结构示意"的图纸引人注目。

据科研人员介绍："我们提出了'如何针对安全低碳经济的多重目标构建电网运行控制基础理论体系'的科学问题，并根据系统实际运行需求一步步倒推至支撑其的基础，'电力系统稳定机理与量化评估'是目前我和团队正在攻关的难题。"他指着图纸上一个棕色块说，这便是当前研究院全力攻关的两大基础理论之一。

2024 年 3 月 1 日，南瑞集团研究院揭牌，以全国重点实验室为中心，打造一支跟踪科技前沿、推动原始创新的"先锋队"。与之同时，经过充分酝酿和精心筹备，南瑞研发中心优化重组方案于4月19日落地实施。区别于研究院基础前瞻研究的定位，研发中心聚焦平台技术共享、底座技术赋能、重大产品研发——这标志着南瑞集团科研体系变革又走出重要一步。

此前的2月，南瑞技术方案中心成立，为产品走出去提供整套解决方案；4月27日，南瑞技术委员会成立，汇聚73位内外部高端专家，为技术发展把舵定向……

紧锣密鼓的机构调整背后，是南瑞集团自去年以来关于科研体系变革的思索：既要提升创新引领能力，又要提升产品研发质效，通过实施科研体系引领行动，激发创新原动力。

基于此，"一个委员会、两个层级、三极架构"的新科研体系成形，以价值为导向的科研组织模式诞生。

"一个委员会即专业技术委员会，两个层级即集团级、专业公司级，三极架构则是研究院、研发中心、专业公司三个极点。"南瑞集团科技信息部负责人说，通过各自在科技创新中发挥的把方向、做基础、出产品等作用，加之正大力推行的跨专业、跨领域、大协作的创新机制，如今在南瑞，形成了一个整体的科研"作战加强连"。

"可以说，我们的科研体系变革就是贯彻落实习近平总书记考察调研南瑞集团的重要指示精神的具体体现，更加注重加快推动关键技术、核心产品迭代升级和新技术智慧赋能，更加注重基础前瞻性技术的研究。"该负责人补充道。

去行政化的管理模式，让科研人员更多关注团队合作和成果产出，得以心无旁骛搞科研。眼下，研发团队已然在电力系统稳定机理影响度方面有了突破。

优化后的研发中心致力于构建平台底座的共享中心，实现技术的标准化、模块化和广泛应用，虽仅运行两个多月，但其释放的活力让研发中心负责人感触颇深："我们在谋划方向时，就注重推动技术创新向产业实施的共享复用，促进研发与产业同频共振。比如新成立的工业自动化平台研发部，就是集约了原来比较分散的变电站、新能源、区域综合能源监控专业力量，带来的组合效应正逐步形成广泛支撑集团近 10 家专业公司的良好态势，核心竞争力和价值创造力加速迸发。"

02

一年来，南瑞集团聚力基础前瞻，坚持研以致用，科技创新取得丰硕成果——

科研体系重构打开新篇章：围绕推动创新引领能力和产品研发质效"双提升"，明确"一个委员会、两个层级、三极架构"的新科研体系，形成以价值为导向的科研组织模式，初步建成包括 15 个技术领域、33 个技术子领域和 117 个技术子类的三级技术体系，打造"技术一张图"。

核心技术攻关取得新进展：支撑国家电网公司原创技术策源地建设，新型电力系统继电保护体系研究取得突破，20 个型号保护装置在 23 个变电站示范应用。

科研支撑产业实现新突破：首套自适应紧急控制系统在华中和青海示范应用，国内首个省级虚拟电厂支撑平台在宁夏建成，新一代调度技术支持系统首批试点工程全部"切主"运行，首台分体式有载分接开关成功应用，基于国产 IGBT 的柔性直流换流阀、低压柔性互联装置、电力 5G 终端等系列新产品研制成功并应用。

创新平台建设迈上新台阶：电网运行风险防御技术与装备全国重点实验室加快科技研发，雷电灾害监测预警与安全防护重点实验室纳入国家能源研发创新平台，发起首个由我国推动成立的国际电工委员会（IEC）可持续电气化交通系统委员会（SyC SET）并承担秘书处工作，高质量举办第八届紫金论电学术研讨会……

03

2023 年至 2024 年的一年来，南瑞针对 A3 系列 IGBT 产品设立专项激励机制，成功攻克组串式储能方案中单一器件无法实现电池单簇管理的难题。

南瑞集团将国家电网公司发布的 IGBT 创新行动计划作为重点工程推进。

目前，南瑞半导体新一代适配集中式储能 PCS 的 IGBT 产品已实现高水平国产化替代，在南瑞继保储能项目批量应用，相关 IGBT 器件供货已超 7 万只。

功率半导体，作为新兴产业的典型代表之一，其重要性不言而喻。它是实现能源转换与传输的核心器件，而 IGBT 则是新一代功率半导体分立器件中的代表性产品，被称为电力系统的"CPU"，其地位和作用在能源技术领域尤为突出。

"去年总书记来集团考察时，正是我们攻关 4500 伏/3000 安大功率半导体器件的关键时期。当时团队面临的最大难题是，如何在确保器件性能的同时，消除焊接时一致性所带来的影响。"南瑞半导体公司技术人员说。

"我们采用了新的结构，与之前相比焊接应力更低、热匹配性能更强、散热能力更佳，解决了一致性问题。今年 2 月，我们自主研发的 4500 伏/3000 安压接式 IGBT 在 ±800 千伏白鹤滩—江苏特高压直流输电工程姑苏换流站成功挂网运行。"

04

在配网带电作业机器人方面，同样也有新的进展。

近期，南瑞集团所属的国网瑞嘉公司成功研发了国产机械臂样机，具备宽温、高负载特点，有效提高了配网带电作业机器人全天候作业能力。

该样机的成功研发，标志着南瑞向核心零部件自主可控迈出了坚实的一步。

高空、高压、高强电磁场是传统人工带电作业中面临的挑战。为保障作业人员人身安全，降低劳动强度，国网瑞嘉公司研发的新一代配网带电作业机器人系统解决方案应运而生。

"新一代配网带电作业机器人系统解决方案可实现由单回路搭接、断线业务扩展到更多复杂的作业场景，大幅提升作业安全水平、装备智能化水平。机器人可智能规划作业路径、高效完成带电作业，实现智能运检。"国网瑞嘉研发人员说。

自 2019 年 12 月 27 日发布配网带电作业机器人产品以来，配网带电作业机器人产业化已然完成了从无到有、从小到大的蜕变，实现了跨越式发展。目前已在 26 个省公司部署机器人 453 台。

截至 2024 年 5 月，带电作业机器人累计完成实际线路作业超过 6.86 万次。

05

围绕新型电力系统建设，南瑞集团在战略性新兴产业领域提速加力，"一业一策"推动 IGBT、储能、海上风电、机器人等新兴业务实现新突破。

1200 伏碳化硅器件在光伏、充电桩等领域规模化应用；瑞腾系列产品推广至 27 家网、省公司，全国首个变电站自主可控新型巡检机器人成功试点应用；两家单位入选专精特新"小巨人"企业……新兴业务实现收入 45.76 亿元，同比增长 28.7%。

2024 年 2 月 7 日，具有南瑞自主知识产权的 4500 伏/3000 安 IGBT 在白鹤滩—江苏±800 千伏特高压直流输电工程姑苏换流站换流阀一次挂网成功。

2024 年 3 月，由南瑞轨道公司研发的能源管理系统在厦门线网中心项目成功应用，为提高国家地铁绿色低碳发展做出积极贡献。

06

为了更敏锐地抢占市场先机，努力探索新"蓝海"，2024 年 2 月 26 日，南瑞集团新成立了技术方案中心。该中心协同营销服务中心和专业公司获取、研究和分析客户需求，聚合集团及外部资源与技术力量，为客户提供整体解决方案。

"下一步我们将精准谋划重点市场方向，针对性制订市场拓展策略，加大新业务新市场策划运作力度，形成重大潜在项目清单，实现重大项目超前策划、主动应对。"南瑞集团市场部负责人说。

2024 年以来，南瑞集团加强国际业务顶层规划，在具体业务发展上，以产品销售为主线，配套相关的技术和服务输出，聚焦重点国别市场，聚力优势专业产品推广。

2024年1月9日，印尼高级智能计量系统项目举行投运仪式，标志着南瑞集团自主研发的用电信息采集系统（Head End System）在印尼正式上线。该系统将极大地助力印尼国家电力公司开展数字化转型，有效满足其对于大规模数据采集和电网数据应用的迫切需求。

2024年2月20日，由南瑞集团配电公司和国际公司合作打造的面向马来西亚国家电力公司全域的能源综合管控平台（EIP）在Elmina示范区率先完成数据接入。实现了对分布式新能源的监测、管理和控制，最大化提升分布式新能源价值，为电力客户提供安全可靠服务，获得马来西亚国家电力公司的高度评价。

近年来，南瑞集团持续为亚洲、美洲、欧洲、非洲等地区提供先进技术、产品和解决方案，产品销售到全球130多个国家和地区，累计通过455项产品国际认证。

对标创标，引领未来。标准代表着规则话语权和产业竞争制高点。

2024年3月26日，国际电工委员会（IEC）可持续电气化交通系统委员会（SyC SET）秘书处在北京成立，由南瑞集团承担秘书处工作，实现我国IEC系统委员会秘书处工作"零"的突破。

07

2024年，是南瑞集团新科研体系建设运行的开局之年，也是重塑科技创新引领力的破冰之年。南瑞集团战略发展部负责人介绍了南瑞建设"世界级的能源互联网高科技领军企业"这一目标，其核心要义就是强化科技创新的战略地位。作为国家电网公司科技创新的主力军，身处原创引领技术、颠覆性技术和基础前沿技术持续涌现的全球科技创新活跃期，南瑞集团将以"创新南瑞"构筑能源电力"技术高地"，主动求新求变，不断提升创新驱动力、核心竞争力、价值创造力。

科技创新功在当今，利在长远。站在新的更高历史起点上，南瑞集团围绕实现高水平科技自立自强，扎根一线创新研发，践行电网运行安全守护者、电力保供技术支撑者、数能融合价值发现者的使命担当，正奋力推动科技创新工作实现新的跨越。

企业与个人发展是"共同体"，让企业发展成果惠及更多员工，工作氛围更舒心，行业地位更受尊重，是南瑞公司一直以来的追求。一年来，人才潜力得到充分有效激发，奋斗者的获得感更有成色、安全感更有保障、归属感更加强烈，南瑞成为人才"成就有价值人生"的热土。

打造幸福企业是时代的要求，打造幸福南瑞是全体南瑞人的心之所向。

第三章　光耀传承五十载

一、稳中思"变"：拓展一切可能

01

50年来，南瑞始终坚持需求导向，以创新为根本，稳中思"变"，拓展一切可能。他们瞄准"前端、高端、顶端"产品，保持高强度研发投入，加快关键技术攻关，推进科研与产业深度融合。

他们的业务领域，从1973年的继电保护、计算机等仅有的五个专业起步，发展到目前智能输变电、智能配用电、数能融合、能源低碳、工业互联、海外与工程总包五大产业集群。

涉及电力自动化及保护、电力信息通信、电力电子、发电及水利自动化、轨道交通及工业自动化设备的研发、设计、制造、销售、工程服务与总承包业务。

目前的南瑞，已是四方闪烁，八方耀彩。

南京、武汉、北京、上海、天津、深圳、西安等10多个城市，均建有先进的研发和产业基地。

为不断开拓国际市场，在18个国家和地区设立了21个驻外机构。依靠具有自主知识产权的核心技术与产品，在国际工程项目中屡屡中标。

南瑞品牌，不断在全球各个角落亮相发声。

02

南瑞的主打，就是重点实验室及学术科研平台。

为持续加强科研能力建设，在大电网安全稳定、新能源、输变电、配用电、信息通信等重点技术领域，南瑞已经拥有了 44 个实验室，可谓是全面开花。

其中有"电网运行风险防御技术与装备"全国重点实验室；

有"国家输配电安全控制设备质量检验检测中心"；

有"电力系统自动化—系统控制和经济运行国家工程研究中心"。

再具体点，还有：

国内首个大电网安全稳定控制系统实验和研究机构——"系统保护实验室"；

国际雷电监测技术指标最高、覆盖面积最广的实验研究平台——"雷电监测与防护技术实验室"；

国网系统首个以电为中心的各类能源互联互通、综合利用、优化共享的能源互联网实验研究平台——"区域能源互联网技术及应用实验室平台"。

可以说，进入了一个南瑞的新时代。

03

你看，她还拥有 40 余条产品线、200 余条子产品线、500 多种具有自主知识产权的高新技术产品。

为特高压、智能电网、能源数字化转型、市政公用、工业控制、节能环保等行业和领域，提供了 50 多种整体解决方案、上千种技术方案。

今天，我们高兴地看到，中国的电网，已经是世界规模最大、全球电压等级最高、装机容量最大、资源配置能力最强、特性最复杂的特大型电网！

这些纵横东西南北的条条银线，让每一位中国人都感到骄傲和自豪。让每一位外来人都不由自主地仰首瞩目。

全世界其他国家都做不到的事情，我们中国，做到了，在很短的时间内做到了！

我们成了后起之秀，让全世界为之刮目相看。

04

也许，人们对于以前惯常的停电记忆已经模糊。

甚至年轻人对于长辈的回忆，都认为是可笑的事情。

是啊，30 多年来，我们国家确实没有再发生大停电的现象。

重要原因之一，就是南瑞的担当。

是南瑞自主研发的电网安全稳定保护装置及控制系统、电网调度自动化系统、继电保护系统、水电站监控系统等，发挥了关键作用！

是我们的南瑞，始终以国家重大需求为导向，坚持科技自立，发展自强，打破国外封锁，填补国内空白，秉持"为用而研，研有所用"，不断承担国家级重点工程和示范工程项目，为全球能源电力发展贡献了"南瑞方案"。

前面已经有所叙述，但是我还是想要告诉你一些项目——

世界电压等级最高的±1100 千伏换流阀应用于昌吉—古泉±1100 千伏特高压直流输电工程；

国际首台 1100 千伏 GIL 实现带电考核；

±800 千伏直流线路避雷器批量应用；

自主研发的直流断路器解决了世界电力"百年难题"；

国际首台±200 千伏高压直流断路器及阻尼恢复装置在浙江舟山柔性直流工程投运；

±320 千伏柔性直流换流阀在福建厦门柔性直流工程投运；

世界电压等级最高、容量最大的 500 千伏统一潮流控制器（UPFC）工程，在苏州南部电网投运。

还有，南京智能电网和软件产业，成为国家首批先进制造业集群。

其中，智能电网集群共有企业 1200 家。南瑞成为这个集群的龙头企业，带动了国内上下游 6000 多家企业共赢发展。

如今，我国全面支撑清洁能源跨区域高效消纳，电网调度自动化系统已达到国际领先水平，而南瑞集团的产品，覆盖了全部省级以上电网调度中心。

而且，在世界装机规模第七大的乌东德水电站、世界规模最大的河北丰宁抽水蓄能电站，南瑞自主研制的国产化巨型水电站监控系统及系列产品已经全面应用。

05

我们欣喜地看到——

2022 年，南瑞集团圆满完成新兴产业培育年度重点任务，自主研制的 4500 伏 IGBT 压接式器件完成全部试验验证；

12 兆瓦海上风电变流器实现应用,落地 13 个海上风电二次集成项目;

储能变流器形成系列化产品;

......

经过 50 年的不懈努力,南瑞集团已在电网调度、继电保护等电网安全的重要领域,实现了核心技术装备的国际领先和自主可控。

二、主动识"变":支撑新型电力系统

01

党的二十大报告强调:"要积极稳妥推进碳达峰碳中和,深入推进能源革命,加快规划建设新型能源体系。"

时代的春风,越来越强劲。

这为新时代我国能源电力高质量跃升式发展,指明了前进方向,提出了更高要求。

"双碳"目标下,构建新型电力系统,是建设新型能源体系的关键内容和重要载体,是极具挑战性、开创性的系统工程。

新能源,新能源的鼓槌越擂越响。

新能源快速发展,高比例可再生能源和高比例电力电子设备的"双高"特性,日益凸显。电力系统可控对象,从以源为主扩展到源网荷储各个环节,控制规模呈指数级增长。

中国新型电力系统建设,面临巨大挑战。

02

有挑战就有应战,有目标就有动力。

南瑞集团在昂扬的战鼓声中鼓风扬帆，全力支撑新型电力系统建设，助力"碳达峰、碳中和"目标实现，为国家电网高质量发展贡献南瑞智慧和南瑞力量。

2020年9月，中国工程院院士薛禹胜再次带领团队，完善大能源系统动态仿真系统，打造融合分析平台，满足能源电力领域融合研究和工程应用需求。

我国电网调度自动化系统，已达到国际领先水平并实现自主可控，实现了特高压大电网实时运行控制，全面支撑清洁能源跨区域高效消纳。

2022年，南瑞服务于新型电力系统建设的新一代调度技术支持系统，研发成功并试点运行。

由此实现了大电网全息感知、协同控制、智能决策、统筹优化、源荷互动等电网调控全业务应用支撑。

03

作为国家电网公司科技创新的主力军，南瑞集团承担了一系列课题，全力支撑新型电力系统建设和能源转型。

我们来看——

南瑞研发的不受谐波特性影响的差动保护和基于励磁电感参数识别的变压器保护装置，在江苏500千伏骥能变电站挂网运行，标志着南瑞牵头的"新型电力系统继电保护体系架构与关键技术研究"完成首个工程示范应用。

南瑞研制的抽水蓄能静止变频启动系统（SFC）4000安高功率密度风冷阀组通过测试。为400兆瓦级抽水蓄能机组的快速启动、水冷SFC风冷改造提供强力技术支撑。该阀组技术是在实现国产化替代的基础上，通过科技创新推出的新成果。

南瑞研发的新一代智能 ChaoJi 充电桩，充电功率可达 480 千瓦，充电 10 分钟，可以续航 400 公里。这是新能源车用户的福音。

南瑞研发的变电站智能巡视系统，在浙江省 80 余座变电站推广应用。

04

南瑞集团强化企业科技创新主体地位，持续推进基础性、前瞻性研究。

2022 年，南瑞已经具备虚拟电厂平台、虚拟机组、调控终端等系列化成熟产品和不同类型虚拟电厂项目的建设经验。

目前已承建山西、浙江、江苏、福建等省份的虚拟电厂示范项目。

2023 年，电力保供和新能源消纳，带动了电网投资，重点投向特高压工程、输变电工程、现代智慧配电网、数字化电网、抽水蓄能电站建设等。

在国家大力发展新能源的时候，南瑞已经研制出全景监控系统。其将全面提升电网对新能源机组的故障感知与经济控制能力，为集团引领新型电力系统的故障防御，奠定坚实的基础。

05

现在，南瑞集团充分发挥科研产业链条紧密融合、多专业协同的特色和优势，立足于基础性、前瞻性，加大技术创新的力度——

高维不确定性电力系统安全防御体系新架构与新理论；

新型电力系统继电保护体系架构与关键技术研究；

光伏微电网核心设备与控制系统研制及示范应用……

是南瑞攻关团队正在推进的国内最热点的能源课题，是国际最前沿的电力科技项目。

在支持国家新兴电力事业发展的过程中，南瑞人豪情满怀，接续奋斗，迸发出蓬勃向上的力量。

三、创新求"变"：实现自主可控

01

目前，南瑞的先进技术、高端装备、优质服务，正以国家需求为导向，不断打破国外技术垄断，实现核心技术装备的国际领先和自主可控。

让人感到欣慰和鼓舞的是，在自主创新的道路上，南瑞人始终信心百倍，不畏艰难，一代代奋勇争先，闯关夺隘，取得了一个个具有国际先进水平、支撑和引领行业发展的科技成果——

86 项科研成果获国家级科技奖励。其中，国家科学技术进步奖特等奖 2 项，一等奖 8 项，国家技术发明奖二等奖 6 项。

1313 项科研成果获省部级科技奖励。

获发明专利授权 4895 项，其中，2 项专利获中国专利金奖，3 项专利获中国专利银奖，27 项专利获中国专利优秀奖。登记软件著作权 3110 项。

截至 2023 年 12 月，南瑞主导发布电动汽车充、换电和智能调度等优势领域的 IEC 标准 15 项、IEEE 标准 1 项、CIGRE 技术报告 3 份。

主导编制 31 项 IEC、IEEE、CIGRE 技术标准和报告。

成功主导发起成立了 IEC SC 8C 互联电力系统网络管理分委会，并挂靠秘书处。5 名专家荣获 IEC 1906 大奖。

2022 年，南瑞牵头发起成立 IEC 可持续电气化交通系统委员会（SyC SET），2023 年承担秘书处工作。

这是由我国主导的首个 IEC 系统委员会，标志着南瑞国际标准化工作取得又一重大突破。

南瑞人已经积蓄了经验和力量，他们驾起大船，要向着更深更广的蓝海出发，去耕耘世界。要把南瑞的种子，撒向五大洲。

以前是海外的设备横行无阻，现在中国的诸多技术不仅赶上，甚至超越。南瑞人有信心、有能力跨海出征了。

他们先以亚洲为中心，一步步将集团产品推向大洋洲、非洲、美洲、欧洲市场，形成了以电网调度自动化、变电站保护及自动化、直流输电及柔性交流输电、AMI 及智能电能表等为代表的国际化系列产品。

这些都是响当当的南瑞创造、南瑞制造。可以说他们满载起航，每一次都是怀着期望出发，带着喜悦归来。

从扬帆出征的那天到 2022 年算来，南瑞共主导制定或立项的国际标准有 30 项，产品通过了 439 项国际认证测试。

02

近年来，随着科技成果转化和产业化水平的不断提高，南瑞集团加快"走出去"步伐，大力实施国际化战略，加快建设重点区域的海外营销服务网络，发展代理与分销等国际业务模式，深挖东南亚、非洲等成熟市场，积极开拓美洲、欧洲等新兴市场，在海外工程总包方面积累了丰富经验。

南瑞已经在澳大利亚、俄罗斯、肯尼亚、埃塞俄比亚、菲律宾、巴基斯坦、印尼、泰国、巴西、沙特、越南等建立了 21 个海外子公司及办事处。

承接了诸如调度、变电站、光伏总包业务。

在输变电装备、配用电自动化、水电站自动化、继电保护、柔性输电、清洁能源、轨道交通综合监控等领域占据优势地位。

03

2003 年 10 月，南瑞签约越南 Nam Mu 水电站计算机监控系统及辅助控制系统供货项目。

这是中国公司首次通过正式的国际招投标方式取得的电站项目。

2004 年 9 月，中国公司在老挝的首个 EPC 水电项目——老挝南梦 3 水电站首台机组试运行。

南瑞负责其计算机监控及辅助控制系统的供货及调试。老挝副总理参加了开幕式并赞扬所有参与者。

2007 年，首次承担泰国大都市电力公司的 15 座变电站综合自动化系统批量改造。

特别需要提及的是：2007 年 9 月 27 日，南瑞与中国电机工程学会及 CIGRE 中国国家委员会共同举办 "CIGRE 中国日" 活动，来自 35 个国家的理事会成员参观了南瑞产业园区。

这一天，热闹非凡。40 多位外国友人兴致勃勃地在南瑞的园区徜徉。

他们第一次见识了中国科技园区竟然是如此整洁漂亮，充满了现代气息。

而其员工又是那么年轻，精力充沛，精神饱满。

研究、制造、检测车间，仪器先进、精美，科技感十足。

难怪南瑞的产品质量过硬，深受用户的欢迎。这是硬件和软件无与伦比的力量使然。

他们从这里走出去，会把感佩和钦佩带回去，把信任和友情带回去。

那是从南瑞撒出的鸽子，欢舞着翅膀，飞向五洲四海。

04

2012 年，南瑞承担国网巴西控股公司（SGBH）集控中心 EPC 项目。

2014 年，承接厄瓜多尔规模最大的水电站——科卡科多辛克雷（CCS）水电站高压设备现场交接试验总包项目。

这是中国的高压试验服务首次进入拉美市场。

2015 年 3 月，签约肯尼亚输电公司 Olkaria-Lessos-Kissumu 高压线路建设工程 Lot 220 千伏&132 千伏线路建设总包项目。

这是非洲电力市场总承包项目的新突破。

2015 年，签约老挝国家电力公司调度中心项目。

此项目助力老挝电力调度自动化系统，实现了从无到有的巨大跨越。

2016 年 11 月，巴西特里斯皮尔斯水电送出项目 B 标段完成送电投运。

这是南瑞控保设备正式进入巴西 500 千伏电压等级市场。标志着南瑞已经具备和 ABB、西门子等传统供应商同场竞技的资格。

2017 年 5 月，签约塞尔维亚东部小水电站机电设备改造总包项目。

这也是南瑞在欧洲水电领域获得的首个 EPC 总承包项目。

其中，始建于 1903 年的武切水电站，是塞尔维亚历史上第二座水电站，被国际电气和电子工程师协会誉为世界电力工程遗产的重要组成部分。项目改造后，获评 2021 年第九届今日水电论坛"'一带一路'中外水电国际合作优秀案例"。

2018 年 12 月，南瑞承建的印尼首个大型地面光伏总包工程——Lombok 光伏电站总包项目顺利并网发电。

这一项目也是目前印尼地区单体、总装机容量最大的光伏电站工程。

05

特别值得一提的是：2019 年 10 月，巴西美丽山二期±800 千伏特高压直流输电工程投运。

南瑞换流阀和控保系统在工程中成功应用。

南瑞派出了多人小组服务其间，并且赢得肯定和赞赏。

我会在后面的文字中专门提到他们的认真、他们的辛苦和喜悦。因为这不是一般的工程，是当今世界上较为先进的±800 千伏特高压直流输电工程。

这也就标志着中国特高压的技术、装备和标准，完全赢得了国际市场。

2019 年 12 月，签约埃及 EETD 公司的埃及新首都地下综合管廊巡线机器人项目。这是南瑞自主研发的管道巡线机器人产品，首次出口国际市场。

2019 年 12 月，签约海外单体最大 AMI 项目——沙特智能电表项目（SMP）。

2020 年 8 月，历经 5 年的跟踪、谈判，成功签订埃及斋月十日城轨道交通工程综合监控项目合同，首次实现了自主知识产权综合监控系统的海外拓展。

2020 年 9 月，承接的希腊国家电网公司（IPTO）纳克索斯岛 150 千伏 GIS 变电站总包工程正式送电投运。

2020 年 10 月，完成新加坡陆交局 LTA 充电汽车充电站建设项目。这是南瑞电动汽车充电设施，首次在海外亮相，并且占有了新的市场。

2021 年 7 月，签约海外首个 AMI 项目 EPC 总包——智利切昆塔 AMI 智能电表项目。

2021 年 9 月，参与建设的巴基斯坦默蒂亚里—拉合尔±660 千伏直流输电工程成功进入商业运行。

2022 年，南瑞在与国际同行的竞争中胜出，中标德国海上风电柔直项目。实现了高端装备在欧洲市场零的突破。

2022 年，成功签订哥伦比亚波哥大地铁 1 号线综合监控系统和综合运维系统项目合同，实现了自主信息化产品的海外突破。从 1996 年在海外市场首次运用南瑞电力产品以来，南瑞再次实现了自主产品在国际市场的蝶变升级，进入发展新阶段。

06

面对越来越多、越来越大的海外项目以及业务的广泛开展，2011 年，南瑞集团专门成立了国际业务分公司，以加快海外市场的营销布局。

在这一年，还承办了 IERE 智能电网与能效专题国际研讨会。让中国南瑞的声音，越来越广地传遍世界。

我们欣喜地看到，南瑞的国际业务，自 20 世纪 90 年代起步，从单一的小打小闹的水电专业，逐步发展为智能变电站、调度自动化、光伏发电及并网等多元化专业。这个速度惊艳了世界的目光。

他们简直不敢相信，短短的 10 年间，中国技术中国制造已经如猛虎下山，气势不可阻挡。

而且在服务和价位上显现出无可比拟的活力，使得越来越多的国家乐意接受。接受南瑞，接受中国，中国的影响力由此打开。

这是靠实力打开的，这种实力，随着南瑞的一次次扬帆，会越来越显现出来。

与此同时，南瑞积极组织和参与国际合作交流，加快国际标准制定，行业话语权和影响力不断提升。

在汹涌的波涛中，面对海外越来越多的业务开展与竞争对手，南瑞人时刻意识到，形势逼人，形势喜人。时势造英雄，潮头搏浪，奋勇争先，刻不容缓！

南瑞集团抓住了一次次机会，让南瑞创造、南瑞制造、南瑞精神名扬海外，让中国的旗帜，高高飘扬。

四、积极应"变"：只争朝夕

01

50 年来，南瑞人薪火相传，书写着一个又一个传奇。

从我国第一套 SD-176 型电网安全监视双计算机系统的研制，

到 EEAC 稳定性量化分析理论、工频变化量继电保护原理等一系列原创成果，到 WARMAP 广域分析与保护控制系统的全面应用；从 SCS、FWK、SSP 装置，到 ARP 高性能自主可控平台安全稳定控制装置的应用，到交直流跨省稳定控制，到新能源全景监控系统保护工程的应用，南瑞集团实现了从"南瑞制造"，到"南瑞创造"，再到"南瑞引领"的豪迈跨越。赓续着一代又一代南瑞人"团结拼搏、求实创新"的精神。

南瑞集团负责人说：我们发挥集团整体优势，提高内部协同创新转化效果，积极引进吸收外部优秀成果，不断激发基层员工创新创造潜能，实现从核心技术向核心产品，再到核心竞争力的快速转化，不断推进产业升级，为国家的电力事业，贡献更大效益。

面对逼人的形势，南瑞集团始终强调破除体制机制藩篱，最大限度地解放和激发科技作为第一生产力所蕴藏的巨大潜能，以推动我国能源电力科技走得更高更远。

我们看到，实验室内，科研人员正在聚精会神地破解新型电力系统关键核心技术难题。

车间里，正在制造标记着"南瑞"的电力系统高端设备。

检测大厅，正在仔细检验电力调度控制系统，进行新一代集控系统关键设备调试。

走进南瑞集团智能制造生产区，你会看到现代化的一台台高科技设备及工作其间的科技人员。

在 IGBT 封装测试生产线，南瑞的工程师正在聚精会神地攻克技术难关。

走进电磁兼容实验室，那新型而奇特的电力关键设备检测系统，让人感到无比神秘。

这个实验室由特殊的工艺材料做成，看上去像一个超现实的奇幻世界。

白色的几何体插满了整个空间，以吸附设备发出的声音。也就是说，在完全纯净的环境中，检验设备是否符合设计要求。

02

在南瑞电网公司的一楼大厅，各个机柜前都有人在操作。

我看到来自海南的 20 人的团队，正在紧张地学习智能电网的调度使用和维护，以便回去能够熟练地掌握和应用。

电网公司的工程师在一旁耐心地讲解、指导。

他们要切实保证将所有技术毫无保留地传授给同行。只有这样，南瑞集团的产品才能安全落地。

在变电公司，我遇到一个一会儿盯着仪表一会儿操作电脑的年轻女性。她来自南方电网东莞供电局变电公司。

东莞要建一座 500 千伏变电站，南瑞给予了设备支持。她和同事来了快两周了，南瑞给他们安排的内容是第一周培训，第二周测试，第三周完成验收。

我走进充电设备的防水、防火、防雷电、抗风沙等各种检测实验室，看到排队等候的各个厂家送来的检验设备。

由此知道，在充电设备的研究与开发上，南瑞已经完全称得上是实力雄厚。

这天，恰逢研发人员正在举办省级新能源汽车充电设施监管平台技术研讨。

03

人们每天都会看到，清晨，迎着第一缕霞光，一辆辆从市区各个方向驶往南瑞的大巴。

而临近下班的时段，又会看到一辆辆大巴排满公司的道路两旁。

下午 5 点 10 分左右，70 多辆大巴依次从南瑞驶出。

陪同人员说，这个时候是员工下班的高峰期。

为什么说是高峰期，还有没下班的吗？

当然，员工们各有自己的一摊子事，可能一时忙不完，不忍收手，就耽误点时间。

于是还有一些大巴，在那里静静地等候。

已经进入夜晚，月亮升上了树梢，又升到了高楼顶上，把她的辉光无声地洒在了这片宁静的地域。

我仰头望向一栋栋大楼，仍能看到星星点点的斑斓灯光。

我有些奇怪，这些人还没下班吗？一个两个还说得过去，如何是一大片的窗口都亮着灯？

我问陪同人员。

他仍说这很正常。

我提出要上楼去看看。

这些楼是不能随便上去的，得刷卡甚至刷脸，才能进入。

于是在陪同人员的带领下，我随机走入了一个个楼层。我知道，很多楼层都属于不同的单位。

04

进入一个房间。说实在的，都是大房间。

一个个的格子，这里那里，都是埋头工作的人。

他们几乎没有交谈，都在默不作声地干着自己的事情。

而且，全都是个人行为，而不是单位安排。而且，里面还有部门领导。他们也在忙。

问起来，都会告诉你，时间不够用。

时间，在这里显得不大公平。每一分钟似乎都以极快的速度溜掉了，所以他们要把这些时间再捡拾起来，让它们发挥更多的作用。

我由此感受到南瑞职工的辛勤与执着。

我知道，为什么南瑞是一个团结奋进的集体，这是员工们的自觉性和自信心所昭示出来的，是一个企业长期的精神所凝聚出来的。

当然，集团的领导也强调，要注意身体啊，不能总是加班加点。

可是你看，晚上 11 点多，连他们院士工作室的灯光都亮着，也是一样地挑灯夜战。院士都 80 多岁了，还在拼。

第二部 | **创新驱动：**
创新是基因和动力

南瑞集团凭借先进技术、高端装备和优质服务，始终以国家重大需求为导向，以自主产品为重点，以创新为根本，瞄准"前端、高端、顶端"，保持高强度研发投入，加快核心技术攻关，打破国外技术垄断，实现核心技术、装备的国际领先和自主可控，全力支撑新型能源体系建设，保障了大电网的安全稳定运行。

南瑞集团发挥技术、人才和工程经验优势，综合运用大数据、云计算、物联网、移动互联网、人工智能、区块链等最新前沿技术，研判未来产业和技术发展趋势，加强前瞻性技术研究，以科技项目为引领，开展新标准、新技术、新设备、新型业务等科研及试点工作，结合特高压电网、能源互联网、智慧交通等推动融合创新，扎实做好技术和产品研发应用，为服务能源清洁低碳转型、助力"双碳"目标实现贡献南瑞力量。

第四章 核心技术国际领先

一、电力系统安全运行守护者

电力系统是人类创造的最复杂的工业系统之一，"驯服"它，保障其安全稳定运行，是一个世界级难题。

在南瑞集团，有这样一个团队，数十年如一日地开展电网安全稳定控制理论与系统装置研究，为守护电网安全勇闯技术"无人区"。

2003 年 8 月，北美发生人类历史上损失最为惨重的大停电事件。而在地球的另一边，一幅支撑保障大电网安全稳定的"作战地图"正在铺开，南瑞集团全面研发了以广域测量和 EEAC 为核心的广域监测分析保护控制系统（WARMAP），防御偶然故障演化为电力大停电灾难。

2014 年，习近平总书记提出"四个革命、一个合作"能源安全新战略。为支撑清洁低碳、安全高效的现代能源体系建设，南瑞集团将研究视角从电力系统拓展至电力市场、碳市场、能源低碳转型等领域，并于 2017 年在国际上首先提出了能源的信息物理社会系统（CPSSE）研究框架，提出电网主动支撑能源转型的整体解决方案。

作为电力系统安全运行的守护者，南瑞人对于发电厂和电网系统的安全稳定，是靠着敢于拼搏的精神，靠着不屈不挠的努力，一点点做出来的，从而一步步达到了核心技术装备国际领先。

源起电厂计算机监控系统

01

20 世纪 70 年代末，南京自动化研究所接到电力部科技司下达的任务——研发葛洲坝二江电厂的计算机监控系统。

整个计算机监控系统分为两部分，其中一部分是二江电厂计算机控制，全部由南自所来承担。

当时，技术还没有完全跟上，大江电厂规模比二江大，智能化监控便委托加拿大 CAE 公司承担。另外分出来 4 台机组，给南自所做各个机组的配合装置。CAE 公司交货后，同时配套运行。

但，整个大江电厂的维护工作，由南自所承担。

这是上级下发给南自所的第一个用计算机来实现水力发电厂控制的科研项目。

所里要求，自动控制室和计算机室联合研制，各取其长。计算机室有研究计算机的技术人员，自动控制室有搞自动化的技术人员。

02

所里决定将这项联合研制的任务交给自动控制室副主任郭懋锜。他接受如此重要的任务，心情很激动。

他和大家一样，信心百倍地投入设计研究中。

经过讨论，为了稳妥起见，他们决定先做一个小的监控装置。

这样可以分头进行研制。

计算机室的人负责单板机开发，郭懋锜所在自动控制室搞计算机外围的自动化设备研发。既有分工，又有配合。

当时自动控制室的科研人员，都是搞集成电路自动化的，没有学过计算机，也没有学过微处理机。用计算机作为工具进行控制，还真是一个不小的考验。

好在还有计算机方面的人才，不会就学，不懂就问。

03

大家都是一条心，想着要赶上国际自动化水平，拿出我们自己的成果，非要艰苦奋斗不可。

从接受任务那天起，两个研究室的科研人员就开始了日夜加班。

大家拧成一股绳，干得十分起劲。

小灯泡换成了大灯泡，一个个屋子，灯火彻夜通明。

为了搞成第一套装置——单板计算机，都是亲手操作，自己画电路板，自己跑加工，工艺做得有细有粗。

那时整个电子产业的水平还不是很高，也没有像现在这么先进的设计软件，都是徒手绘制原理图和 PCB 布线图。现在两三天就能完成一幅图，而那个时候，一条条红蓝线手工画下来，要一个多月。

三个月过去，半年过去，一年过去，还是没有结果。

两年过去，铁树终于冒出一个美丽的芽。

04

计算机室与自动控制室，经过千辛万苦，联合研制成了一个小的信号事故记录装置，也就是把事故信号反映到计算机系统，再由显示器显示出来。

就这么一个简单的单功能计算机装置，也耗费了不少时间和精力。可见当时的科技水平，还处于初级阶段。

好在走出了第一步，尽管这一步走得非常艰难。

这套事故信号记录装置，在实验室运行了一下，觉得可以，就发到葛洲坝电厂的试验电站——陆水水电站试运行。

由于初始制造工艺比较差，经验也不足，也就不断暴露出这故障那故障。

参与研制的整个团队，全部吃住在陆水水电站，一个多月不下火线。

碰到问题解决问题，遇到故障排除故障，不断摸索、实验，不拿下来誓不罢休。

所有都解决完，现场不再出现新问题，大家终于松了一口气。

当然，为了做到万无一失，又留守个别技术人员 3 个月。

做了这么一个小型装置，就有经验了，也说明这套装置基本过关，可以真正地生产真家伙了。

葛洲坝二江电厂计算机监控系统完全生产出来，已经是第 3 个年头。

05

1987 年，整套系统装船起运。

哪里想到，运输途中会发生意外！

江风吹拂，波涛汹涌。

一路驶来的运输船，不知何故，突然起火了。船上的救火设备有限，救援也来不及。眼见火势越来越猛。结果是，装载的整个设备都被烧坏。

听到消息，大家简直如五雷轰顶，有人流下了泪水，有人号叫着哭出声来。那是 3 年的梦想与努力啊！

人们到现场打扫残骸，那些残骸中，不知道还有什么希望。

仔细清理，有人叫喊起来，那是一声意外的惊喜。

06

万幸啊，设备虽然烧坏，存储器却完好无损！备用盘放在船上的角落里，没有跟整机放在一起。

有了软盘，不用再做程序方面的工作，恢复起来就快多了。

这样，又花了两年时间，重做了整个系统。

1989 年，千难万险中的葛洲坝二江电厂计算机监控系统，正式投入运行。

算下来，从确定研制葛洲坝二江电厂监控系统，到 1989 年底运行成功，花费了差不多 10 年时间。葛洲坝二江电厂监控系统获得 1996 年电力工业部科学技术进步奖二等奖，从此南自所具有了百万级容量大型水力发电厂计算机监控系统市场竞争的能力。

10 年，对于科学时间来说是残酷的。但对于第一次在国内大型水电厂实现了计算机监控系统的功率调节来说，还是值得的。

锻炼了队伍，掌握了经验，为以后的电力现代化发展，打了一个坚实的基础。

创建新能源场站稳控系统

01

2022 年，甘肃 130 兆瓦光伏电站建设现场，土建工作还没有完全完工，南瑞稳定公司的老颜就带人先期进入。

他们要为这个光伏电站，建一套南瑞自主研制的全景监控系统。

先期进入，就是协同新能源场站的业主、工程总包、施工队还有逆变器厂家、箱变厂家，共同做好安装工作。整个工作涉及管理部门、技术管理部门和建设单位。

等新能源场站并网后再去安装，就要面临很多问题，因为全景监控系统需要在新能源场站的每一个箱变中，都要安装原控终端。那样，风机要一台一台地停，光伏逆变器也要一台一台地停，会影响到业主方的效益和利润。

新能源场站里的每台机组之间，都是分散布置，要把这些机组全部贯通起来，构建可靠性高的通信网络。

考虑到新能源场站里的装备尺寸小、集成度高、耐受高的特点，他们在研制的时候就很用心，用一个多核处理器，采用多线程的任务调度机制，重新设计软硬件平台，最终达到了目的。

2005 年，老颜从南京理工大学研究生毕业，毫不犹豫地进入了南瑞，他本科学的是电气工程及其自动化专业，当时打听过了，在南京这个城市，从事电气自动化技术与产业最好的单位就是南瑞，在全国的电力系统也应该是首屈一指。

老颜当时就在心里种下一颗种子，毕业能来南瑞工作就好了。

读研究生的时候，薛禹胜院士到南京理工大学作报告，院士谈到了 2003 年 8 月 14 日美国东北部部分地区以及加拿大东部地区的大范围停电，谈到了大电网的安全稳定防御，谈到了南瑞有一个研究所叫稳定所，正在从事大电网的停电综合防御技术，基于薛院士的 EEAC 理论进行研发。

老颜研究生专业是系统工程，他心中又有了具体的愿望，就是能到薛院士主持的稳定公司，进行一番崇高又宏大的事业。

研究生一毕业，老颜就把简历投到了稳定公司，并有幸成为南瑞的一员，在这样的团队里，一直从事安全稳定控制装备的研制。

02

近 5 年来，这个团队成功研制并推广应用全景监控系统，值得骄傲的是，这个系统是以 80 后技术人员作为主体攻关团队来完成的。

这个项目，是 2016 年国家电网公司构建 6 大分区电网系统保护时，构思的一个关键技术。考虑到未来新能源并网比例越来越高，新能源的抗扰性又相对较差，意味着未来的稳定控制，要考虑大量的新能源参与情况下的网源连锁故障的影响，老颜他们的团队开始了攻关。

2021 年，国家推进新型电力系统建设，也就更加凸显了关键技术的迫切性。

全景监控系统，区别于常规的安全稳定控制系统。简单地讲，就是大电网的安全稳定控制系统，在新能源场站的控制装备。

全景监控系统的核心点，在于几十毫秒内，能够汇聚新能源场站上百台机组规模运行状态，以及机组的故障情况，通过信息进行汇总，上传给上层的安全稳定控制装置。同时接受上层安全稳定控制系统指令，准确下发到场站的每台机组。

也就是说，在大电网发生故障后的稳定控制中，能够汇集计算新能源穿越或脱网造成的功率损失，继而使得大电网的稳定控制策略更加精准，避免稳定控制的措施失配。这样，便会使得大电网安全稳定控制更加可靠。

03

这个项目，一是关键装备的攻关和研制，再就是工程实施。

新能源场站主要建在西北的高山野岭地带。地形忽高忽低，起伏不定。这里一年四季都刮大风，大风卷起沙尘，漫天飞舞。而且少雨，夏天温度高到三四十摄氏度，冬天又低到零下二三十摄氏度，可谓是冰火两重天。

老颜他们构建环网的时候，发现好多光路不通，甚至连标识也不对。

稳定公司的工程人员先把通信链路全部摸排一遍，竟然有的终端连本来的光纤都没有。只好协调业主把光纤铺上，这个过程，延误了时间。

这天，竟然下起雨来，老颜他们坐上车往工地进发。

上坡，车子使足劲，还是感到吃力。

遇到陡坡，再也上不去了。为了赶并网工期，只能下车步行。

到了地方，一个个的，别提多狼狈。顾不上在意，立刻进入状态。

调试顺利进行中。

一个逆变器在一个小山坡上。要在箱变中装终端，却无法立足。

一个人做不成，再上去一个。两个人把腾空板架在坡上，一个技术人员上去，另一位扶着。

这个架势，像是民工干活，哪里知道是工程师在做精密调试。

任何一个环节遇到问题，整个测试就得停下，找出问题再往下进行。

如果遇到的问题，不是自己的，而是与第三方有关，还要先证明自己没有问题。

这些都会耽误工期。

困难一点点克服。任务也是一点点完成。

不断调整方案，将用户培训的 PPT 包括操作的 PPT，都做成现场可直接录播的视频，这就大大减少了工作量，整体提升了工作效率。

一切完成，再进行现场测试与功能联调。

04

老颜在南瑞工作近 20 年，这 20 年，正好是我国电网迅猛发展的时期。

在薛禹胜院士的带领下，他一直从事着交直流混联大电网综合防御体系的研发。

老颜说，在全景监控系统项目的开发与实施中，他们会遇到一系列的困难，譬如对形态各异的机组运行故障的判别，以及站内通信网络、高速通信网络的架设等问题。

在这样的情形下，夜以继日，干了 300 多天，才按期完成系统的并网与投运。

此前，南瑞稳定公司已经在甘肃电网的鞍马第二风电场，实现了 117 台风机的成功并网，这个系统当时在全国是首套。而此后，新能源厂站的安全稳定控制系统，已经在全国普遍开花。

2019 年，老颜决心读薛院士的博士，以使自己更上层楼。

老颜说，作为 80 后，我们正肩负着南瑞传承与发展的历史使命，我们要将南瑞初心牢记、使命担当、守正创新的文化基因，注入血脉，融入灵魂，在科技强企产业报国的新征程中，书写新的辉煌。

南瑞的融冰行动

01

2008 年，我国南方发生大面积冰雪灾害，严重影响了电力系统的安全运行。为此，南瑞紧急行动起来，从院士到青年研究人员，都全身心地投入其中，一定要研发出保护电网安全的融冰系统。

很快，这套系统上线，成为冰雪中电网的一个坚强卫士。

一旦再出现冰雪灾害，那就绝对不客气，必将其消融于电塔之下。

这套系统到底灵不灵？还要看实战。那就等着冰雪来吧。融冰系统严阵以待，只等对手上门了。

作为该项目负责人，南瑞继远的李工就像是一位猎手，带领团队守在机房的"输电全景智慧管控平台"前。这个时候，已经临近 2022 年农历新年。

02

2022 年年初是最冷的时候，这个时候，安徽地区多次受冷空气影响，已经进入了速冻模式。

你看，六安、宣城早已迎来大范围降温降雪。

恶劣的天气连续阴沉着脸，无休止地将一片片夹着雨的雪花撒落下来。

山河凝固，道路成冰，车辆在打滑，行人在摔跤。

山区架空输电线路的电力职工，在艰难地巡视着。越是这个时候，越不能掉以轻心。他们知道，寒潮下输电线路的覆冰和积雪，最容易引起导线的舞动和杆塔的倒塌、断线。

2008 年，众志成城抗冰雪保供电，历历在目。

按照应急工作部署，南瑞继远已经在前期建设部署了安徽电力"输电全景智慧管控平台"，并且增加了 40 套覆冰监测装置的数据接入。

03

覆冰监测装置，就像是安装在输电杆塔上的"观冰精灵"，通过对易覆冰区段 24 小时不间断的监控，将线路覆冰状态实时传送到这个平台上，为线路融冰工作提供决策支撑。

2022 年 1 月 30 日清晨 7 点 10 分，国网安徽电力集控中心大厅里，"输电全景智慧管控平台"突然响起一阵急促的告警声：

"请注意：7 点'观冰精灵'应上图 40 张，实际上图 0 张，请及时排查！"

怎么回事？小精灵不灵了？正是该它发挥作用的时候啊。

突然出现的系统警报，让李工的心一下提到了嗓子眼。

他驻守在安徽电科院，本来还依赖观冰精灵执行覆冰保电任务，现在观冰精灵关键时刻掉了链子，等于明亮的眼睛顿时被蒙上，什么都看不到了，也就无法发现覆冰覆雪的线路。

这个问题如果不及时解决，等于南瑞前期所做出的一切，都将失去作用。那么，还提什么保证电网安全？

"怎么回事，7点的图呢？"

"大山里的线路正在覆雪，观冰数据突然看不到了，什么情况啊？！"

用户询问的电话一个个打来。

04

李工一边回复用户收到了告警信息，一边组织团队成员迅速排查。

虽然情况紧急，李工却想着，一定要冷静，遇事不慌，保持头脑清醒。

他安排人员，一方面联系设备生产厂家，通知他们检查推送报文和定位问题，另一方面对照网络拓扑图和业务应用流程图，把链路涉及的服务器、端口及服务逐项检查。

很快，设备厂家那边反馈回来，7点的数据报文推送成功。

"怎么回事？源端说数据推送了，为什么我们这里没接收到？难道这点负载都支撑不住？"项目组成员小陈疑惑地自言自语。

"负载？"小陈不经意的一句话，让李工敏锐地察觉到一个可能存在的风险点，这或许就是问题的点位。

我们数据采集前的N6服务器是否有问题？赶快检查！

很快，项目组成员反馈 N6 服务器登录不上去。

问题果然出在那里，那个 N6 服务器不在他们这里，而在信通机房，信通机房离他们所在的电科院还有 4 公里多的路程。

路面已经布满厚厚的积雪，而且雪还在下着。

怎么办啊，怎么开车呀？有人显得有些急躁。

05

李工说："你们在这里把数据再好好检查一下，看看还有没有其他问题，我们随后联系！"

说着就冲了出去，他抓起一辆共享单车，摇摇晃晃地直奔信通机房。

风雪正猛，一些雪粒吹得他睁不开眼睛，他就眯着眼，大致把握着方向，往前骑行。

那简直就是慌不择路，有几次差点摔倒。那些车子也是谨谨慎慎地往前挪。

时间就是生命！李工想到，如果不赶紧让观冰精灵恢复正常，就不能解决设备的覆冰问题，那样，不知道要有多少人员去往现场，刚才用户说已经派人去了。而且那么长的线路，如何解决过来？一旦 2008 年的那场灾害重演，后果可就不堪设想啊！

李工越想越急，车子一晃，还是摔倒了。

他已经顾不得什么，扶着车子爬起来骑上接着走。身上的汗水早已经溻湿了衣服。

好不容易赶到了。李工快速撂下单车，朝着信通机房冲去。

一进入房间，就奔了那台 N6 服务器。一定是你了，千万是你了。李工想。

06

好了，对设备了如指掌的李工用了不到 10 分钟，就迅速定位了故障点。

N6 服务恢复启动。

集控中心那边的信息马上过来，"观冰精灵"恢复正常了，图片已经传输成功。

李工的那颗悬着的心，这才掉到了肚子里。

马上同用户联系。实际上用户那里已经知道了结果。但是李工还是进行了告知。大家都放下心来。

那就准备吧，准备对付到来的冰雪大敌。

8 点 10 分，国网安徽电力集控中心发出一声指令：注意，请启动 500 千伏安双 5375 线调负荷融冰工作。

07

线路融冰启动了。南瑞的系统正在发挥作用。大家的一双双眼睛紧紧盯着屏幕。

也就是刚刚过了 20 分钟。8 点 30 分，新上传的图片显示，线路覆冰已消除。

那附着在电网上的强大的系统，使得所覆的厚厚的沉重的冰层迅速融化，穿山越岭的电网，再也不会受到任何伤害。

看到平台源源不断接收到的观冰数据，李工如释重负，他回头看到，团队成员们也都一样，露出了欣慰的笑容。

实践是检验一切的标准。只有实践，才能出真知，才能历练人，才能显出团队的精神气质。

用户们已经感受到了南瑞继远项目组的快速响应，感受到他们恪尽职守的出色表现。

他们很快打来了电话，表示感谢和问候。

新的一年又来到了，安徽又进入了覆冰期。

南瑞集团继远电网研发的"输电全景智慧管控平台"，经过迭代优化，变得更加灵敏和稳定。

李工仍旧驻守在安徽电科院执行保电任务。

他和团队成员看着监控大屏里稳定运行的高压线路走廊，沉稳而坚定。

来吧，南瑞人已经做好了充分的准备，暴风雪，你就来得更猛烈一些吧——

二、电网调控技术开拓者

电网调控系统相当于电网的"大脑"，控制整个电网的"中枢神经"。由于现代电力系统规模大，调度任务复杂，所需监控和分析的信息量巨大，依靠人工调度已不能满足需要，必须采用以电子计算机为核心的调度自动化系统来完成各项监控和调度任务。

调度自动化是南瑞集团的核心业务之一，调度自动化系统每过 8～10 年左右，就要更新换代。一方面是电网的发展产生新的业务需求，业内称之为需求驱动；另一方面是技术在不断提高，尤其是计算机、信息通信技术发展很快，业内叫技术驱动。

南瑞在各个发展时期，准确地把握了一次次机遇，开发出具有不同时代特征的调度自动化产品。

50 年来，几代南瑞人经过不懈努力，在电网调度控制领域，取得了令人瞩目的成绩，实现了调度自动化系统从引进消化到完全国产化，实现自主可控，技术上达到国际领先水平。目前，全国省级及以上电网调控中心使用的自动化系统，全部由南瑞研发。

调度自动化引进吸收

01

调度自动化系统由设置在调度控制中心的主站系统、设置在发电厂或变电站的自动化系统和通信系统组成。该系统通过发电厂或变电站自动化系统实时采集电力系统运行参数的电气量和非电气量信息，这些信息通过通信系统传送到调度控制主站。在主站，计算机对这些数据进行处理，并将处理结果展示给调度人员。调度人员可以通过该系统向电网中的设备发送控制和调整信息，对电网运行状态进行不间断的实时监视与控制，实现经济调度、安全分析和事故处理。该系统是电力系统安全经济运行的重要保证，是现代电力系统不可缺少的组成部分。

20 世纪 80 年代中期开始，为满足跨省区域电网调度运行监控技术的需求，电力部组织从国外引进了能量管理系统（Energy Management System，EMS）及开发技术，经过全面消化吸收和技术再创新，研制了适用于各级调度的数据采集与监控（Supervisory Control And Data Acquisition，SCADA）系统。20 世纪 90 年代中后期，为了满足全国联网电网初期调度运行的需要，南瑞集团研发了 SD-6000、OPEN-2000 调度自动化系统（后来于 2005 年升级为 OPEN-3000 系统，荣获 2007 年国家科学技术进步奖二等奖）。这个系统适应中国国情，应用成效超过国外同类先进系统。

02

作为电网调度自动化系统研发的参与者，高宗和记忆犹新。

高宗和 1984 年大学毕业，分配到南京自动化研究所。

在学习和研究的过程中，他感受到了老一辈南瑞人肯于吃苦、无私奉献的精神，像早期的刘觉，后来的金振东，再后来的刘国定，既是领导也是师傅，都是手把手无私地传帮带。

譬如搞广东省调 SD6000 的时候，金振东总是亲自操刀，参与设计、画图纸。告诉他们哪里该布置什么硬件、什么软件。

高宗和和同事们认真听取师傅的讲解，看他如何动笔。

那一张张配置图，都是经他带着一点点画出。

有了师傅耐心的传帮带，高宗和后来带徒弟，也像师傅一样，耐心地言传身教。

前面已经讲到，南瑞调度自动化系统的研发，起步于 20 世纪 70 年代，在条件非常艰苦的情况下，南瑞人研制了一套 SD-176 系统，在京津唐电网使用。

到了 20 世纪 80 年代，国家 4 个大电网在引进国外的系统时，南瑞作为技术支撑单位，参与了"四大网"引进时的系统建设，并通过对引进系统的消化吸收，做了必要的技术储备。

20 世纪 80 年代末 90 年代初，南瑞先后研发出了 WJ 系列产品、RD-800 系列产品。

这些产品基本上都用在地区电网和县级电网，也就是行业里说的地调和县调。

03

20 世纪 90 年代后期，南瑞同时推出了两套调度自动化系统——

OPEN-2000 和 SD-6000。

OPEN-2000 在海南省调投运，SD-6000 在广东省调投运。

而在此之前，所有省级以上的调度系统全部依赖进口。

因此，这两个省调系统的投运，意义重大，标志着我们国家高端调度系统国产化的起始。

到了 2000 年，南瑞集团进行内部重组，把 OPEN-2000 研发团队和 SD-6000 研发团队整合在一起，共同开发新系统。

2005 年，这个团队完成了基于标准化平台的电网调度自动化集成系统 OPEN-3000 系统的开发，投入江苏电网运行。

事实证明，OPEN-3000 系统在当时是超前的，它采用了标准化平台，并且实现了信息集成化和应用一体化。

其后，以 OPEN-3000 系统为主的国产系统，在国内各级调度系统的相继投运，所有的国、网、省、地、县五级调度，都替代了以前的进口系统，全面实现了国产化。

智能电网调度支持系统 D5000

01

2008 年，地震和冰灾给大电网造成了极大破坏。各级调度之间在信息共享和故障协同处置方面，还不是很完善，调度备用体系建设也不够健全，主调损坏，备用调度不能及时发挥作用。

这样，国调中心组织南瑞和其他相关单位，共同进行新系统的设计。

恰逢 2009 年国家电网公司全面推进智能电网建设，新系统的研发被纳入智能电网建设重点工作，这个新系统，就叫作智能电网调度控制系统，简称 D5000 系统。

D5000 系统一个重要的特点，是"横向集成、纵向贯通"。

横向集成就是把一个调度中心内部，原来十几套不同的业务系统集成到统一的 D5000 平台上，在平台上构建成 4 大类应用。

纵向贯通就是在各级调度之间实现信息共享和业务协同。

回忆 D5000 系统 5 年的研发历程，高宗和印象最深的是两次集中研发，称之为北京会战和武汉会战。

02

这两次会战，从 2008 年 10 月到 2010 年 4 月，历时一年半的时间。南瑞研发人员最多时，有近百人参加大会战。

当时的研发团队非常年轻，平均年龄只有 30 岁。

正是这些年轻人，凭着对事业的执着与热爱，秉承"特别能吃苦、特别能战斗、特别能奉献"的精神，长期在现场连续奋战。

高宗和说，当时一天工作 3 个单元，上午、下午和晚上，每个单元都工作至少 4 小时，也就是全天 12 个小时以上的工作量。

虽然工作非常辛苦，但由于接触的都是前沿技术，工作不断取得突破和进展，大家很有成就感。

这中间的大部分人，个人业务水平在会战中得到快速提高，后来成了南瑞研发的中坚力量。

可以说，D5000 系统的研发，既有利于企业的发展，也有利于个人的成长。

从 2008 年开始到 2013 年 D5000 系统研发基本完成，并基本部署到国网全部 32 个省级和 50 多个地区电网的调度中心。

新一代调度控制系统

01

随着能源转型的不断深入、新型电力系统的加速构建，电网业务形态发生了重大变化。调度自动化系统如何适应这种变化？

另一方面，云计算、大数据、人工智能这些技术发展很快，大量的新技术如何运用到电网调度控制领域？

其实，南瑞人早就想到了。

2017 年，在国家电网公司统一组织下，南瑞开始研发新一代调度技术支持系统。

2022 年，南瑞承建的首批新系统陆续在华东电网投运，实现了大电网全息感知、协同控制、智能决策、统筹优化、源荷互动等电网调控全业务应用支撑，服务能源清洁低碳转型，助力新型能源体系建设，为电网安全稳定运行保驾护航。

当然，新系统仍然在开发完善中。

现在，南瑞人继续发扬老一辈艰苦奋斗、精益求精的精神，不断进行科技攻关，巩固南瑞在调度控制领域的领先地位，为我国电力工业做出更多更大的贡献。

02

2022 年，由南瑞承建的首批新一代调度技术支持系统陆续正式上线。系统投运后，多级故障处置协商时间降低至分钟级，同等条件下仿真计算效率提升了 125 倍，新能源预测精度提升至 96% 以上，网省两级计划编制协同时间由小时级缩短到分钟级。

"为用而研、研有所用，是南瑞的科技创新理念。"南瑞集团科技信息部负责人说。

如今，我国电网调度自动化系统已完全实现自主可控并达到国际领先水平。

三、继电保护技术领跑者

20 世纪 80 年代初，我国超高压电网开始建设，但输电线路和大容量发电机、变压器等主设备继电保护装置一直被国外设备商垄断。这种状况从 1992 年开始有所转变。基于中国工程院院士沈国荣提出的工频变化量保护原理，南瑞集团自主研制了国际领先的超高压线路微机继电保护装置，并在 500 千伏线路广泛应用，打破了国外企业对超高压线路保护市场的垄断。以此为起点，南瑞人持续攻关，逐渐确立了南瑞集团在我国继电保护领域的领先地位。

多年来，南瑞人怀揣着"用自己生产的继电保护设备守护电网安全"的信念，一路摸爬滚打、攻坚克难，最终使得继电保护技术打破国外垄断，走在了世界前列。

继电保护技术研究组队启程

01

南瑞很多人至今仍在感谢一个人，这个人就是南京自动化研究所所长梁汉超。

这是一位工作能力组织能力协调能力极强的领导，更是一位胸怀广大、眼光远大、智慧超群的领导。

老同志都说，没有他，或许就没有南京自动化研究所的大发展，也没有南瑞的大影响。

南京自动化研究所建立之初，所长梁汉超便广招全国各个专业的优秀人才，包括继电保护的人才，如戴学安、刘金铎、许敬贤这些国内著名专家，为继电保护的发展积蓄了力量。

另外，梁所长给研究所争取到招收研究生的资格。

别小看这一点，研究所自主招收研究生，能够真正实现知识与实践的学用结合，而且能快速发现人才，取用人才。

薛禹胜、沈国荣两位院士，都是研究所亲自培养的研究生，并且很快在南瑞的研究领域发挥了巨大作用。

沈国荣院士当时就提出了工频变化量系列保护的理论，为后续天广线投标打下了良好的基础。

02

研究所还不拘一格降人才，只要你认真钻研，业务能力显著，无论什么学历，有没有学历，都会被选拔到一线岗位，让你发挥最大作用。

这不仅对个人是一个发挥和展示的机会，对研究所也是一场培养人才发现人才的革命。

李抗就是这样成为一线的功臣。

李抗是 1968 年插队知青，返城后在南京自动化研究所的试制车间当铣工。

当时人才断层，所领导希望自己培养一些技术力量。李抗由于工作表现突出，1977 年被所里抽到继电保护室，从事继电保护相关工作。

条件是非常艰苦的，他们工作的地方，外面是一块菜地，经常有大粪的臭味从窗户飘进来。

金川河的蚊子也不得了，咬得厉害。大家把风扇打开，想吹跑蚊子。蚊子却很狡猾，风从这边吹，它就从那边绕过来叮你，每个人都被叮得奇痒难忍。

那个时候还经常停电，南京市不时按区域分配用电。也不管你是否急需用电，轮到这一片了，就拉闸限电。

由于缺电，电压频率非常低，一般只有 48 赫兹左右。

李抗说，那时调试便都按照 47.5 赫兹调。

03

当时有一个良好的学习氛围，学术交流多。

有些新技术，包括国外的技术，经常举行讲座。大家都踊跃参加，学知识的欲望都很强。

专家像戴学安他们，都是亲自授课。

李抗不是科班出身，却有机会参加学习。

老一辈对年轻人的培养也很用心，像刘金铎师傅，都是手把手教。李抗从他身上学到不少东西。

遇到问题就到资料室查，没有复印机，就一点点抄下来。李抗后来发现，一天天的，竟然抄写了几大本。

不停电的晚上灯火通明，大家利用难得的光亮积极加班加点，不放过机器转动的机会。

随着改革开放的深入，南瑞进行了科研体制改革，提出了科研、生产、技术经营"三个支柱"政策。以此为契机，院里成立了继电保护工程部，把所里的科研和生产实践结合起来。

借着改革东风，凭着技术优势和人才优势，南瑞和世界名牌大公司一起同台竞技的机会，终于来临。

继电保护打破技术垄断

01

20 世纪 80 年代初，超高压电网建设早期，线路以及大容量发电机、变压器等主设备的保护装置一直被国外厂家垄断，误动、慢动故障也时有发生。

20 世纪 90 年代，国产继电保护设备开始在我国电网工程中大规模应用，逐渐打破了国外企业对我国超高压线路保护市场的垄断。随后，南瑞集团开发了拥有完全自主知识产权，由一系列专利技术、一系列专有技术构成的快速继电保护技术体系；研制了从高压、超高压线路保护，到母线保护、变压器保护、发变机组保护等系列化高新技术产品；率先提出主、后备保护一体化的成套保护装置设计思想，在输电线路快速继电保护设备的产业化中成功应用，对提高我国继电保护的技术水平，起了示范和促进作用。

02

随着国家经济建设的发展，国家需要西电东送，其中天广工程是西电东送的重要工程之一。天广工程与国家的经济建设、改革开放和南瑞的发展联系在一起。

天广 500 千伏高压直流输电工程西起黔、桂交界的天生桥，东至广州北郊，于 1998 年 4 月 16 日开工，线路全长 980 公里，是我国国内第 2 条全面投产的直流输电工程。

这个工程还是世行贷款项目，金额达数百万美元。

工程采用投资招标方式，建设中大量采用新技术、新设备，在当时的中国，是电压等级最高、影响最大的项目。

招标会上，南瑞集团底气十足，势在必得，材料准备得极其充分。结果，在天广工程项目中一举中标。

天广工程采用南瑞集团动作速度快、安全可靠的继电保护装置，体现了南瑞继电保护在世界上的先进水平，实现了科研和产业的高度融合。

20 年后，据有关数据统计，天广工程自 2000 年 12 月 26 日单极投产送电以来，累计向广东负荷中心，输送了清洁水电约 1360 亿千瓦时，相当于减少燃煤 1640 余万吨，减少排放二氧化碳 4400 余万吨。创造了显著的经济、社会和生态效益。

继电保护迎接新挑战

01

进入 21 世纪，我国逐步建成世界上新能源并网规模最大、先进输电装备广泛应用的复杂电网。交流与直流系统相互耦合、电力电子控制系统的非线性快速动态响应，使电网故障特性发生显著变化。

同时，交直流混联的特大型复杂电网故障全局化特征凸显，传统保护技术难以满足电网安全运行需要。

南瑞集团研制交直流混联电网、新能源大规模接入电网的继电保护设备。创立适应复杂电网故障暂态特性演化的差动保护技术体系，推动了我国电网完成以差动保护为主保护的升级换代，实现了继电保护技术的中国引领。如今，差动保护技术成果已广泛应用于我国 220～1000 千伏的各电压等级电网，并应用于新一代调相机组工程、海上风电工程等重要工程。

2023 年 3 月，南瑞获批建设"电网运行风险防御技术与装备"全国重点实验室，在构建新型电力系统的背景下，推动继电保护关键技术、核心产品迭代升级。

02

南瑞充分认识和把握国家和行业需求发展的方向，为我国发展特高压交流 1000 千伏和特高压直流±1100 千伏、±800 千伏输电做好技术准备。他们在西北 750 千伏示范工程继电保护系统成功开发和应用的基础上，开发完成了基于新的硬软件平台的 1000 千伏特高压交流电网保护控制系统，通过了专门机构组织的动模试验。南瑞还建成了世界上首个交直流混合±800 千伏直流动模系统，开发了±800 千伏特高压直流控制保护系统样机，实现了国家重大装备的国产化！

第五章　新兴技术超前布局

一、特高压技术攀登高峰

这些年来，我们欣喜地看到，我国的电网与输变电工程有了令人瞩目的飞跃性发展：从以城市为中心的电网到省级电网，到跨省的区域电网，再到全国联网，实现大范围的互联互通、资源优化配置；从110千伏到220/330千伏高压电网传输，到500/750千伏超高压电网，再到1000千伏交流和±800千伏、±1100千伏直流特高压，中国电网与输变电技术实现了从跟随到领先，从交流联网发展到交直流混联电网。

通过多条特高压工程的建设和一系列重大自主创新成果的实现，中国在特高压核心关键技术领域取得全面突破，登上世界输变电技术的制高点。

南瑞的设备研制，基本实现了国产化，显著提升了电力装备制造的国际竞争力。

攀登输电领域的珠穆朗玛

01

作为高电压技术领域的科研人员，杨迎建把特高压输电技术，看成是输电领域的珠穆朗玛。

要攀登这座高峰，攻克特高压输电技术的难题，就必须开展特高压关键技术的研究。

2004年，国家电网公司在武汉建设了交流特高压试验基地。并要求在建设基地的同时，要探索特高压的施工技术，积累施工经验和主设备安装经验，以便更好地为特高压工程服务。同时，也为变压器的制造和主设备的安装积累经验。

院里的科研人员怀着极大的热情，从细微处做起，刻苦钻研，圆满完成了特高压外绝缘特性、特高压电磁环境、特高压设备屏蔽装置及均压环电晕特性、特高压带电作业和过电压与绝缘配合的研究。

通过科研人员的努力，为我国首条特高压试验示范工程，提供了完整科学的系统设计数据，确保了特高压试验示范工程的顺利进行。

杨迎建1982年毕业，分配到武汉高压研究所。此后他一直从事高电压技术的研究。他对武汉特高压设备的研究与开发，不但亲身经历，而且记忆深刻。

02

当时，特高压设备对于世界范围而言，因是首次，也就没有制造的经验、设计的经验和调试的经验，更没有标准可以遵循。

研究所不能自己制造，就到变压器开关等主设备厂家，监造特高压工程设备。

这样也好，无形中为提高我国民族工业，特别是电工装备制造水平，积累了经验。

工程建完以后，武汉高压研究院又承担了对主设备变压器的调试任务。"主变"是变电站的核心部分。

调试过程中，一台主变压器有局部放电现象。

领导要求科研人员抓紧研判，这种状况下，能否继续调试，能否继续加压？

就如医生会诊，各路诸侯到位。

最终讨论的方案，是采用现场监测的方式，对变压器曲线的局部放电进行定位，看这个放电点，是否在向危险区域移动。

也就是说，会不会从套管的地方，移到变压器的线圈里面。如果这样，就不能再坚持调试。

户外，零下 16 摄氏度的低温。

杨迎建他们冒着严寒，像守护着一个待观察的病人，坚守在主变压器旁边。

雪花飘下来，撒落在变压器那巨大的躯体上，有些滑落了，有些冷凝在上面。

变压器不时发出放电的声响。

那声响也显得异常寒冷。

03

杨迎建他们的口鼻不断冒着热气，眼睛里似乎也有气息闪出，慢慢地，眼睫毛上会结一层白霜。

但是都不影响他们进行监测。

最终，通过细致地观察、认定，没有发现大的问题。有了这样的结论，调试得以继续进行，并且按期完工。

当时有人认为，国外搞不成的，国内不一定能搞成。这种思维，也确实左右了一些人，他们不是怕中国搞成，而是不相信中国能搞成。

豪情满腔的南瑞人不信邪，他们圆满完成了特高压的研究使命，实现了世界上第一条商业化运行的特高压输电工程。

全力投入工程建设中的人员，不少人获得了"特高压试验示范工程功勋"荣誉称号。

杨迎建基本经历了我国高电压等级变迁的全过程。

当时设备国产化面临严峻的考验，所以他参与其中，花10年时间，搞500千伏设备的国产化，并使其趋于完善。

04

到了2000年，西北地区要将原本330千伏的网架，上升到750千伏的等级。

团队很快进行科学研究，提供专业系统数据，使得工程顺利进行。

现在，西北地区已经形成了以750千伏为骨干网架的电网结构。

2005年，为满足电网运行的要求，除西北地区以外，华东、华北、华中、华南四地区，都要从500千伏的网架，上升到1000千伏的电压等级。

这是多么喜人的事情！

在世界上，美国、俄罗斯、日本、意大利，都曾开展过特高压输电技术的研究。

最终的结果却是，没有一个国家实现真正的工程化应用。

只有中国，实现了特高压输电的商业化运行。

在感到荣幸和自豪的同时，杨迎建说，只有把自己的发展和南瑞的发展紧密连在一起，才能实现南瑞和自我的腾飞。

走向世界舞台的处女作：美丽山之美

01

2014年7月，在中华人民共和国主席习近平和巴西总统的共同见证下，中国国家电网公司董事长与巴西国家电力公司总裁，在巴西总统府签署了《巴西美丽山特高压输电项目合作协议》，确立了中巴电力合作新的里程碑。

2015年5月19日，中华人民共和国国务院总理和巴西总统在巴西利亚总统府，共同出席了巴西美丽山特高压输电项目视频奠基仪式，见证世界第四大水电项目正式启动建设。

这一项目，是国家电网公司在海外中标的首个特高压直流输电项目，标志着特高压技术走出国门所取得的重大突破。

02

巴西，是拉美第一经济大国，地域辽阔，输电规模及互联电网跨度庞大，加之电力监管政策稳定，吸引了众多投资者的目光。

2017年到2019年期间，南瑞集团的庄经理，主要负责巴西美丽山二期直流输出项目，负责控保以及导线的设计、生产、安装、运输、调试等工作。

庄经理2010年本科毕业进入南瑞。多年从事海外总包履约服务，是一名项目经理。

巴西美丽山特高压直流输电二期项目，是巴西第二大水电站——美丽山水电站（装机容量 1100 万千瓦）的送出工程，线路全长 2539 公里，是世界上距离最长的 ±800 千伏特高压直流输电工程，被誉为"巴西电力高速公路"。

这条输电线路，途经帕拉、托坎廷斯、戈亚斯、米纳斯吉拉斯和里约热内卢 5 个州、78 个城市，输电能力达到 400 万千瓦。建成后，将对巴西的能源分配，发挥至关重要的作用。

这个项目也是中国特高压技术走向世界舞台的"处女作"，建成以后成为"特高压+清洁能源"在拉丁美洲的示范工程，推动"一带一路"倡议在拉丁美洲的布局和落地。

庄经理以一个亲历者，见证了中国南瑞创造、中国南瑞制造大步流星走向世界的全过程。

在国外 13 年，他结交了一帮志同道合在海外奋斗的同事、朋友和驻外中方人员。

庄经理说，在巴西整个是日夜颠倒的，跟家里联系、跟同事之间的联系都是需要一早或者晚上，所以会有一些心理的压力，包括对家庭的关心不足、沟通不畅，双方会有一些烦躁出来，不过，一切都在理解中慢慢化解。

03

庄经理第一次出差海外，是 2010 年底，一个人去菲律宾。

落地一看，都是陌生面孔，人家讲什么，一句听不懂。想打车，不知道怎么打。

感到很害怕、很迷茫。原来走出国门，这么不容易。

慢慢地，熬过来了。

当然，"他乡纵有当头月，不及家乡一盏灯"，确实有过放弃的念头，但是听到有项目来了，还是义无反顾背起行李就出发。

现在，南瑞的产品得到越来越多国家的认可，南瑞的工程也在越来越多的国家落地投运，让他感到自豪，也更加自信。

通过巴西美丽山二期项目和 13 年来的海外坚守，他深刻明白了科技兴企、产业报国的意义。

今天的南瑞，已经在国外打下了良好的品牌基础，这是几代人坚持不懈努力的结果。

他相信，只要充分发扬"团结拼搏、求实创新"的南瑞优良传统，就会让企业的路走得更宽更远。

作为南瑞开发国际业务的年轻一代，他们正以饱满的热情，传承老一辈艰苦创业、吃苦耐劳的精神，发挥年轻人的朝气，力争让南瑞的 LOGO 遍及世界，为集团高质量发展发一份光和热。

二、发电机励磁取得突破

01

邵宜祥介绍了南瑞电控的历史——

发电机励磁是电力系统最关键的设备，24 小时一直运转，停 1 分钟就会造成事故。当时我们国家这方面比较落后，引进来的都非常昂贵。那时的世界水平，是用集成线路来做发电机励磁。

1979 年，我们开始研制励磁时，直接就研制微机励磁。也就是用计算机控制励磁系统。

到了 1985 年，成功了，在福建的池潭电站投入运行。1987

年获得了国家科学技术进步奖。

池潭电站，当时的单机容量是 5 万千瓦，现在看不算很大。

但不要忘了，那是各方面还都非常落后的 1985 年。

池潭项目的成功，为我们打下了非常坚实的基础，标志着我们的励磁，有了坚实而稳妥的方向。

经过近 20 年的奋斗，2004 年，我们成功中标三峡右岸 12 台 70 万千瓦发电机励磁系统。

这个项目，是当时集团单体最大的项目，也是过亿的项目。

经过我们共同的努力，项目成功投运，单位也被国务院三峡建设委员会评为三峡建设立功竞赛优胜单位。

三峡右岸的励磁成功完成以后，南瑞电控的励磁专业，又积累了百万核电励磁、百万火电励磁、大量抽水蓄能励磁的经验，为以后更高等级的中标，开辟了一条金光大道。

02

经过十几年的努力，南瑞电控又成功中标金沙江白鹤滩水电站 16 台 100 万千瓦发电机励磁。

白鹤滩是世界上单机最大的水电发电机励磁，也是当时在建的总装机最大的。

邵宜祥 1986 年河海大学硕士毕业，在南瑞集团一直从事发电及相关专业的工作，包括同源技术的研发。

回顾在南瑞 36 年的职业生涯，邵宜祥觉得非常重要的就是薪火相传。

来的时候，他的两个师傅——陈师傅和曾师傅，都给了他非常大的帮助，所以他特别珍惜"师傅"这个称号。

邵宜祥说，这么多年，我带了很多硕士、博士研究生，包括博士后，但是他们只能喊我老师，不能喊我师傅。

因为他们离我还比较远。

而我那些师傅，不仅教我技术，而且白天黑夜都在一起。

带我们出差到最艰苦的地方接受锻炼，同时教我们做人的道理。

他们吃苦耐劳、脚踏实地、勇攀高峰的精神，深深地影响了我的工作和生活。

03

2021 年，白鹤滩水电厂首批机组投产的时候，邵宜祥参加了现场的仪式。

习近平总书记发来贺电，充分肯定了白鹤滩的工程，指出白鹤滩项目实现了我国高端装备制造的重大突破。

白鹤滩励磁为我们培养了很多人才，南瑞电控励磁工程部，也由此获得了"中央企业青年文明号"的荣誉。

在白鹤滩电站的建设过程中，国际形势发生了很大变化，欧美国家对芯片实施了封锁。应华能澜沧江用户的要求，南瑞的发电机励磁进行了完全自主可控的攻关。

2022 年，首台完全自主可控励磁，在华能澜沧江小湾电厂运行，取得了很好的效果，并很快批量应用。

邵宜祥说，我对南瑞有很深的感情，希望南瑞攀登高峰的精神，一代代传承下去。

是啊，在建设新型电力系统的征程中，很多的技术高峰需要南瑞人一代代地去攀登。

科学上没有平坦的大道，只有不畏劳苦，沿着陡峭山路攀登的人，才有希望达到光辉的顶点。

三、电网数字化构建中台

01

老林 1994 年从东南大学毕业时，有两个好的去向，一个是到南京自动化研究所，一个是去类似摩托罗拉那些外企。

老林选择了南京自动化研究所，分在当时的仿真中心。

在南瑞搞科研近 30 年，南瑞在电网数字化领域，取得了很大成绩。

一个队伍的成长，也是非常艰辛。从开始很小的队伍，到现在信通板块几千人的团队。

老林来的第三年，也就是 1997 年，便跟着做了第一个与电网信息化有关的项目，吴江供电局的 MIS 系统。

作为一个初到一线的年轻人，老林还是比较兴奋的。

师傅们告诉他，这是仿真中心接下的第一个大项目，系统里很大一部分是电网全套生产和调度的信息化。

那个时候，老林觉得很艰难。因为整个团队对供电局的管理，尤其是电网的生产和调度管理知识了解得很少，全部是重新学习，花很大的精力去调研、画流程图。

当时铺了好大的纸在桌上，他跟其他几个人在上面不停地画。把所有的流程、所有的数据模型一笔一画地画在上面。

大家不断地讨论、分析，一步一步把这个系统做出来。

经历了这次艰苦的研究过程，老林从此对电网的生产、管理、调度等方面，都有了一个全方位的了解。

02

以后，承接的第二个比较大的项目，是云南昆明的 MIS 生产管理系统。

这个项目第一次提出平台的概念。

当时的系统，有很多设备要进行管理，包括变压器、开关、刀闸、母线等各种各样的设备。

种类太多，就想到能不能做一个平台，把这个平台交给用户，在平台上自如地管理各种项目。

有了想法，老林他们就在昆明供电局大胆试验，最后取得了成功。

这就是 PI2000 平台、PI3000 平台的第一个雏形。

用户非常认可，因为使用起来非常方便。

第三个具有重大意义的是福建的 DMIS 系统，昆明供电局的生产 MIS 是 PMS 的前身，而福建的 DMIS 就是现在的 OMS 的前身。

当时 DMIS 系统在调度领域做生产管理，做信息化也是很少的。

在福建做 DMIS 的时候，福建调度中心的理念很先进，他们提出：既然 PI2000 平台可以对设备的种类任意扩展，能不能用这个平台，画出福建调度的各种流程及各种表单？

他还说，能不能也个性化一点，这个表单不需要南瑞做实，以后要增加新的检修单、新的运行通知单，我们就可以自己来做。

03

福建调度中心提出了表单的开放和流程的开放，自然是站在人家的角度考虑问题。

当然，也对 PI2000 平台提出了挑战。

你行不行？可不可以考虑，那要看你的真本事了。

南瑞人想，虽说是挑战，但同样是一种提升。要面对挑战，迎上去，提升平台，也提升自己。

想法有了，就坚定地实施。理念有了，凭着技术优势，凭着使不完的劲头，最终，把它攻克了，实现了。

福建的 DMS 做完，PI2000 平台基本成形，标志着南瑞在 DMS 领域第一个系统的诞生。

这是一个好兆头，也是南瑞品牌在行业中的成功打造。

随后，老林他们又做了吉林、广东、江苏的大型 DMIS 系统。

DMIS 的巅峰是江苏的 DMIS。

江苏在福建 DMIS 的基础上，又提出了更高的要求，包括省地互联。检修流程要从江苏省调一直穿越到地调，然后再跨域的一个流程衔接。

这些高性能、高水平的要求，进一步锤炼了 PI2000。

04

南瑞人再一次愉快而信心百倍地承担下来。

这是又一次考验，也是又一次练兵。那就再攻关。

整个团队拉开架势，向那个理想的高地发起冲锋。

高地最终被攻破。

事实表明，用户的高标准高要求，南瑞再次做到了。

平台交付并且投运的那一刻，所有在场的人都发出了会心的笑容。

江苏的 DMIS 做完，南瑞的 PI2000、PI3000 系列平台，已经达到了巅峰。

当时的计算机界，有一个非常流行的说法，叫作业务基础软件平台。

这个平台是一个通用平台，这个概念在计算机界影响非常大。

所以 PI2000、PI3000 平台，是电力业务基础软件平台的典型，在全国的 DMIS 市场，南瑞占了 90%以上的份额。

这个平台到国家电网公司做 SG186 工程时，与另一家单位的 SoTower 平台融为一体，形成了现在的 UAP 平台。

国家电网公司生产管理系统 PMS1.0，之所以交给南瑞来做，一个很大的原因是当时国内的 DMIS 市场份额南瑞占有率已经超过了 90%，南瑞在电网领域的信息化，已经在国内屈指可数。

从 SG186 工程开始，老林他们就一直在做 PMS1.0。

这是一种完全不同的体验，现在做的是 27 家网、省公司，考虑的面是全国的，整个系统的生产管理业务都要了解，都要进行抽象化和提炼。

工作量又是一个巨大考验，好在他们已经有了长期的积累和平台化的经验，所以仍然将 PMS1.0 做成功了。

05

在电网数字化的进程中，虽然南瑞最初的力量非常薄弱，但是他们能够抓住一切机会，并利用这个机会去争取、去拼搏，一点点地积聚、壮大自己的力量，最终有了取得成果实现价值的底气。

从那个时候开始，电网生产管理领域的PMS1.0、PMS2.0，到现在的PMS3.0，这个过程，使得南瑞这个团队积累了大量的经验和技术，当然也有了广泛的业务。

到现在的PMS3.0，又是一个重大变化，就是中台化战略。

PMS3.0跟PMS1.0、PMS2.0的最大区别，就是它已经把电网数字化中的中台概念明确提出来，提出电网资源业务中台这样一个建设目标。

这样，大多数的中台都是由南瑞来承担的，这是对整个电网生产管理数字化的重大提升。

面对数字化的迅速发展，南瑞建立了电网数字技术实验室。

现在的电网资源业务中台，已经不局限于PMS，实际上已经跟设备、调度、安监、基建、规划、营销等部门全部都有关系，成为一个企业级的数字化系统基础平台。

在这个平台上，南瑞集团开发了PMS，开发了应急指挥，开发了风控系统，跟OMS也进行了op互联，这意味着，中台成了数字电网的强大基础。

06

中台战略实行以后，国家电网公司逐步形成了一个统一的数字电网底座。

有了这个底座，数字化的应用就可以百花齐放，部门之间的数据壁垒、流程壁垒都可以被打破。

数字化系统对电网的感知能力会越来越强，分析会越来越全面。

各种数据在底座上不断地汇聚，数据所驱动出来的业务将是全新的，智能的，前景空间是宽广的。

未来在底座的基础上，去发展各种传感能力以及智慧大脑，包括现在人工智能技术的应用，都会非常便利。

也就是说，中台战略是国家电网公司坚定不移的数字化发展战略。

南瑞研发建立的这个底座，对国家电网的数字化发展以及南瑞在电网数字化领域的业务拓展，都具有深远意义。

现在，人工智能技术的发展，对创新意识要求更高，很多应用都是颠覆性的概念，南瑞人正在积极大胆探索，不断创新，脚踏实地，稳妥推进，与电网业务进行新一轮的深度融合。

07

随着新型电力系统建设进入加速期，新能源高比例接入，带来了电力电量平衡、安全稳定控制等挑战，需要进一步提升电网可观测、可描述、可控制能力。

2023年初，国家电网公司启动数字化转型顶层设计工作。

为有效支撑新型电力系统构建，纵深推进公司全业务、全环节数字化转型，适逢岁末年初，中台团队集中了精兵强将，交代任务，安排事项，而后打点行装，坐上了北去的高铁。

正是关键时刻，既是一年当中家庭团聚的时候，又是国家电网急需更新的时候。

只能舍小家顾大家。

技术骨干们精神抖擞，放弃家庭团聚，齐聚北京。

他们要鏖战 3 个月，开展国家电网公司数字化部设计的年度行动方案编写工作。

这不是一般的文案，也不是坐在电脑前就能顺利做好的工作。

如果是那样，交代一下，这些专业骨干也会在南瑞完成。

数字基础设施优化提升、基础数据底座构建及治理、企业中台能力提升、源网荷储互动、智慧配电网建设、规划建设智慧提升、设备管理智慧提升、客户服务智慧提升、数字化支撑保障体系强化……

这一系列的任务，能是一般的工作吗？

集合在一起，是为了好商量好协调好编程好处理，有什么事情好立刻解决。

为什么是中台？南瑞中台又代表什么？

2024 年初，南瑞抽调集团业务专家 4 人、核心研发人员 93 人，聚合各类研发协作人员共计 729 人，组建中台设计团队（简称中台团队）。

不是一个小队伍，简直可构成一个集团。

他们积极构建以电网资源业务中台、企业级实时量测中心、电网一张图、企业级气象数据服务中心、计算推演平台为核心的数字电网体系，全力打造创新、高效、拼搏、进取的数字化转型核心攻关"先锋队"。

作为数字电网核心能力建设团队，中台团队在运用先进数字技术开展创新的同时，不忘自主研发，不忘技术可控，不忘能源安全。

他们自主研发了 PMS3.0、电网资源业务中台、企业级实时量测中心、电网一张图等核心技术产品，并积极攻关企业级气象数据服务中心、计算推演平台等下一代电网核心应用。

这不是一般的成果，是国家电力创新构想中的重要实施。

很快，他们所研发的相关成果，在国家电网公司全网推广。

精干的南瑞中台团队，圆满完成了年度行动方案的编写工作。

这项工作，仍旧是训练了团队，提升了南瑞临阵不凡的表现力，以及给力的协作精神。

四、柔性直流电网工程世界首创

01

在张北地区，人们看到那穿山越岭的银线，只道是惯常所见的高压线，却不知是具有奇异色彩的现代化电网。

懂行的老外来了，站立其下，会发出由衷的赞叹。因为他们曾最早想象架设一条这样的电网，似乎是缺少中国人的魄力和闯劲，就只能让想象在空中飞一会儿，眼看着被东方大国所超越。

张北柔性直流输电工程，全称是±500千伏张北可再生能源柔性直流电网试验示范工程。

以柔性直流电网为中心，通过多点汇集、多能互补、时空互补、源网荷协同，实现新能源侧自由波动发电和负荷侧可控稳定供电。

这是世界首个柔性直流电网工程，也是世界上电压等级最高、输送容量最大的柔性直流工程，是国家电网服务能源清洁低碳发展的重大工程。

张北工程采用我国原创的柔性直流电网新技术，送电线路途经冀北和北京，总换流容量 900 万千瓦，2020 年上半年全部建成投运。

02

有人要问，什么是柔性直流输电？

柔性直流输电，作为新一代直流输电技术，在结构上与高压直流输电类似，是一种以电压源换流器、自关断器件和脉宽调制技术为基础的新型输电技术。

该输电技术具有可向无源网络供电，不会出现换相失败，换流站间无须通信，以及易于构成多端直流系统等优点。

在电力起源就有直流输电和交流输电之争，由于交流输电有一些先天的优势，发展非常迅速，直流电网没有发展起来。

现在，由于能源转型的需求，新能源大规模的上马，需要一种新的技术来实现对波动能源的控制和高效的利用，柔性直流输电技术便应运而生。

但是光通过柔性直流输电，点对点不能完全解决这种波动性问题。所以张北工程在规划之初，就考虑了源网荷储互动性质，建设一个 4 端的直流电网。

直流电网的意义，就在于可以把风电、光伏的源，抽水蓄能的储以及用户端的电网，用直流电网统一起来，实现清洁能源的高效利用。

而且降低清洁能源由于天气原因波动较大的影响，保证供电的可靠性和系统的稳定性。

这个世界首创的直流电网，为中国大规模新能源的开发和高效利用，提供了解决方案，也为世界提供了一种新能源和双碳解决的方案。

03

这项堪称奇伟的工程，为冀北地区构建高比例、大规模新能源安全智能外送新路径，高质量服务于低碳奥运和京津冀协同发展，为北京延庆地区"电代煤"工程、新建京张铁路牵引站，及2022年冬奥会等重大工程和活动，提供了可靠的清洁能源保障。

南瑞集团对于张北柔性直流输电工程的贡献，主要是柔直换流阀、直流断路器和控制保护系统，属于直流电网的核心装备。

没有这套设备，整个工程无从谈起。所以南瑞人为此而感到自豪和骄傲。

柔性直流电网技术，是一种非常高效的清洁能源利用技术。

当清洁能源发电量大的时候，通过抽水蓄能存起来，当清洁能源发电量低了，不够负荷端应用了，抽水蓄能就可以及时补上。

欧洲在新能源方面发展迅速，之前比中国发展快，海上风电非常成熟。他们也想在海上风电构建直流电网，却一直没有实现。

张北的柔性直流电网，创造了12项世界第一。

04

老闻出差厦门，3点半刚到宾馆，就被我拉过来视频通话。

香港的电力公司要参观南瑞在厦门做的柔直换流阀工程，他去跟他们做一个技术交流。

我说非得你去吗？老闻说之前一直都是他在对接，比较熟，这次他们提出了很多交流内容，其他人不是特别熟，他就过来了。

老闻2008年沈阳工业大学硕士毕业，工作后一直做常规直流研发工作。

当时有两个大的直流工程，需要组建生产团队，他被调到了生产制造部，五六年后做到生产部经理。现在是柔直业务部经理。

进来的时候，国内还没有直流换流阀的核心技术。这种高端技术，都在 ABB 和西门子等国外企业的掌控中。

如此，我国特高压输电工程投运后，出了问题自己不能解决，非常被动。

国家电网公司下决心自己开发直流换流阀的技术。

老闻进入南瑞的十几年中，一直在搞国产化特高压换流阀以及柔直换流阀的开发。

他先是参与了哈郑、溪浙等特高压项目，又参与了柔直国内第一条上海南汇示范工程，以及厦门工程、渝鄂工程、张北工程。

可以说，老闻从开发到项目的管理、生产安装调试的一条龙，都是全程参与。

05

他们开始搞柔性直流输电技术，是 2007 年。

那时技术资料很少，只有一些学术论文，仅仅是知道有这个东西。通过翻阅论文，了解到一种叫 MMC 的技术。

这个技术的优势，利用电力轨道交通 IGBT 就可以实现，不需要对 IGBT 有更高的要求，实现起来相对容易。这种技术还有一个好处，就是对系统的友好性更高。

老闻他们决定采用这种技术试一试。

即便这样，技术资料也不多。

事实上，MMC 技术长期掌握在西门子手里。老闻他们根本就不知道，那个重要的"阀"长什么样。

困难难不倒他们。凭着一股初生牛犊不怕虎的精神，老闻他们根据论文讲的一些原理，开始做相关的电器设计和结构设计。

时间一分一秒地过去、一天一月地过去，怎么熬过来的？

那种煎熬只有自己知道。

说实在的，吃饭时想，走路时想，梦里梦的都是。

一年两年，三年四年，时间像大江之水，稍纵即逝。

终于有了第一代样机。

上电测试，不理想，很多故障。

没有气馁，还是回到夜以继日的研究中。

心中只有一个念头，坚持下去，攻克难关。

老闻说，那个时候整个直流输电技术研究所，也就五六十人。

研制出来个悬吊式特高压直流换流阀，自己弄个架子，把它挂二三十米高垂下，进行通电实验。

总是会遇到这样那样的问题，比如放电什么的，那就再坐着升降机上去。

一次次上去又下来。不断实验，终于不再放电，其他问题也没有出现。

说明什么？说明新一代悬吊式特高压直流换流阀成功了！

大家欢呼雀跃。

就这样，一代又一代样机，一直做到了三四代。

越来越好，越来越像理想中的样子。

06

张北工程是这些工程中摸爬滚打出来的成熟经验，它来自南瑞人刻苦攻坚、永不服输的精神。

张北柔性直流输电工程，不仅解决了大规模清洁能源并网项目，同时是推进能源革命、践行绿色冬奥的标志性工程。

当然，张北工程做柔直也是困难重重，因为输送容量、电压等级都是前所未有，不仅是国内没有，国外也没有。所以有不少苦楚，经历了一些反转，出了一些事儿。

好在，最后都解决了。

当时老闻的角色，就是换流阀设计的牵头人，带着一帮子兄弟到变电站去安装换流阀。换流阀类似 12 米高的一个小楼。平台车把人升上去，看安装的情况。

进入实验测试和调试阶段。

调试就有大半年。从冬天到夏天。调试比较复杂，项目很多，中间出现问题，边调边解决。最关键的时候，不分昼夜。

张北之前，还有厦门世界首个高压大容量柔性直流示范工程。

首台高压大容量柔直换流阀投运之初，不是特别稳定，发生了几次跳闸，出现了设计时考虑不到的情况。

老闻带人过去，陆陆续续用了一两年时间，查明原因，对产品进行整改，产品运行可靠性得到了大幅提升。

同时，他们也真正掌握了高压大容量柔直换流阀的核心技术。

2019 年投运的世界最大的渝鄂±420 千伏 5G 柔直背靠背工程，就借鉴了很多厦门工程技术。因为他们在厦门工程做了很多实验，有了实践经验。

老闻后来又做柔直的国际市场。那是厦门工程结束之后，南瑞就瞄准国际市场的柔性直流输电技术开发，多年过去，十几个项目中标。

南瑞人相信凭自己的技术，不怕攻不下欧洲的山头。

2022 年，大量的工作过后，南瑞中标德国海风柔直项目。

南瑞具有自主知识产权的柔性直流输电技术，终于打入了国际高端电力市场，意义可谓重大。

这说明，我们的技术已经实打实地得到了欧美高端客户的认可。

五、新一代电力交易平台成功运营

01

随着我国的电力体制改革进入快车道和深水区，中央要求加快推进电力市场改革步伐，大幅提高市场化交易比重。

面对加速发展的电力市场环境，面对现货、中长期电力曲线交易等新业务，国家电网公司提出了开展新一代电力交易平台建设目标。

2019 年 9 月中旬，老叶团队接到任务，必须赶在年底前，将新一代电力交易平台项目在"国网云"上线运营。

基于互联网技术的电力交易平台，是新时代电力市场的需求，平台的科技手段和更高效、更公平的电力交易模式，将不断为能源发展注入新的动力，为消费者、供应商和企业提供更加多样化的服务。

面对全新的业务领域和云技术的日新月异，老叶接受了任务，也接受了挑战。

02

100 多人的团队集中进行封闭攻关。

他把整个项目按模块划分三个大组，每个组安排一个项目经理和技术架构师。老叶担任总架构师。

团队里的小董 2013 年加入南瑞，这次就带领一个组承担平台建设。

电力交易模块业务需求变化快、逻辑复杂，各项功能需保证准确无误。

小董爱人家是河北三河的，他们在燕郊买了房。本来回家就不容易，这次干脆不回了。

离年底只剩下一百来天，可谓是时间紧任务重，不能掰着指头算天数，只能争分夺秒，与日月赛跑。

没有休息日，家里的一切都几乎不管不顾。

3 个多月，核心小组成员每天都在项目一线，和自己的团队打成一片。

需求调研、架构设计、系统研发、功能测试、安全测试，每时每刻的无层级沟通，把控着项目进度。

接近年底，整个团队保持了高昂的工作状态，每天工作超过 12 个小时。

老叶知道，一人在前，团队也要跟上。

他不断地鼓励大家，就这 100 天，闯过去就过去了，闯不过去……不能闯不过去，只能闯过去，哪怕是刀山火海，也在所不辞！

"宁让汗水漂起船，不让工期拖一天""凝心聚力、攻坚克难，为把新一代电力交易平台打造成精品工程而不懈奋斗"，两幅通墙长联，挂在南瑞科东研发驻地。

工作栏内，密密麻麻张贴着新平台最新的里程碑进度计划表。

阶段性工期倒计时牌，随着时间的流逝、不断翻新。

03

一天，有人抬起头，看到一个女子站在门口，眼神里满是焦急和渴望。她的手里，还牵着一个四五岁的孩子。

这是谁的家属？

一直埋头奋战的小袁，立刻站起来迎了过去，并很快把母子带离了工作区域。

老叶站在窗前，看着这三个人在楼下转圈子。

那里有一片空地，女子把一盒盒药掏出来，塞在小袁手里。

老叶知道，小袁有着严重的高血压，他好像都没有在乎过。一天到晚只管伏案工作，头晕的时候才想起来，是不是血压又升高了。

他不在乎，老婆会在乎。一个城市住着，两个月却见不到一面。

老婆就有些担心，拉着孩子跑了好远的路，打听到这里。

孩子也显得陌生，只是跟着妈妈走，不时偷眼看看爸爸。他当然不明白，爸爸为什么不回家。

这个时候，窗户旁挤满了同事。看着这一幕，眼里都有些潮。

谁家的亲人不是每天都在操心关心？

现在唯一要做的，就是赶快把项目搞出来。

04

2019 年 12 月 20 日，老叶因为有事，凌晨 1 点到家，倒头刚睡一会儿，定的闹钟就响了。他看了一下表，便匆匆往驻地赶。

早晨 5 点，天还没亮，老叶已经坐在了办公桌前。

距离项目上线时间越来越临近，还有不少扫尾的事项需要处理。

老叶打开电脑。

然而对着屏幕，他的眼前却有些模糊，将屏幕再调亮，还是看不大清。

老叶有些沮丧。他知道不是电脑的问题，而是自己的眼睛出了问题。

可是时间，时间所剩不多了，项目需要他，团队需要他，不能在这个关键时候出现任何障碍。

这个时候，有同事走了进来，与老叶互道了早安。

已经习惯，老叶带头，大家也都是早早赶到。抢收抢种的时刻，更是大意不得。

同事们陆陆续续都到了。

老叶一时不能操作电脑，便口头发出指令，安排眼下的工作。

最终，老叶和他的团队，通过了中国电科院的三方测试，为新一代电力交易平台成为首套在新国网云上线的系统，做出了强有力的支撑。

这一天来得实在太不容易，老叶和他的同事们，该是经历了怎样的艰难和苦盼！

曾经100天的凄风苦雨，100天的酸甜苦辣，100天的夜以继日。

新一代电力交易平台成功上线运营，意味着国家电网第一套基于新国网云平台的信息化系统成功落地。同时，也标志着新一代电力交易平台正式开启运营。

北京的冰雪，终于化成了桃李花开。

05

老叶这些年的工作轨迹，是固定的，也是不固定的。

说固定，就是他的眼前始终有一台电脑相伴。

说不固定，是他随着那台电脑时常跑来跑去，在天上腾云驾雾，在地上穿街过巷。从住处到单位，从这台桌到那台桌，不是寻找解决问题的路径，就是算计查找原因的方法。

如果用里程碑来标注，每一个里程碑都会详细地刻画着汗水和艰辛，每一个都插满了鲜花和祝福，都显现出整个团队的精神和笑容。

这个平台设计研究的过程，也是一个练兵的过程。

个人练就了一手硬功夫，也使一个团队变成了铁军。

不仅培养出了 20 余位云计算、云平台的技术骨干，也培养出了一个个部门的领头人，为后续支撑公司云平台项目，打下了坚实的技术和人才基础。

06

可以说，老叶他们干出的事业，超乎一般人的想象。

这其中有着坚实的力量支撑。这是国家力量，是国家电网力量，也是南瑞力量。

当他们站在你面前的时候，你会发现，他们普通得跟你毫无二致。

你跟每一个人接触、聊天，他们的语速都很快，像键盘一样弹跳。事实上，这种弹跳还跟不上他们的大脑。

感觉这是一群在天上飞、云里跑的人。

他们的大脑异于常人，想象斐然，就如爱迪生一样，充满神奇的思想。

看着这帮子年轻人，你会看到一条铺满阳光的大道，那大道一直通向很远，远处闪烁着迷人的光芒。

还有，这些人有一个共同的特点，就是大都戴着眼镜。视力都不是太好，视力都拼到电脑上了。

而且作为领头羊的老叶，年纪不大却是眼底黄斑变性。听了让人惋惜，让人痛心，年纪轻轻的，把眼睛都搭进去了。

但是你听他们怎么说，只要能搞成功，在所不辞，在所不惜。

现在终于搞成了，他们一个个的，都揉着眼睛在笑。有的眼泪都出来了。

而我想说，快去找个好医生，看看眼睛。

希望你们的眼睛永远明亮，像溪水一样清澈，像春风一般透明。

因为中国的未来是你们的，南瑞的未来是你们的。诸多的事情还等着你们做。

07

老叶聊起来最初到公司的那些经历，他讲到 2004 年，去甘肃的连城 220 千伏变电站做集控系统调试。

那个地方离兰州市区 120 公里。从市区到这个变电站，开车要走五六个小时。

进入山区，全是海拔一两公里的高山。

变电站周围没有人，在它附近两公里的地方有三四户人家，老叶就找了个老百姓的民宿。

每天工作到晚上 10 点左右，沿着一条小路往回走。

路上没有灯，周围都是山，很黑很吓人。好不容易走到宿舍。

再远的地方有一个大型铝厂，从那里伸出一条铁路，经过老叶住宿的地方。

这个地方距离铁路两米多一点。每天晚上都会过火车，一般 1 点来一趟，3 点来一趟。火车一来，屋子就震得乱响，床变成了汪洋里的一只船。

半年的时间里，老叶来来回回走，而后听着火车咣咣当当响。

再后来就感觉不到了。

他住的地方不远，有一个小饭店。老板家有两个孩子，小的上一年级，大的读四年级。

老板知道老叶是北京来的，就让他辅导大孩子学习。后来干脆就让孩子跟老叶一起睡。老叶帮他补习后，孩子果然进步了。

老板就跑到好远的集市去买酒，要跟他拜兄弟。

老叶去的时候是夏天，回来的时候下雪了。茫茫大雪中，那一家人一直把老叶送到汽车站。

08

那个时候老叶已经有女朋友，是华北电力大学的同学。俩人半年没见面。

2006 年 5 月 6 日，小两口选了个良辰吉日，结婚了。

没想到新婚第二天，5 月 7 日，老叶又拿到了去呼和浩特出差的车票。要去解决蒙西网调系统出现的问题。

这一去，就是两个星期。

回来新婚妻子嗔怪，不是说明天就回来吗？多少个明天了？！

是呀，谁让你把新娘子扔下就走呢？老叶只有认错。

其实爱人还是理解自己的，爱人最担心的，还是老叶的眼睛。她总是提醒老叶，别那么拼，拼坏了眼睛，就什么也干不成了。

可在关键时候，老叶能管得住自己吗？

平台上线之后，爱人赶忙陪他去了协和医院。

现在我看到老叶，一只眼睛已经是失明状态，他只能用另一只眼睛看世界。他说他还能听，照样能解决工作问题。

09

世界上首套基于云架构的大型电力市场技术支持系统，实现了新业务、新架构、新技术的突破，成为第一个在"国网云"上部署上线运行的信息系统。

这个项目，先后获得了国家电网公司科学技术进步奖一等奖、中国能源研究会技术创新一等奖。

新一代电力交易平台，按照老叶的所想平稳地运行着，当然，还会不断地维护、更新、换代。

这是一个永无止境、时刻更新的时代。在云计算、云平台的云起龙骧中，南瑞人不会停歇。

现在，老叶又带领他的团队，构筑新的梦想。

第三部 | **人才支撑：**
　　　　人才是核心和根本

人才始终是南瑞的发展大计。作为国家电网公司下属的高科技企业，南瑞集团高度重视科技创新，弘扬新时代科学家精神，抓好人才建设，发挥人才作用，为加快打造具有全球影响力的电力原创技术策源地，积蓄了强大的科研力量。

　　我们从南瑞自主培养的两名中国工程院院士薛禹胜和沈国荣，以及广大科研人员身上，感受到南瑞人迎难而上、求实创新、科学严谨、勇攀高峰的精神风貌，以及他们在科研领域创造出的辉煌成就。

　　尤为可喜的是南瑞的青年一代，他们已经成为科技战线的生力军，使得南瑞活力四射、繁华无限。

第六章　勇攀高峰的薛禹胜

一、37 岁的研究生

01

薛禹胜 1963 年从山东工学院毕业，直接分配到中国电科院工作。山东工学院后来并入了山东大学。

那个时候薛禹胜风华正茂，大学毕业正当年，对什么都有一股子闯劲。国家那几年也刚刚经过 3 年困难时期，一切都在好转，都在恢复中，电力工业发展建设也步入了正轨，一些小城镇也都通了电，家家有了电灯照明。

薛禹胜一到研究院就主持了第一套特高频继电保护装置的研究，他一是靠着扎实的根底，二是凭着一股子钻研的韧劲。

为了摸清研究方向，他还深入到一线，实地考察、探索，一点点地拿出了设计方案。

在这个过程中，他反复向院里的老专家请教，让他们帮助分析设计图纸，最终得到满意的结果。后面的制造、调试及投运，薛禹胜都是亲自参与，唯恐哪个环节出现问题。

当时，特高频频段的干扰非常大，成功地用作继电保护通道，这在国际上还没有先例。可以说，薛禹胜一开始就在电力系统摞了一颗炸弹。

02

这套继电保护装置，立刻就发挥了作用，它直接解决了上海220千伏过江电缆——架空混合线路由于特性阻抗极度失配而无法配置主保护的关键问题。并从1966年一直稳定运行到20世纪80年代末该电缆报废、输电线停止使用为止。可见完全起到了关键作用。

薛禹胜还做了北京阀门厂的自动化生产线中的自动控制。以前都是用机械方式控制，而他是用触发器等数字电路的方式实现的。

后来就变成PLC顺序控制，更具有通用性强、使用方便、适应面广、可靠性高、抗干扰能力强、编程简单等特点。

实际上，很多人并不知道，薛禹胜出身于一个比较特殊的家庭。他的父亲是一个大企业家，是旧中国的立法委员，他的叔父是新中国的经济理论家。

但在当年，薛禹胜的家庭出身成了他的累赘。上学也曾经受到影响，如果不是他的成绩特别优异，他很可能名落孙山，也不可能进入电科院。

03

37岁，是人生的一道坎吗？差不多吧，事实上，那道真正的坎是38岁。只不过薛禹胜37岁那年才知晓，自己离那道坎只有不到一年的时间。如果错过了，也许就没有了后来的薛禹胜，没有了中国乃至世界电力一束耀眼的火花。

37 岁时，薛禹胜在出差的途中偶然得知：改革开放后，国家招收的首届研究生的报考年龄限制从原定的 35 岁临时放宽到 38 岁，似乎一道光打亮了一切。他为那道门、那道光而欣喜不已。他恨不得下了火车立刻到家，把这个好消息告诉妻子。

俗话说得好，没有太晚的开始，只有较早的放弃。

离考试只有一个多月的时间。薛禹胜行动起来。

他找了《电工基础》《数字电路》等教材来恶补，一边还上着班。住的是 20 多人的大房间，他闷在帐子里，点了一盏小灯。

光亮不大，却照耀着一颗坚毅的心。

04

最终，凭着自己的努力和聪明才智，薛禹胜以考分第一的成绩，成了南京自动化研究所的硕士研究生。

这一年，是 1978 年。这是薛禹胜之幸，也是电力研究所之幸。因为就此渐渐成就了一位中国电力的顶级科学家。

南京自动化研究所招的第一届研究生很艰苦，他和其他两位同学住在一间透过木板条拼接的屋顶缝隙可以看到天空的小木房里。妻子潘正珏到研究所去看薛禹胜的那天下着大雨，房间里到处都是水。

第二年潘正珏考上了研究所的第二届研究生，条件好了一点。他们和女儿就住在 6 平方米的小房间，里面是一张双人床，一张书桌。女儿的小学老师来家访，惊愕了，说你们就这么住着吗？

但是他们觉得这个条件已经相当好了，只要不影响学习就行。

3年后，薛禹胜不负众望，很快以全班唯一的优秀成绩毕业，并留在研究所。

事业的大门一旦打开，走进去就知道里面的世界多深多广。

我看到一张老照片，七八届研究生毕业论文答辩会上，薛禹胜站在第 2 排。那个时候，一群风华正茂的青年，毕业后走上各自的岗位。没有人想到，多少年后，会在他们中出现一位院士。

05

潘正珏研究生毕业的时候，女儿已经在上海上了小学三年级，儿子则是初中生了。薛禹胜的母亲是老师，对孙辈的教育尤为上心。所以潘正珏只能去孩子身边，而不能让孩子过来。

上海电力学院和电力研究所属于一个系统。梁汉超所长人挺好，分配的时候，就把潘正珏分到上海电力学院去了。潘正珏也是有小私心的，她想着反正家和孩子在上海，以后也会把薛禹胜拉回上海。

妻子知道，丈夫如果到她所任职的上海电力学院，会成为很好的教授。

但是薛禹胜是电力研究所培养的人，他不能舍弃畅游的那一片海。中国电力事业方兴未艾，有更大的发展在等着他，有很多事情需要他做，他执意留在南京，留在电力研究所。

薛禹胜对南京的感情始于在山东工学院读书的时候，那时凡是假期要回上海，必在南京转车。火车到达浦口，人和火车摆渡过来，要等五六个小时。所以会到南京逛逛，觉得南京太美，也就爱上了南京。

06

那些个时日，薛禹胜总是形单影只地走在单位通往住室、住室通往单位的小路上。

没有妻子在身边，薛禹胜的饭食总是很简单。

蔡家巷街头的小郑酥烧饼铺，是他常去的地方。每次的两个焦黄酥脆的桂花糖烧饼，总是换来客气的微笑。

多少年后，当烧饼铺主人从报纸上看到薛禹胜的照片，才知道那个鼎鼎大名的薛院士，竟是这样走过了一天天。

二、上天眷顾

01

薛禹胜不断地接触新事物，接受新观念。机会也越来越多地眷顾这个不懈追求的人。

不久，在水电部为挑选出国培训人才的英语统考中，薛禹胜以第一名的成绩，获准首批派往美国电力企业学习一年。

这是一个多么好的事情，既可以开阔眼界，增长见识，又能尽快提升学术水平，回来会有更好的发展。

同事们都为薛禹胜感到高兴。

没有想到，薛禹胜果断地放弃了这个令人羡慕的机会。

薛禹胜这几年，走过来着实不容易。既然走过来了，就要把握更好的机会。

02

由于众所周知的原因，前些年，中断了他进一步研究全晶体管特高频继电保护的努力。

他被要求去了水电部设在河南平舆县的"五七"干校。那真的是一个广阔天地，但是不能再搞研究。

他学会了做各种农活，淘粪、积肥、翻地、除草、播种、间苗。大部分地块是种豆子，豆子矮，趴在地上长，收获的时候比较费劲。一天下来，腰都直不起来。

薛禹胜心有不甘，不能就此成为一个"地球修理工"，他白天干农活，晚上借着煤油灯看书。

那个时候针灸技术很热，他找来一本《赤脚医生手册》，看得津津有味。

薛禹胜的弟弟就读上海中医学院，薛禹胜趁回家的机会，让弟弟教自己，还真就学会了。有了基本医学知识，就在干校实践了几次。

干校觉得薛禹胜干得还不错，把他送到驻马店驻军医院去接受训练，回来就让他在干校当起了赤脚医生。一间土坯屋，成了他的医务室。

说起来薛禹胜就笑了，真的是干一行爱一行啊，赤脚医生很快得到了大家的认可。

他一天早晚背着个红十字药箱，穿行于田间地头，为那些扎破手脚的人包扎，给那些头疼脑热的人发药，并且还敢扎扎银针。

03

说起来离开北京，还有一个个人原因，就是别人给他介绍的对象，没有一个成的。

人家一听他的家庭出身，就没有了下文。那个时候，很多人会考虑家庭出身，出身不好，会影响参军、招干、入党，甚至上学。

有的事先不知道，见了面，薛禹胜还是毫不隐瞒地跟人家直说，人家听了，坐一会儿就告辞了。

正因为这样，单位组织下放锻炼，虽然研究所的领导多次劝他先留在北京将婚姻问题解决了再去，但薛禹胜仍然主动报了名。

他想离开北京，到干校去，一干活，什么都忘了。

在干校，也有年轻的女孩子，有人给薛禹胜介绍，薛禹胜听了大差不差，就表示愿意。他感觉自己已经没有了价值，以前追求的漂亮什么的，都成了不现实的痴心妄想。

然而，还是大都未见。

薛禹胜也就不再多想，一心一意干好工作吧。这也好，离奇的经历使他养成了在陌生领域探索的意志，最终形成了勇于在实践中学习的学术品格。

薛禹胜这次回上海探亲，还有一个秘密，那就是表哥来信说，要给他介绍一个对象，是他的妻姐，如何如何好。

表哥叫霍裕昆，复旦大学教授。他夫人叫潘正瑛。俩人说起来，她有个姐姐还没结婚，叫潘正珏。

表哥当然知道表弟的为人，就想撮合两个人。

薛禹胜看过信对表哥的好意很是感慨。心里却还是没有信心。

04

薛禹胜回到上海，还真按照约定去了表哥家。

敲开房门，表哥表嫂都不在。开门的是一位清秀靓丽、身材高挑的女孩。

薛禹胜想，这或许就是表哥说的潘正珏了。

两人都很有礼貌地客套了几句。落座后，薛禹胜首先介绍自己，说，我的出身不好。

薛禹胜对女孩是没得挑的，这个潘正珏，竟然比以前介绍见面的女孩子都漂亮。自己当然一百个愿意，只是人家说不定又要放弃了。所以就忐忑地将决定权交给对方。

没想到潘正珏并没有在意，她说，我的家庭情况也不怎么好。我爸妈在上海有一个大华肥皂厂，只是我从来没有感觉家里有多么富裕。爸妈经营的只是一个小厂，厂子旁边有几间房子就是我家。我妈生了 8 个孩子，又要照顾我们，又要上班，所以家里各方面条件也不是很好。

潘正珏说，只是我爸的思想很进步。他还做过上海市工商界的代表，参加过全国工商联合会。1957 年的时候，他们就内迁到了湖南长沙，就是湖南日用化工厂，在黑石铺那里。

薛禹胜说，你没有跟着去吗？

潘正珏说，就我爸妈两个人去了。当时除了我小妹比较小，我们几个都念中学和大学了，所以请外婆来照看我们。后来，都住校了。我上大学的时候，暑假、寒假就会到我妈那里去。再后来，我爸妈退休回到了上海。

05

薛禹胜听了这些话，就有些释怀。

那就是说，潘正珏已经知道了自己的全部。她既然要和自己见面，说明她不在乎这些。

薛禹胜告诉潘正珏，说自己是在重庆出生，因为父亲的企业搬到了那里。抗日战争胜利以后，全家又搬到了无锡。短暂地住了一段时间，父亲觉得上海的资源比较好，就又从无锡搬到了上海。

薛禹胜说大概是自己八九岁的时候，妈妈因为带着4个孩子，有一段时间也没有工作。后来她去了上海市五四中学，当了一名数学老师。自己也进了那所中学。

薛禹胜说，自己一直受着比较传统的教育，父母对孩子的要求就是老老实实做人。

薛禹胜还介绍了自己的情况，单位虽说在北京的电科院，但是自己已经下放到河南的"五七干校"，那个干校在平舆，是个十分偏远的地方。

潘正珏说，1959年我从上海中学毕业，考到合肥工业大学电机系自动化专业，毕业分配到一机部第二设计院，我们单位在上海的外滩，中山东路那里。

薛禹胜说，上海中学是很牛的学校呀，您小时候成绩肯定很好。

潘正珏说，全靠自己。我们家孩子多，我爸妈只顾上班，顾不上我们。

潘正珏告诉薛禹胜，她们设计院已经开始往遵义搬了，当时她手上接了一个工程项目，是上海市的"115工程"，在安亭建立一个汽车厂，也就是后来的上海汽车厂。汽车厂要搞一条自动生产线，潘正珏参与了该生产线的控制设计，所以还要留在上海工作一段时间。但终究是要迁到贵州遵义去。

薛禹胜说，好啊，现在正在搞三线建设，备战备荒，去内地比留在上海好。

06

薛禹胜的话自然多起来，他谈他的学习、生活，谈工作中的趣事、学习上崇拜的人。

潘正珏也不时地插话，说到相通点，两人都不由得笑，显得十分默契。

潘正珏说，我们有一个政策，如果有家属的话，可以一同带去，当然，要求家属专业对口。

薛禹胜听了，在心里笑了，他觉得潘正珏一定是看上自己了，所以才提出这样的问题。

薛禹胜说，好啊。如果可能，我们可以一起去。

潘正珏劝薛禹胜慎重考虑，你毕竟在北京的电科院，你要搬到艰苦的深山里去，对你来说是一种损失。

薛禹胜想她这么坦率这么真诚地对自己，想到在干校的艰苦与孤寂，就说，我不是在河南平舆吗？什么时候能回北京，还不一定。我在干校也只是啃大地，还不如去遵义搞搞工程。

潘正珏就笑了，这么说，你是心甘情愿了？

薛禹胜说，当然，一见你我就知道，就是你了。

潘正珏说，不知道我们单位能不能接收？你们那里能不能放？

两人就这样相识了。潘正珏不知道，自此以后，她终是要把毕生之爱献给这个男人。这个爱包含着理解、奉献，也包含寂寞和无奈。

后来潘正珏向单位上报，表明自己需要带着爱人同去，该单位得知薛禹胜是在北京电科院，立刻就同意了。

两人在上海举办了简单的婚礼，而后带上简单的行李，一起去了贵州。那是 1970 年。

他们到了遵义，薛禹胜到了一机部第二设计院自动化科，潘正珏在公用科电气组。后来他们有了孩子，就把孩子放在了上海。

公用科包括采暖通风、给排水、电气，包括从供电系统到配电、照明，其主要职责是设计图纸。接到一个项目，从初步设计，到施工图设计，然后到现场实施，最后验收。

薛禹胜出差少一点，潘正珏会出差到现场去，除了拉萨没去过，全国各地的省会她都到过。有时会顺便到上海看看孩子。

离开了平舆的干校，接触到了自己喜欢的研究设计，薛禹胜还是蛮兴奋的，尤其是和自己喜欢的人组成了一个美满的家庭。所以他对生活充满热忱，除了工作就是学习，每天挤出时间花在读书上。

大家都熟悉那个穿着棉大衣、到处带着书看的薛工，知道他是个读书上瘾的人。

经常把薛禹胜丢在家里的潘正珏出差回来，看着缩在炉子旁看书的丈夫，感到很抱歉，就问丈夫，是不是后悔跟着到遵义来了，因为来了还总是独守空房。

薛禹胜就笑着说，说哪里去了，我感到很适应。你也是为了工作嘛。

薛禹胜表现得就是这样乐观。

后来说起来，潘正珏说，你当时毫不犹豫地同意跟我去遵义，是不是因为当时时间很紧，不容多考虑？

薛禹胜说，哪里，我那个时候的念头，就是跟着你去哪里都行。倒是要问你，是不是想着尽快找个对象，把自己解决掉？

潘正珏说，才不是，我早就通过我妹妹把你了解清楚了，妹妹妹夫都夸你聪明，爱好广泛，为人正派。见了面，比想象的还好，小男孩人很帅。

薛禹胜笑了，说我也是，我表哥一直在我面前夸你怎么怎么好。我就想，该是怎样的一个女孩子？见你第一眼，就知道是我这辈子等的人。

三、45岁的博士

01

薛禹胜在遵义一机部第二设计院做了 8 年的机械装置、工厂配电、生产过程自动化等设计工作。

当然，这些经历只能让薛禹胜的人生阅历更加丰厚，对社会有了更多的认识。

时代的车轮往前滚动，薛禹胜最终离开了那些显得有些迷茫的路径，踏上了一条通衢大道。

1978 年，他考上了硕士研究生，硕士论文研究电力系统的闭环控制，毕业后又改做数据采集和监控。从中积累了较为广泛的知识和经验。

对于有着远大理想的薛禹胜来说，仍然感觉欠缺和不足，他需要一个大的平台，来拓展自己的视野，开拓自己的潜能。他需要快速找到一个突破口，不能再有什么耽搁。

现在，既然环境允许自己按照特长进行选择，并且感觉到自己还有这个能力，那么，就应该用好所剩不多的最富创造力的年华，找准一个主攻目标，去攀登国际电力学术的高峰。

薛禹胜想，以自己现在的理论基础，去从事国际高水准的科学研究远远不够。短时的出国培训，虽然可以接触先进的工程应用技术，却不能提升和加强基础理论水平。

薛禹胜有了更高的打算，他要再次走进高等学府，再进一步深造。

同事们听说他要放弃赴美培训，就劝他慎重考虑，这可是千载难逢的好机会。怎么着也要先学完这一年，待回国后再做选择。

不，不能只顾眼前一时一事。古人就说过："君子有所为有所不为，知其可为而为之，知其不可为而不为，是谓君子之为与不为之道也！"

也就是说，一个人，应该去寻找一种有规律的人生、有意义的生命。就像数学上求解非线性规划问题，真正的困难并不是得到一个极值点，而是要保证得到全局的最优解或准最优解。在实践中很可能会满足于一个局部的极值解而错过最优解，因此，在开始局部寻优之前，应该以全局的观点选择好初始点。

02

那个年代，人们的思想认知在起变化，说 30、40 还是年轻人，50、60 才是中年人。

但薛禹胜心里觉得，自己的年纪不容等待，应该再拼一次，不拼就真的没有机会了。

虽然自费留学在当时还不可能，但薛禹胜对国家公派留学政策和自己把握未来的能力充满信心。

于是他向更高的理想冲刺。为出国留学做准备，抓紧学英语。

有国外学者来交流，他主动去接待。基于他的工作表现和优秀条件，他被单位推荐参加国家公派留学统一考试。

在承担项目和管理工作时，薛禹胜开始注意国际电力系统理论界的热点。当第一次读到有人为单机系统稳定性分析创造的等面积准则时，薛禹胜不禁为它简明而形象的解析叫绝，他也曾为两体系统中增加第三体所造成的天壤之别而惊叹。并且知道100多年前，瑞典国王悬赏求解的三体问题，至今仍然困扰着力学家和数学家。

虽然当时他并不真正理解这个问题的意义和难度，也不可能想到25年后它竟会使自己如此痴迷，但当时的启蒙教育确实影响了薛禹胜留学前对研究方向的选择。

当薛禹胜考取被直接派出时，他已经对当时电力系统分析的现状和动态有了初步了解。而且他选定的是世界电力著名学院——比利时列日大学的蒙特菲尔电气学院。

03

1985年6月。一架波音飞机从北京机场腾空而起，瞬间钻入了万米高空。

薛禹胜终于顺利成行。他第一次跨出国门，开始了预定一年的访问学者历程。这一年，薛禹胜45岁。

列日大学（University of Liege），成立于1817年，是欧洲最早成立的公立高等学府之一。200多年来，列日大学以严谨的学术教育和卓越的科研能力而著称于世。

学校拥有4个校区，分布在3个城市。这所世界上成立最早的电气学院坐落在一座非常幽静的山丘上。这里大都说法语、德语和荷兰语。

按说薛禹胜的英语条件好，去美国可能更如鱼得水，但是他放弃了，目的前面已经讲过，就是为了一项长久的学习计划，而且比利时的一个研究小组也是他所在意的。

那个研究小组偏重物理概念，虽然研究工作还较为浅显，但薛禹胜比较赞同他们的思维方法。自己法语不是太好，英语还能对付，加上较丰富的研究经验和执着的献身精神，相信会有不错的结果。数学功底稍逊，但物理概念清楚，逻辑思维敏捷。既然已经从物理概念上发现了当时国际学术界并没有注意到的问题，那就应该选择一个重视物理概念的研究环境吧。

这就是选择比利时列日大学的蒙特菲尔电气学院的缘由。

后来薛禹胜想起来，依然觉得自己的选择是正确的，如果按照其他标准选择学习地点，再由教授指派一个研究题目，虽然相信自己也能做出不错的成绩，但肯定会同今天的成果失之交臂。

04

就这样，他带着自己的研究方向和学习计划，满怀激情地来到蒙特菲尔电气学院报到。实际上，当时薛禹胜是想动员妻子潘正珏一同来的，当然也是通过考试。因为当年自己考上研究生的时候，他就鼓励妻子考，说肯定能行。果然妻子听了他的话，第二年也考上了研究所的研究生。

潘正珏一是觉得英语不行，二是也没有那么多的精力，主要还是考虑到两个孩子，潘正珏说咱们两个只能保证一个，家里不能没有人。这或是薛禹胜看到校门时的隐隐的遗憾。

薛禹胜很庆幸自己遇到了一位好导师，那就是国际著名电力系统稳定专家帕维拉教授。

作为指导教授，帕维拉一见这个中国小伙子就喜欢上了，她不光是同他进行了友好的交谈，而且看过他的个人资料。她觉得这是一个既有实际经验、又有远大志向的学生。

她试着要求他用一周时间，完成一个冷僻的课题"综述奇异摄动在电力系统中的应用"。素以严厉著称的帕维拉教授果然名不虚传，她特别要求这个中国学生，对近期内可能有所突破的课题和方向提出自己的判断。

薛禹胜虽然从未接触过这类课题，但还是毫不犹豫地接下。

薛禹胜明白，教授这是在考验自己，也是因为看重自己。他要以孜孜以求、锲而不舍的精神，来感动幸运之神。

05

正好是暑假，在紧张的一周里，薛禹胜简直是拼了。他钻在宿舍里，大门不出二门不迈，吃饭都顾不上了，每天与星星月亮为伴，实在困了，会趴在桌子上睡着，醒了接着再干。衣服几乎没有脱过。

书籍和资料堆满了桌子和床，直到在规定的时间内，交出一份课题报告。

算下来，一周之内，薛禹胜竟然工作了 120 多个小时，几乎每天工作都在 17 个小时以上。

帕维拉教授认真看过了这份课题。她感到满意而兴奋，因为她发现了一个实力超然的学生。她几乎没有怎么改动，就要求打印成正式文件，以做参考。

初次见面，就给教授留下了如此深刻的印象。

但是导师帕维拉还是不满足，她还要发掘这个中国留学生的潜力。于是又将一个题目摆在薛禹胜面前：3个月内，完成"综述计算机对电力系统应用的领域"。

帕维拉教授指导他搜集有关资料，建立档案。

在帕维拉教授的指导下，薛禹胜满怀信心，大量地阅读、摘录，他由不同学派的代表人物出发，从不同的角度对文献进行分类、比较、归纳和评述，在短时间内理清了各学派的理论、主张与发展流向、特点与不足，并注意不断跟踪搜集各国、各学派的最新研究动态，一步步理顺了世界各国电力系统学术研究的历史与发展。

薛禹胜对这些综述反复推敲，仔细研究，收获很大。

即使是在后来的研究中，薛禹胜还会重读、分析，每次都能得到新的启发。

薛禹胜说，科学研究中的许多重大发现虽然有一定的偶然性，但从某种意义来说，也是水到渠成的事。有利于激发灵感的环境固然重要，但同样重要的还有长期的知识积累和持续的冥思苦想。

大家想不到，成功正在一步步向这位中国的留学生走来。

薛禹胜仍旧没有辜负导师的期望，暑假刚结束，他就将论文交到了教授手里。

帕维拉教授看后，露出了抑制不住的满意的表情。

薛禹胜的论文，不仅内容翔实，论述充分，而且带有许多极有价值的新观念。这是一位导师所遇到的再好不过的弟子，他的将来不可预期。

于是她高兴地告诉薛禹胜，可以留下来，破例攻读博士学位，并从第二年开始，由大学提供全额奖学金。这是中国学者在该校得到的第一份奖学金。

06

比利时，这里有美丽的塞纳河，有路易十六建筑风格的王宫，有现代古代艺术博物馆，到处都是中世纪的哥特式建筑。

薛禹胜只在来时稍做浏览，就再也顾不上。同学们每到周末都会到各处去游玩，薛禹胜却把美丽的风景和其他诱惑都抛在了一边。

什么叫如鱼得水？在那片知识海洋里，薛禹胜畅游着，他把时间掰成两半，以分分秒秒来计算。

闲暇时，有人在周游列国，有人在谈情说爱，尽享美好的时光。

我们这位中国来的薛禹胜，却钻在图书馆里刻苦攻读。

除了国内不容易看到的某些会议论文集外，还有国际学术组织内部的调查、总结报告，教授评审过的大量论文。这是一个拓宽视野的极好机会，他全身心地埋入其中。

同学中有位外国朋友，他对这位来自东方中国的好友有些好奇，便总是找话问他。他问薛禹胜，为什么历史悠久、人口众多的中国，涌现不出世界级的科学家？

薛禹胜听了觉得他对中国并不了解，就提醒他，古有张衡、祖冲之，今有李政道、杨振宁。怎么能说中国没有世界级的科学家？

朋友说，你说的前者，那是生活在你们国家还不存在的年代，没有可比性。而后者，则是受西方教育的华裔，不能算是本土出来的。

薛禹胜一时语塞，心被刺痛，也就更加发奋，自励自重。

07

这个时候，薛禹胜已经将"电力系统暂态稳定性量化分析"这一困扰世界多年的难题作为自己的主攻方向。

列日大学的图书馆是欧洲最大的科学图书馆之一，这里有着丰富的藏书，只要你有阅读能力，它都能满足你的需要。

薛禹胜在古老而典雅的图书馆里遨游，参考书看了一种又一种，笔记记了一本又一本，而且还成了导师府上的常客。

哪位导师不喜欢爱学习爱钻研的弟子呢？

薛禹胜的大脑慢慢开窍，在冥思苦想的白天与不眠之夜的交织中，他很快找到了论文的突破口。

四、EEAC 诞生了

01

薛禹胜懂得，现代生活中，电的功能无处不在。电始终对人类文明及社会发展起着重要作用。但是，人类对电的驾驭能力还远远不够，除了战争之外，电网依然面临着各种不稳定因素，时常会发生各种灾难性事故。不仅造成巨大的经济损失，也对现代社会构成较大威胁。

薛禹胜的本子上记载着这样的数据:

1972年7月7日,中国湖北。一条线路误动作跳闸,甩掉18万千瓦负荷,造成湖北电网瓦解,全省大面积停电15多个小时。停电使城市电车抛锚,营运秩序发生混乱;20列火车晚点;5个地下矿井水淹过膝,化工厂工人氯气中毒,武钢生产陷于瘫痪。

1977年7月13日,美国纽约。因暴雨雷击,线路纷纷跳闸,造成纽约市电网崩溃,全市一片黑暗,长达25个小时后才全面恢复供电。其间恐怖事件屡屡发生,经济损失超过10亿美元。

1978年12月19日,法国。线路瞬间负荷过大,导致全国电网瓦解,停电4小时。总计少供电2900万千瓦,损失3亿美元。

这些发生于大电网的对现代社会威胁极大的灾难性事故,在电力学上称为"电网稳定破坏"。

稳定性是电力系统运行的基本要求,对于电力系统安全可靠运行具有非常重要的意义。

为了防止此类事故的发生,多少年来,世界各国的电力专家一直苦苦探求和研究,希望找到一种有效的电网预测方法,以期事先对可能发生的电网故障进行分析判断,及时作出正确的预防性保护。

西方学者早在20世纪70年代末期,就提出了一系列理论及方法,由此还形成了不同的学派。但仍然未能解决实际应用问题。

02

薛禹胜的心里,早就装下了这一重大课题。

中国幅员辽阔,电网面积大,同时电网稳定问题突出,各地事故频发,因而,电力系统暂态稳定性量化分析技术,显得格外重要。

薛禹胜决心攻克这一世界性的难关,将电力系统暂态稳定量化分析作为留学的研究方向。这不仅在学术上具有巨大的挑战性，也是各国电力系统急需解决的关键问题。

薛禹胜明白，在此之前，他一直没有机会接触稳定分析方面的研究，而到了大学就有了一切可能。他要充分利用列日大学关于电力科学研究的丰富的文献资料和优良的设备条件，为国家干出实际成绩来。

出国前的一段时间，薛禹胜在文献阅读中，学会了快速了解一个原来不大熟悉的课题。那就是注意阅读和撰写相关领域的综述，特别是著名国际学术组织主持的调查报告。

这些调查报告都是来自一线的问题解析、实际应用和经验总结，可谓既有理论，又有实践，非常有参考价值。

还有，有些高水平的学术刊物和研讨会纪要中，可能包含不同的学术观点，对于认识和参照也都十分宝贵。尤其是不同的学术观点，能够从中分析和找出人家为什么提出这样的问题，从而有所认识和提高。

有了目标后，他就注重搜集资料，建立自己的科研档案。那是一种神秘的吸引力，吸引着薛禹胜一步步靠近那个可能。

对薛禹胜影响最大的一篇文献，是电气与电子工程师协会（IEEE）在 1984 年组织几位学术带头人，针对李雅普诺夫稳定性理论在电力系统暂态稳定分析中的应用问题所作的综述。

薛禹胜与妻子潘正珏以通信的方式联系着。

两人的信件来回要一个多月。薛禹胜自然是报喜不报忧，他不会谈到自己为了学习，连续几个晚上不睡觉，他只是介绍比利时的优美风光和优越的学习氛围。

潘正珏会告诉自己的工作情况和孩子情况，但是她不会对丈夫发牢骚，不会说自己在家多么不容易。

她家在徐汇区，离她工作的学校很远，学校在平凉路杨树浦电厂附近，路上单程要花一个半小时。

03

这天早上，薛禹胜一边不够文雅地啃着面包，一边等在终端室门口。

他的挎包里还装着另一个面包。他的想法是，今天进去后，中午也不再离开这里。

即使是世界一流的高等学府，教学设备也是有限的。尤其是计算机。

整个电气学院的大学生和研究生在公用的终端上，只有一台速度为 10MIPS 的计算机。虽然这台计算机不算先进，计算速度也不快捷，但是对于薛禹胜来说，仍然是重要的武器装备。

没有办法，为了尽快拿出结论，薛禹胜只能与整个电气学院的大学生和研究生在公用终端上，争夺一台计算机资源。

别小看这台每秒只有百万次的计算机，它的计算速度比精确的积分算法要快几个数量级，精度符合需要，可以得到量化的指标。

同学们看着那双在计算机前聚精会神的眼睛，不得已离开了。他们知道争不过这位东方来的如饥似渴的学子。

04

薛禹胜按照各派学说的方法，在计算机上反复推算，发现这些方法虽各有长处，但都难以投入实际运行，不是计算精度的难点未攻破，就是计算速度跟不上。

薛禹胜夜以继日，废寝忘食。

数十天的艰辛耕耘，数百次的探求试验，都没有让薛禹胜找到解决问题的出路。

在前人的经验与教训上，薛禹胜突发奇想，决心综合已有方法之优点，融合成新的方法，攻克既要保证计算精度、又要大幅度提高计算速度的难关。

譬如"等面积法"，虽然计算速度较快，但具体应用有限制，能否与具有加权计算能力的"等值法"相结合，运用到复杂的电网系统上来呢？

有了奇妙而大胆的想法，他决定一试。

于是，在前人没有涉足的领域，他大胆跋涉，勇敢攀登。他的创造性思想赢得了导师帕维拉教授的热情鼓励和支持。

薛禹胜渐入佳境，他更加用心，只要研究方向对路，就不愁见不到光明。

就像在群山中挖隧道，开始的定位和决策，颇费周折，但只要找准切入点和方向，深入进去，就一定会达到另一个端点。

为了验证这一发现，薛禹胜马不停蹄，又用档案资料中搜集的数千道例题，模拟电网运行中的各种状态，用得到的新方法反复对比验算，结果都验证成功。

一次次的反复试验，终于让思想迸发出绚丽的火花。

薛禹胜在试验新的"扩展等面积法"，这被人们所认为不可能的结合，竟然得到了意想不到的结果。计算精度完全符合要求，而计算速度较精确的积分算法快几个数量级，较其他连精度也不能保证的"直接法"快几倍甚至几十倍，定量精度完全符合需要！

我们在叙述薛禹胜研究过程的文字，是专业而艰涩的，很难理解，更难的是，不知道薛禹胜到底是以什么样的思维方式，找到了自己的研究捷径。

那一时期，上海的妻子不知道他是在怎样地拼命，南京的同事也不知道他是在如何地与日月争辉。

幸运往往偏爱那些坚韧不拔的人。

也许那个时段，这个身处异国的中年汉子，大脑突然爆发出闪亮的思想火花。那是家族的遗传基因在起作用，还是长期打下的基础破土发芽？

一颗流星，瞬间划破沉寂的夜空。一声鸡鸣，霎时震响宁静的黎明。

在又一个春风荡漾的早晨，薛禹胜抬起兴奋的头颅，让惺忪却明亮的眼睛望向远方。他打开窗子，一股微风灌了进来。

一丝久违的笑意，从嘴角升起。

啊，那灿烂的阳光，好久不曾在意它了。

薛禹胜伸展双臂，似乎在向广宇告知：他的扩展等面积准则，也就是 EEAC，诞生了！

05

帕维拉教授为她的学生高兴自豪。

学校经过考评，承认了薛禹胜的研究成果，并且迅速将这一消息在学界传播。

薛禹胜的研究论文，多次在国际著名的 IEEE、PAC 杂志上刊发。

1990 年，一项由美国自然科学基金会资助的研究指出，EEAC 是最好的直接法。

薛禹胜的导师帕维拉教授在给能源部领导的信中说："这个由中国人创造的方法无疑将成为世界性的标准。"

这个新理论立即引起国际上的关注。美国自然基金会随即委托有关大学对此调查分析，得出的结论是，薛禹胜的 EEAC 在所有方法中较为完美，极有生命力。

法国电力公司将 EEAC 投入法国超高压网络中进行深入考核后，感到"结果令人鼓舞"，并于 1990 年与列日大学签订合同，将 EEAC 运用于法国电网。

薛禹胜终于走到了攻克这道世界性难题的最前列，他交出了人生的满意答卷。

而且，在学业上，他也获得了惊人的收获。

由于成绩突出，他获得了列日大学最高奖学金。博士学习年限由通常的 5 年缩短为 3 年。最后仅用两年半的时间，就以最高分通过了博士论文答辩。

他创造了列日大学获得博士学位的最快纪录，也成为在该校获得博士学位的第一个中国学者。

由此，薛禹胜被中国驻比利时使馆评为优秀留学生。

06

想起来，薛禹胜百感交集，他在正式出版的博士论文的扉页上，郑重地写下了"献给我的母亲孙黻铨女士和我的祖国中国"。

在薛禹胜的心目中，母亲就是祖国，祖国就是母亲。没有母亲就没有我薛禹胜，而没有祖国，就不可能有今天的收获。善良的母亲不仅将自己一点点带大，教习自己做人的道理，还教导自己爱祖国爱科学。今天，我薛禹胜获得博士学位，交出满意的答卷，即将要为中国科技的崛起贡献一份力量，母亲的在天之灵也一定会感到欣慰。

薛禹胜毕业了，何去何从？他有无新的选择？

他所敬仰的帕维拉教授盛情邀请他留在列日大学工作。因为她笃定，多少年后，那一定是一位像她一样出色的电力学者。

薛禹胜却是一心想回国。中国幅员辽阔，电力发展前景广大，中国学者在国外能出成绩，在国内同样能够发挥出更多力量。

他只能友好地婉拒了导师的好意。

薛禹胜告诉导师，中国的古诗中说，"蝴蝶梦中家万里，杜鹃枝上月三更"。自己是一个乡情浓厚的人，自己的祖国正等着，中国的电力事业正等着，我今天学有所成，不能辜负了祖国的期待。

帕维拉教授为他这份赤子之心所感动，她只能表示理解。

她说，好吧，薛禹胜同学，我理解你的家国情怀，你回去后，有什么问题我们可以随时联系沟通，我希望能经常听到你的好消息。

07

薛禹胜感动地再次向导师表示感谢。

他感慨在自己人生的道路上遇到了一位好导师，人说："世有伯乐，然后有千里马。千里马常有，而伯乐不常有。"帕维拉教授就是他的伯乐。

他把这句中国的古语说给帕维拉。

帕维拉教授笑了，说你们中国地大物博，文化深厚。我很喜欢中国，也喜欢你这样的中国人。

薛禹胜趁机提出，能不能跟导师交换一样东西呢？

帕维拉睁着惊奇的眼睛，望向自己的学生。

薛禹胜说，我想用自己研究成果编成的软件模块，交换导师的实用程序。您看可以吗？说完又加了一句：中国电网的监控水平太需要提高了。

帕维拉教授原本以为，这个中国学生想为自己得到一件什么，却原来是为了自己的祖国。帕维拉有些感动了，她不停地点着头说，可以，可以，完全可以。

她真的就把自己多年研究和实践的实用程序，给了薛禹胜。

薛禹胜按照中国的礼节，深深地向自己的导师鞠了一躬。抬起头的一瞬，眼睛里已经含有了泪花。

1987年12月28日，薛禹胜没有贪恋国外优越的工作条件和生活，满怀喜悦和信心，带着创立的扩展等面积准则（EEAC），带着已发表的5篇国际学术论文和一本正式出版的博士论文，豪情满怀地登上飞机，向着自己的祖国飞来。

五、再次选择南京

01

薛禹胜自然是先回了一趟家，南京的家只是他个人的小窝，他实际的家在上海，妻子和孩子的所在才是家。

妻子潘正珏已经是上海电力学院计算机专业副教授，见到薛禹胜从海外归来，喜不自禁。这么多年，她既要照顾老人，又要抚育孩子，加上自己的事业，她以柔弱的臂膀，支撑起了一个普通的中国家庭。

为了薛禹胜能在列日大学安心攻关，她还毅然放弃了出国深造的机会。现在，丈夫终于回来了，她心里既高兴，又对以后的生活充满期待。她知道，上海交通大学已经向丈夫伸出了橄榄枝，聘请他去任教。

潘正珏给丈夫做了一桌子菜，做了崇明糕、春卷、烧卖，还特意去买了薛禹胜爱吃的贵妃鸡、生煎包。

一家人欢欢喜喜地吃着。儿子问，爸爸，妈妈说，你回来就不走了，是吗？

薛禹胜说，爸爸回来看看你们，还得回去。

潘正珏说，回去，回哪里？不是到交大教学吗？

薛禹胜说，这事得从长计议，我还得先回研究所。

潘正珏说，你出国去深造，那是硬道理，别人别不过你，可你回来了，还收不了那颗心，还是一门心思、一个死脑筋。你就不想想，人家都是一家家过日子，就你是半个家在凑合。我这边上有老下有小，你不知道生活、上学有多难，生病看医生有多难。

薛禹胜觉得妻子说的是对的，他说不过妻子，也没有理由说服妻子，实际上都怨自己，怨不得妻子。

妻子还在说着：一天天把你盼回来了，你还是收不了心。你在南京那边，也是将就着吃、将就着睡，没个知冷知热的家。

看着刚才还兴高采烈现在却一脸失望的妻子，薛禹胜笑着说，来，先吃饭，关于工作的事情，咱们回头再说。

摆在薛禹胜面前的，是人生道路的新的选择，也是亲情与事业的艰难抉择。

薛禹胜知道，作为知名的高等学府，上海交大是不错。但是学校毕竟是教学单位，以教学为主、研究为辅。

而南京自动化研究所却是科研单位，具有国内电力应用研究的一流条件，要将研究成果转换为生产力，后者更适合自己。

薛禹胜心里装着一揽子电力工程研究方案，而且 EEAC 法虽然诞生了，能否应用它攻克电网实时暂态安全分析难关，还要经过一系列的实际检验和完善。以后的路，依然紧张而艰苦，依然需要奋力拼搏。

薛禹胜端起潘正珏递过来的酒杯，也给妻子斟满一杯红酒，无限深情地对妻子说，这么多年，咱们聚少离多，你在家挑大梁，我才能安心学习和工作，你辛苦了，咱们家幸而有你。来，咱们干一杯！

潘正珏望着丈夫，知夫莫若妻，她已经明白丈夫话语中的意思，丈夫不会放弃他的电力研究事业，也就不会舍弃南京的研究所。

潘正珏不想扫丈夫的兴，她随即露出笑脸，端起酒杯与薛禹胜相碰。酒杯发出了清脆的声音。薛禹胜看到，妻子仰头喝起的瞬间，泪花已经弥漫了双眼……

薛禹胜孑然一身地踏上了回南京的路。

他回到了自己日思夜想的研究所，重新走在那条自己熟得不能再熟的小路上。

薛禹胜的成功是一个传奇，多少人羡慕他，认为他幸运。然而，薛禹胜成功的背后，却有着诸多鲜为人知的付出和牺牲。

风中，薛禹胜的鬓角，已经露出了白发。

02

薛禹胜终究要走一条寂寞而深潜之路。

回国前，他向研究所提出的唯一要求是：拒绝当官，但求潜心研究。

还是在国外留学时，薛禹胜就不断将自己的研究成果包括源程序送回国内，同步开发。1987 年列日大学放暑假，他还借着到北京参加国际学术会议的机会，专程赶回南京，花了一个多月时间让该项成果在国内扎根。

薛禹胜开始在中国的大地上，建立自己的学术队伍。研究所决定由他率领一个全部由青年硕士组成的 EEAC 小组。

研究小组成立初期的成员仅有 6 人，致力于继续完善和开发 EEAC 实时应用软件，拟将 EEAC 应用于中国电网，解决中国大电网的在线暂态安全分析问题。

薛禹胜承诺，3 年内带领研究小组走到该领域的世界前列。

"研究得不到业界的认可，团队饱受挫折和冷眼，薛院士却甘坐'冷板凳'，并以'自知之明，寂寞之道'为座右铭，勉励自己和团队身处逆境仍坦然，人逢顺境不迷失。"

国家电网公司首席专家、南瑞集团首席专家、系统保护实验室主任薛峰1992年加入薛禹胜团队，他谈及当时科研的艰难，依旧记忆犹新。

物理建立在最普遍、最基本的概念和原理上，并不要求非常好的记忆力，这恰好适合薛禹胜的特点。

薛禹胜喜欢数学，因此他常试着用简洁的数学来揭示物理问题的本质。

那个时候，刚到薛禹胜研究团队的人们，经常会看到薛禹胜在发呆。发呆成了薛禹胜留给大家的最初印象，也是最深印象。

后来熟了，他们说，老师你怎么经常发呆呀？

薛禹胜这才回过神来，笑了，说，发呆的人不一定是天才，但对事业锲而不舍的人，一定会不时陷入冥思苦想的发呆状态。

薛禹胜心里很清楚，要解决电力系统稳定性学科的世界难题，必须要有一个自身稳定的队伍。

为了让小组成员迅速成长，薛禹胜利用机会，不断安排他们做短期和长期的学术访问，同他们一起分享研究思路，邀请他们加入自己负责的重大科研项目。

03

薛禹胜认为，电力系统是人类创造的最复杂的工业系统之一，其状态空间的维数、分布的地域、时间尺度的多样性、控制的实时性，都为其稳定分析和控制带来困难。

为了避免不必要的弯路，薛禹胜在确定研究方向前，对有关文献中的最新成果进行了大量的仿真验证。

结果发现，文献中的少量算例并不具有代表性，而大量考核结果的误差分布，比他原先想象的还要差。

薛禹胜躲在自己的小屋里，每天除了积极而缜密的思考，就是跑到实验室去利用电脑进行设计和运算。

薛禹胜在他的笔记中记下了这样的一行字：成功有赖于正确的思维方式。

04

回国后，薛禹胜谢绝了众多的应酬和采访，埋头钻研。

事实上，他不光是埋头钻研，也把家室抛到了脑外，仍然是每天一个人默默地独守空房，每天默默地走过从宿舍到办公楼的那条窄巷。

某一个周末，他会坐上火车，去上海看看妻子。

忙得紧了，就忘了。

妻子也就跑到南京来，给他做顿可口的饭菜，帮他洗洗衣服，整理一下房间。

房间并不大，一直像个临时宿舍。

妻子来了，会把两个双层床拼起来，算作一张大床。

05

EEAC 创立之初，受到国内外学者的大量质疑，在相当长的一段时间内，薛禹胜的研究没有任何经济效益。

由于分配制度的缺陷及成果转换的艰难，团队的待遇，远不如其他研究人员。

但是薛禹胜带头，先强自身，不图名利。

只有以身作则，才有可能严格要求自己的团队，保持良好的学风和心态。

正在此时，EEAC 在国外的进展遇到难题，帕维拉教授在邮箱里接连发来数封求援信。

列日大学和法国电力公司签订了将 EEAC 运用于法国电网的合同后，试验中却遇到一些难题，列日大学集中了所有力量都无法解决。

薛禹胜知道，EEAC 在法国能否运用成功，不仅是国家声誉问题，更是 EEAC 能否真正走向世界的关键。

在国家能源部和研究所的支持下，薛禹胜即刻办理手续、购买机票，以最快的速度飞往法国。

薛禹胜心急火燎，到法国便一头扎进工作中。

他几乎把自己粘在了攻关上，没日没夜，饭顾不上吃，水顾不上喝。外国同行都受不了，劝他不动，便轮换着去休息。

为了一个难题，太阳升起下去，下去又升起，他还粘在那里。

难题终于被一一攻克。

法国电力公司的工程师不由得发出了钦佩的呼喊，继而是热烈的掌声和拥抱。

对于中国人的科研态度和工作精神，他们信服而满意，甚而感叹和惊奇。

此后的结果是，法国电力公司再次指定用 EEAC 法，他们分析了电网在多种严重的运行方式下出现的 1000 多种事故，全部得出了准确结论。

薛禹胜 EEAC 的生命力，得以充分的验证！

薛禹胜和他的攻关小组为祖国争取到了荣誉！

EEAC 受到美、英、法、日、南非、瑞典、意大利、加拿大和澳大利亚等国电力学界的重视，他们成立了专门的研究小组，跟踪研究 EEAC 的进展。

国际大电网会议对 EEAC 进行了评估，认为远胜于由美国、加拿大联合开发的相关不稳定平衡点法（RUEP）和日本学者提出的势能边界面法（PEBS），是目前解决电网暂态安全分析的最佳办法，事实上已成为暂态安全分析在线实施的唯一可行方法。

美国的大学教科书中，已载入了薛禹胜的这一方法及其理论。

随着大环境的改善和 EEAC 的产业化，不懈的努力终于培育出世界上多刚体运动系统稳定性学科的最重要研究团队之一。

攀登者的志趣是不断征服一座又一座险峰，没有什么能阻挡住他们。

06

团队经济实力加强以后，薛禹胜坚持为新人提供世界一流的学术环境，公正、公平地对待每个人的实际贡献。

他对有意加盟者说，学历和经历并不是决定薪酬的直接判据，但有助于你做得更好，从而获得认可。

薛禹胜反对为论文数量而写文章，有他自己署名的每项成果和每篇文章都反复推敲，认真审阅，绝不马虎。团队也就逐渐树立了严谨的学风。

薛禹胜注意尽早将自己的课题移交给年轻人，在荣誉面前尽量谦让，激励他们在前面"冲锋陷阵"。

薛禹胜带领团队成员一方面收集了数千道例题，不断尝试各种参数的数学理论推导；另一方面，立足电网系统调度自动化工作实际，模拟电网运行的各种状态，将得到的新方法与精确法反复对比验算。

由此，薛禹胜的团队成员，先后发表了50多篇国际论文，开发的软件通过了国家能源部的技术鉴定。薛禹胜颇为自豪地说："我不觉得我很成功，但我们这个小组是个很成功的小组。"

为了确立研究的结果是否有很好的成效，薛禹胜要在国内的电网中尽快实施验证。

西南电网虽然已成功运用了EEAC，但仍然由于各种原因受到限制。

薛禹胜为此四处奔波。

他的努力最终有了结果，电力部部长史大桢听取专家汇报和建议，同意在全国各地电网推广应用这一国际领先的电力系统暂态稳定在线评估技术——EEAC，1992年，EEAC系统正式投入东北电网运行。

在线运行的结果是令人满意的，EEAC系统自1992年运行以来，东北电网没有发生一次稳定破坏事故。由此有人算了一笔账，每年避免的经济损失达3031万元。

07

这样，EEAC 在世界上首次实现了电网在线稳定分析和监视，成为电网反事故预防的重要措施和调度运行人员的得力助手，最终被国际大电网组织确认为世界上首例成功的在线暂态稳定分析和预防控制工程。

1995 年，薛禹胜光荣地当选为中国工程院院士。

1996 年，"电力系统暂态稳定在线评估技术（EEAC）及其应用"，获国家科技进步奖一等奖，这也是南瑞历史上第一个国家科学技术进步奖一等奖。

接着，EEAC 又从电力系统暂态稳定性定量理论，拓展为可以分析任意非自治、非线性多刚体运动稳定性的互补群能量壁垒准则（CCEBC）。

整整 10 年的潜心研究，不但使 EEAC 成为研究电力系统稳定性有力的理论武器，并且在国内外的实际工程中得到了广泛的应用。

EEAC 本身也创造了巨大的经济效益，经过美国电科院软件支持中心长达 3 年的考核和合作，1999 年开始进入欧美市场，并与 ABB、GE、ESCA 等著名公司签订了第三方软件支持协议。仅 1999 年一年，8 人研究小组签订的有关 EEAC 技术和软件的合同额就达 425 万元。

2003 年，美加大停电后，EEAC 已被多个美国电网实施到在线稳定分析工程中。因为 EEAC 实现了从定性到定量的"惊险一跃"：定性的分析只能告诉调度员系统稳定与否，而快速定量分析技术，则不仅能告诉调度员"狼来了"，还可使他们知道"狼的距离、来向和速度"，大大提高了决策水平。

2005 年，美国国家科学基金会的研究中心，发布了关于在线暂态稳定分析的一份详尽的调查报告。被询问的 6 个欧美供应商中，有 3 个采用了 EEAC，其产品有 47 个用户；其他 3 个供应商采用了别的方法，其产品仅有 3 个用户。

薛禹胜和他的研究团队，终以自身的实践，证明了"科技是第一生产力"的真理，圆了电力人自尊自强的中国梦。

六、作战地图

01

2003 年 8 月 14 日，美国东部时间下午 4 时 12 分，纽约市曼哈顿地区发生大面积停电，继而底特律、克利夫兰和波士顿等美国东部几大城市变得漆黑一片。与此同时，加拿大首都渥太华和商业中心多伦多也没能幸免。

结果不堪回首，美国 8 个州及加拿大的安大略省的电力中断。受影响地区大约有 24000 平方公里。至少有 21 座发电厂在停电后关闭。加拿大有 1000 万人，约占全国三分之一的人口受影响，美国受影响的人口有 4000 万。美加大停电造成了将近 300 亿美元的经济损失。

电力系统被称为人类创造的最复杂的系统，大停电是所有电网公司的基本焦虑。

中国的电网企业针对大停电的防御问题，很快就成为当时的第一要务。

事实上，国内电网建设长期滞后于电源建设，网架结构薄弱，设备老化。而近年来气候恶劣、外力破坏等因素构成的威胁也越来越严重。

当然,在此之前,相对薄弱的中国电网之所以没有出现美加大停电那样的灾难,是因为电网的统一调度和辩证应对起了决定性作用。调度部门有足够的权限,可根据故障的严重程度分"三道防线"防御,舍局部保全局。

第 1 道防线是,要保证一般故障情况下,系统不丢失电源和负荷,被称为"预防控制";第 2 道防线是,在严重故障情况下,切机、切负荷,保证系统稳定,被称为"紧急控制";第 3 道防线,则在极其严重的故障情况下,解列部分电网,牺牲局部利益保证不会发生大面积停电,被称作"校正控制"。

形成于 20 世纪 80 年代的"三道防线",并不能停止电网企业的焦虑。因为它是被动的、初级的三道防线。随着社会的发展和经济压力的增加,如果不能跟踪工况变化对可能发生的事故及时预警,不能及时调整各道防线的时空决策,就可能引发系统范围的停电灾难。

国家电网公司专门制定了处置大停电事件应急预案,多次举行联合演习,"增强驾驭大电网的能力"被提到空前的高度。公司还专门请薛禹胜作了防御大停电的专题讲座。

薛禹胜并没有放慢科研脚步。

他在分析大停电演化规律的基础上,提出以广域测量和 EEAC 为核心,构建电网的广域监测分析保护控制系统(WARMAP)。

当他发现其英文缩写刚好为 WARMAP(作战地图)时,不禁自语:可不就是一幅作战地图吗!

薛禹胜说："如果一门学科只能定性描述，而不能定量分析，就不能说是成熟的。量化是寻优的第一步。WARMAP 可以精确直观地告诉调度员，目前系统离稳定边界有多远，还能增加多少功率而不会失稳，并在必要时优化控制决策。"

02

2008 年，中国南方发生罕见冰灾，对电网造成严重破坏。

其再次深刻诠释了极端外部灾害的及时预警和群发性相继故障的量化分析的重要性。

薛禹胜意识到，有必要将防御框架的时间跨度，从运行期间，扩展到涵盖规划建设和通信系统的风险管理，引入气象、地质和环境等非电气信息，动态识别高风险的潜在相继故障并及时预警，支持恢复控制的自适应优化决策，代替离线制定的少量预案。从而使预防控制、紧急控制、校正控制，以及恢复控制，能更有效地协调处置极端外部灾害引发的复杂故障场景和停电模式。这向广域监测分析保护控制系统 WARMAP 提出了新的挑战，也催生了新的研究成果。

薛禹胜带领团队建立起外部自然灾害下电网风险评估和防控体系，将停电防御体系从电力系统内部拓展到台风、雷电、山火、覆冰等外部灾害，将电网防御自然灾害的理念由"事后被动防御"提升为"提前主动防御"。

很快，国网南京自动化研究院与华东电网、国网江苏电力合作开发了这一"作战地图"。

作为这场防御战的战术思想制定者，薛禹胜为此写下了大量的论文，进行了系统介绍和阐述。

发表在《电力系统自动化》期刊上有关 WARMAP 的首篇论文，被中国科学技术信息研究所评为"2008 年中国百篇最具影响国内文章"。

这样，调度员在抵御大停电时，就有了解决问题的钥匙。

03

薛禹胜团队研发的"作战地图"，发展了"三道防线"的概念，但更强调风险管理，将孤立的防线提升为协调的防御体系，包括全稳定实时预警、在线辅助决策和综合协调防御三个部分，大幅度提高了电网应对复杂故障、防止电网灾难性事故的预警能力和协调控制能力。

国网江苏电力凭着近水楼台，决定先上广域监测分析保护控制系统（WARMAP），他们找到薛禹胜，薛禹胜谨慎地告诉合作伙伴："这套系统作量化分析没问题，但要完全控制尚有风险。"国网江苏电力亲自参与了各项合作，实践出真知，他们要做第一个吃螃蟹的人。

国网江苏电力的领导坚定地说："有风险也要上。我每天都在担心，如果有经验的调度员今天不值班，或者去了趟洗手间，偏巧发生了目前难以预料的复杂事故怎么办？过度依赖人的经验也是有风险的！"

有了伙伴的支持，薛禹胜信心更足，他与他的科研团队扎在第一线，时刻为出现的问题排忧解难。经过努力，实践证明了"作战地图"的实用与准确性。

一些国外电网专家得知了情况，也到现场实地考察，而后得出结论：当国际上还在探索防御大停电的二次系统构造理念的时候，中国已经在江苏电网中实施了，WARMAP 走在了世界的前列。

此后，世界首个大电网停电预警系统，覆盖了中国 90% 的省级以上电网，建立了该领域中国独有、全球引领的全面优势，支撑了中国电网的稳定运行。

04

薛禹胜又回来晚了。他到了宿舍楼门口才发现电梯停了。那些年管理较严，电梯晚上 12 点停运。

薛禹胜无奈地摇了摇头，只好拖着疲惫的身体开始爬楼。

薛禹胜记不清，有多少次吃了电梯的闭门羹。工作的时候有时还提醒自己，但忙着忙着就忘了，深夜走到宿舍楼才想起看表。

从 1 楼到 17 楼，多少级台阶啊，倒是锻炼了身体。

薛禹胜常常告诫课题组的年轻人，假如你想做出什么成就的话，在生活上就不要过分追求，因为十全十美是没有的。

研究院曾经想安排他在食堂吃小灶，被他婉言谢绝，搞那个特殊干吗，怎么着也能吃饱肚子。

他怕麻烦人，也图自己省事，中午打一份饭，再多买几个包子或两个烧饼，晚上就不用再往食堂跑。倒上一杯开水，边吃边不误思索，节省了不少时间。

当选院士后，薛禹胜一直提醒自己：停止拼搏就等于默认自己是为头衔而奋斗。他公开宣称，要达到本学科里程碑的水平，就是为了不给自己留后路。

对于学科前瞻，薛禹胜提出了他长期思考的问题。

非线性研究正由面向范例的研究，走向一个以探索复杂性为目标的非线性科学。正是非线性因素，使系统具有开放性、遍历性和不确定性，从而与复杂性紧密地结合在一起。

由于在确定性系统中发现了混沌现象，人们在理解复杂多变的自然界时，在思维方法上产生了深刻的变革。

还有，稳定性是电力系统运行的基本要求，也是社会、人口、经济、军事和生产实践中的重大课题，不能保证稳定性的系统，是谈不上其他品质的。

攀登到第几层了？薛禹胜朝外望去，对面的楼房只有少数的几个窗子还亮着灯。月亮倒是很亮，以它的沉静的银盘，为这个夜晚撒上一层锡箔样的晖光。

薛禹胜感觉有些疲累了，他停在一个楼层的转弯处。

再次向外望去，地面已经像深井一般。

快到了。薛禹胜再次抬起沉重的双腿。

薛禹胜有时候爬楼，也会遇到从楼上走楼梯下来的人，嘻嘻哈哈说着的，却是麻将或扑克。他们看到薛禹胜，有的认识，便都缄口不言，招招手匆匆而下。他们知道，薛禹胜又是因为工作回来晚了。

终于登上最后一级台阶，薛禹胜掏出钥匙，打开房门，顾不上洗漱，倒头便睡着了。

七、严师育新人

01

在南瑞集团的科技赛道上，许多风华正茂的年轻一代从这里起步，向着新的未来奋力奔跑。这是南瑞的科学春天，到处阳光明媚，春气勃发，昂扬着向上的朝气。

2006年，南京理工大学大四学生蔡斌获得了保研资格。听说薛禹胜院士在该校招收硕博连读生时，他一口气跑到学院报名，一路顺利地通过笔试和面试，如愿以偿地成为薛禹胜院士的徒弟。毕业后就留在南瑞实验室。

蔡斌刚来读书的时候，薛院士还不到70岁，当时人们已经觉得他年龄较大，他却经常工作到夜里一两点。他带学生也很认真，每个月都要跟学生讨论。一般是4人一组，蔡斌所在的小组还有3个师兄。

讨论通常很"漫长"，会从上午一直讨论到下午，接着又是晚上。对于每个人的课题，一个人说，大家论证，薛院士指导。有时候还会讨论到半夜。

薛院士有很多事要做，他的研究，一个月会有三分之一被讨论占用。那会儿学生很多，接近20个人。所以学生们获益很大，薛院士却牺牲不小。

蔡斌说："薛院士时常教导我们，研究不要只盯着小问题，要有前瞻性、预见性，要服务国家发展需要。"

攻读博士学位期间，蔡斌主要从事"大规模可再生能源接入下电力系统充裕性控制优化"的研究。电力系统的充裕性是指系统满足用户用电需求的能力。

由于可再生能源具有"靠天吃饭"的随机属性，当大规模可再生能源并网后，电源侧和负荷侧的波动性都比较强，电力系统如何优化控制、满足用户的用电需求极其重要。

薛禹胜当时已经预见到，未来可再生能源大规模发展，将给电力系统充裕性带来严峻挑战，这个课题研究的意义非常重大。于是蔡斌和团队其他成员从 2009 年开始做这个方向的课题。

如此说来，薛禹胜院士团队开展电力系统充裕性相关研究时，中国的风力发电、光伏发电等可再生能源刚刚起步。

蔡斌说，团队开辟这个研究方向，离不开薛院士对科学问题的前瞻把握。

目前，团队仍在深入推进这项研究，为新型电力系统的建设提供科技方案。

02

蔡斌每次陪薛院士出差，无论是拎包，还是拖箱子，薛院士都不让帮忙。

2016 年，上飞机时，薛院士却说，蔡斌，帮我把箱子放上面去吧。

蔡斌立时就感觉院士出了状况。

薛禹胜果然是发烧了，浑身没有力气。薛院士并不因为自己的身份和年龄而摆架子。他什么事都是亲力亲为，你要是帮他，他会说不行，我要锻炼锻炼。

蔡斌说，师母也是这样，从不想着麻烦别人，能够自己处理的事情，一定自己处理。

蔡斌说，2020 年体检，医生告诉薛院士，他的心脏里有个室壁瘤，一旦破裂会危及生命，要注意复查。医生说得比较严重。

薛院士对蔡斌说，你暂时不要告诉潘老师。那段时间薛院士已经安排要去杭州作个报告，好几个事情连着的。薛院士说，等我杭州的报告作完，你再跟潘老师讲。

薛院士后来恢复得很好，大家感到是一件幸运的事情。

03

薛禹胜关心青年研究人员的成长，尽力改善他们的工作和学习环境。

2011 年，有了一次去澳大利亚学习的机会，在薛禹胜的推荐下，蔡斌出国一年。

这天，铃声响了，身在澳大利亚的蔡斌打开手机。

蔡斌高兴地叫了一声薛院士，薛院士笑了，问蔡斌最近怎么样，学习上有什么困难，研究上有什么困顿。

蔡斌一一回答，说在这里一切顺利，让薛院士放心，自己一切都好，学习收获很大，回去还要跟着薛院士好好进步。

蔡斌在澳大利亚，会定期通过电子邮件给薛院士发工作小结，谈谈工作和学习情况。然后薛院士或回复，或通电话讨论。

这次奇怪，薛院士好几天都没回邮件。

蔡斌就给薛院士打电话。

电话里，薛院士的声音显得柔弱。原来他住院了。也的确只有生病了，才能迫使薛院士暂时放下工作。

出国一年，蔡斌开阔了视野，为今后能源电力转型研究打下了坚实的基础。

不仅是蔡斌，薛禹胜所带的不少同学都被薛院士推荐去海外交流学习。

这些学生后来大部分都活跃在科研一线，成为相关领域的带头人。

薛禹胜实在是太忙，他手上有院士的课题，和那么多学校有合作，还要带研究生，还要给自己的团队提出新方向、落实新项目。

他必须要找一个助手了。经过观察，他选中了蔡斌。

他对蔡斌说，之所以选你，是因为看中你的稳重、踏实。做了我的助手，更要注重这一点，万不可利用我的影响，更不能以我的名义去做什么。除了在我身边工作，还要踏踏实实做好自己的研究，争取有大的发展。

蔡斌不断点头称是。后来他也是这么做的，而且做得很好。

蔡斌一边从事能源电力转型方面的研究，一边担任薛禹胜的助手，在薛禹胜的研究团队中一步步学习和成长。

这对于蔡斌来说，是又一次天赐良机。富有聪明才智的蔡斌可谓是如鱼得水，很快就显现出自己的才能。

04

团队人员不断扩大，人才也急需发现培养，薛禹胜把这项计划列入自己的工作范围，不断在抓，不断在想，人才是国家大事，也是电力大事，只有抓住人才，才能以科研促生产，才能大干快上。

多少年过去，跟着薛禹胜的那些学生，都在各个领域搞出了名堂，闯出了自己的一片天地，成为南瑞的栋梁。

蔡斌说，我们看科学家传记，常常被老一辈科学家的精神所感动，而薛院士就在我们身边，激励着我们不断前行。

1997 年出生的张卉琳说，薛院士非常重视年轻人的成长，经常和我们进行学术交流，对我们提出的问题耐心解答。如果有人没有听懂，薛院士还会抽出时间单独面谈解答，教导我们掌握科学全面的思维方法。

张卉琳在研究生二年级时便到薛禹胜院士团队实习，被团队踏实做事、严谨细致、精益求精的精神深深吸引。而且她可以与院士进行交流，这种面对面的交流，让她开阔了眼界。她说每次开完会，院士都会让大家提问题，然后细心地解答，这些都让她很受启发。现在她正跟团队的师傅开展电网运行充裕度研究。

年轻一代正在逐渐成为研究的领军人物，让薛禹胜十分高兴。

这些年来，薛禹胜创建了国家电网公司"电网安全运行风险量化分析与协调控制攻关团队""能源互联网风险分析与决策科技攻关团队""电力系统主动支撑能源转型与双碳变革决策优化科技攻关团队"，培养了一批学科带头人和科研骨干。

他还担任多所大学兼职教授，已指导 29 名硕士和 52 名博士毕业，8 名博士后出站。即使年过八十，他还在亲自指导着 6 名博士研究生和 3 名博士后。

05

薛禹胜要求他的研究小组，无论是搞研究，还是写论文，都要遵循严格、认真、谨慎、细致的原则。尤其是论文，不要急于求成，要追求个性化，追求技术含量和成熟的质量，虽然这会给文章的发表带来困难，但仍要坚守原则，不改初衷。

薛禹胜院士的严格要求和以身作则，激发和激励了团队的学术研究热情，发表的上百篇论文中，扎实地反映了他们走过的研究历程。

事实上，科学技术界也不是一方净土。在与国际电力学术界多年的交往中，薛禹胜体会到西方科研体制的许多优点，也发现了西方电力学术界的不良学风。

对于学术的科学、专业的严谨，薛禹胜不仅要求自己的团队严格做到，同样不允许别人玷污这个庄严的规则。一旦发现，绝不姑息。

1997年，在国际大电网组织和国际自动控制联合会共同召开的电力系统学术会议上，薛禹胜看到大会提交的论文集中，一个著名的国外学术小组发表的论文，它的全部公式和算法竟然都是引用薛禹胜团队多年前发表的观点。

本着严肃认真的学术态度，薛禹胜礼貌地要求该文作者给出合理的回答。

会场哗然。

薛禹胜说，那个时候，我感到，一个科学家的尊严来自自身的人格力量，更来自真正强大的祖国。

06

南瑞智慧大讲堂。

薛禹胜在为青年技术人才授课。

他说，科学就是实事求是，容不得半点虚假。因此，研究工作也是提升研究者本身精神境界的过程，言过其实，也许会有暂时的效应，但最终必得其反。

他说，罗素说得好："反常虽然并不就是创造，但是许多创造必须打破传统，显得十分反常。"越有创造性的观点，往往越显得反常，当然也就越难被接受。

因此，如果真想做出一番事业，就必须做好充分的思想准备，去面壁十载乃至一生。一个优秀的研究者必须具备良好的心理素质，既要积极与外界沟通，又不要过分在意周围对你成果的评价。关键是不断地提高自己，真正长成参天大树。

薛禹胜强调，要把握住勇于认错和坚韧不拔之间的辩证关系，固执与执着之间的差别，仅在于是否能客观地对待不同的意见，并勇于承认自己的失误。

薛禹胜还经常与大家分享几十年的科研生涯和创业经历，把成功与失败中的经验和教训，毫不保留地告知大家。

薛禹胜说，我做博士生的时候，想到一个问题，会睡不着觉，一直在想，想到梦里去了，梦里竟然有了解决的方法。明天不会忘掉吧？就想着用笔记下，却怎么也爬不起来。第二天记得解决过这个问题，可就是想不起来了。

过了一个星期，同样的场景再次发生。这个时候我已做好了准备，把铅笔和纸放在枕边，拿起来就记下来。第二天一看，真就想起来了。

从这一点，我得到一个启发，很多的灵感都是出现在你紧张的时刻。一定要紧张，要有长期的思考，吃饭、睡觉都想着这件事，这是一个先决条件。

问一下各位，你们有此体会吗？

现场爆发出欢笑，继而是掌声。

在稳定公司，讨论过学生的论文之后，薛禹胜强调，要积极参加学术交流，珍视与不同观点的学者讨论的机会，从中寻求启发；通过观点针锋相对的辩论，可以重新整理思路，发现疏漏，捕捉新的闪光点。

薛禹胜告诫大家，科研档案与科研活动有着天然的联系，是科研的基础储备。要深入一个课题，不掌握档案资料，不了解国内外动态，就难以获得成功。

目前，薛禹胜团队不仅为电力科学领域各流派建立了详细档案，而且密切关注有关动态发展。对于课题小组的科研笔记、数据资料、活动记录，以及国内国际电力的最新会议、最新课题、最新成果，都会随时搜集归档。

薛禹胜凭着自己的经验，一点点地引领和指导着下一代。

南京师范大学电气与自动化学院。

薛禹胜受邀给学生讲座。

薛禹胜说，电网是重要的能源基础设施，电网建设与安全运行事关能源高质量发展，事关经济社会发展大局。近年来，南瑞集团在自主可控特高压输电、柔性交直流输电、设备监控、负荷管理、电力交易等核心技术攻关上，取得了系列新突破，为能源电力安全锻造了新的"撒手锏"。

薛禹胜说，随着新能源更大规模、更高比例、更广范围接入，电力系统的物理形态、运行机理和控制策略等，正发生根本性变化，对大电网稳定控制技术提出了更高要求。

当前，中国正在加快构建清洁低碳、安全充裕、经济高效、供需协同、灵活智能的新型电力系统，这赋予了我们新的历史重任，我们要做好支撑国家高质量发展这件事。

八、老骥伏枥

01

薛禹胜的小日子还是那样，从和妻子结婚以来，与妻子两地分居已经长达 23 年。想起来就像挥手之间，但是不能总想起来，想起来心里就忍不住慨叹，那就不想，一工作就忘了。

当然，还是妻子跑来得多。妻子不在身边，薛禹胜在众人眼里，就成了"单身汉"，自己吃，自己睡。

吃总是凑凑合合，睡也是不按时不按点，苦行僧一般。

很多不知道他的人，还真的以为他就是一个老单身。工作紧，身份高，心气盛，一般人可能都看不上。

哪里知道，薛禹胜的心里，只有妻子一个人的位置，再就是塞得满满的工作。

有时候，回到小屋，薛禹胜会发现变样了，东西归整得有了条理，桌子上摆着做好的饭菜。

听见门响，从上海赶来的妻子从里屋出来，送上一脸的笑意和娇嗔，说怎么这么晚才回来，真是不顾及自己的身体。说着就端起桌上的饭菜，转身去了厨房。

看着新摆上的飘着香味的饭菜，薛禹胜大口吃起来，实际上他早就饿了，只是在单位里忙忘了。

妻子看他吃得津津有味，眼睛里不免含了泪水。

02

这年的十一假期，薛禹胜破例回家了。

妻子和孩子看他回来，都高兴地迎接他。因为薛禹胜忙起来的时候，是没有假期观念的。对于薛禹胜来说，越是假期越是研究的最佳时期，因为少有电话、会议、工作的打扰。只有薛禹胜的研究告一段落，才会想起回家一趟。

自上次回家，多长时间没回来了？薛禹胜已经记不得了。

在两人分居的这段时间，两个孩子越来越大了，没有办法，只能靠家里帮助。

儿子薛峰送到了奶奶那里，潘正珏带着女儿住到了妈妈家。工作上，潘正珏有薛禹胜的榜样力量，加上薛禹胜总是不断地鼓励她，自信心也就增强了，很快就做了教研室主任，工作越来越忙。

薛禹胜还是很在意两个孩子的，他只要有机会，就会和孩子谈学习的情况，希望孩子不要懈怠。当然，他对孩子的高要求，只能靠妻子来落实。

儿子薛峰和女儿都考入了上海市的重点中学。薛峰最终进入了上海交大。

说实在的，薛禹胜也是想念这个家，想念家里的每一位成员，那都是他的至亲啊！

原来他还安慰家人说，快了，等我退休了，就可以有充裕的时间了。

但是自从成了院士，反而比以前更忙了，过了 60 岁，倒是没有了退休的观念。过了 70 岁、80 岁，照样如此。

这次在家里的几天中，薛禹胜仍然是顾不上休息，他时时都会打开电脑，进入工作状态。家里人也都理解，只要这位工作狂在家里，就算是不错了。

03

假期未结束，薛禹胜就告别家人，匆匆赶往车站。他需要办的事情太多，需要考虑新的研究课题，需要指导年轻人的论文，需要准备到大学演讲，需要去北京汇报一个试行方案。

上了车，薛禹胜又打开了那台时刻离不开的笔记本电脑，那是他不断探索、勇往直前的象征。除了走路和睡觉，他随时都会打开笔记本，进行他的工作。

他好像听到了谁在跟他打招呼，抬起头来，竟然是他的学生小李。

小李说："老师也乘这趟车呀？"

小李是薛禹胜团队的年轻成员，这次也是度假后回南京。

小李说："我老远看着就像老师，因为很少有人如此聚精会神埋头工作。"

薛禹胜哈哈笑了，说："你知道我正在看什么？"

小李向老师的电脑望去，原来薛院士正在修改自己的论文。

小李激动万分，不好意思地笑了，说："老师你应该休息一下才好。"

薛禹胜让小李坐在了身边，说："我们正好可以就此聊聊。"

薛禹胜和小李认真谈论起了论文。两个多小时的旅程，成了学术研讨会。

薛禹胜要到北京汇报一个项目，小李作为演示 PPT 文件的助手，跟随薛禹胜前往。在机场候机厅，薛禹胜看了看表，说，还有时间。

就从包里拿出了电脑。

小李知道老师的习惯，也打开了自己的电脑。

飞机起飞后，薛禹胜再次打开电脑，约小李进行了一次预演。

小李说，在薛院士周围的人，都已经习惯，利用一切可以利用的时间，抓住任何可以抓住的机会。

04

薛禹胜也不是一个实打实的书呆子，若跟他接触时间长了，就会发现他有很多特长。

他喜欢文学，喜欢读书，也喜欢写作。中学时代就曾写出长篇科幻小说《被遗忘在火星上的日记本》。他喜欢摄影，中学和大学期间，拍出的照片总是独特新颖，深受师生赞赏。

后来，这些都无暇顾及了。

薛禹胜已经养成习惯，职业习惯，也是个人习惯，就是无论在国外留学还是在国内工作，他每周的工作时间都在 100 个小时以上。

薛禹胜以为自己的身体一向很好，没有什么不适感。所以平常从来不去看病，很少吃药，体检结果也不重视。事实上，过度的劳累与透支，身体也会向他发出警告。

潘正珏再也不能等了。她已经等不到丈夫回到上海的一天，薛禹胜永远都不会离开他的岗位。

1993 年，潘正珏舍弃了上海熟悉的生活环境，带着即将入学南京高校的女儿，来到丈夫身边，结束了夫妇两地分居的生活。

潘正珏先是在仿真室，后来在信息所，信息所后来变成了信通公司。

05

2012 年，薛禹胜生病了。

那次心梗，妻子正好在身边。送他去医院的路上，妻子在车上说，这次你比较严重，可能要住院，你做好思想准备。

薛禹胜说，这怎么行啊？我手上那么多的事，怎么能住院？

到了医院，医生经过会诊，还是动了手术，装了 3 个支架。他动完手术一直高烧，在医院住了一个多月。

医生来查房，薛禹胜问医生，我这个病，没有什么大事吧？不会影响我的工作吧？

他规定自己的研究生每个月都要有一次答疑，人人过关。在此过程中，学生们进步很快。薛禹胜还要把每一位同学的论文过一遍。

住在医院，仍然如此。学生来看他，他还是按照约定，让研究生围在床前，一个个答疑、过关。

医生把潘正珏叫去，说，他现在身体这样子，怎么可以让那么多学生过来？这会影响他的健康。

但薛禹胜不管，只要觉得身体吃得消，就必须这么做。薛禹胜对妻子说，不让工作怎么行，反正我活着，就得工作。

长期的伏案，他的右前臂神经鞘增厚，传导受阻。

这样，他的手指便不大听从大脑指挥。拿起笔来，总不那么随心所欲。动了手术，仍然伸不开，手指颤抖。

薛禹胜不能离开手，手是他的命，他必须用手操作电脑，用手表达意愿。

薛禹胜是一个不服输的人，右手不给力，就练习用左手。那个过程是艰难的，但又是必需的。

慢慢地，左手既能写字也能打字了。

06

时间过得很快，慢慢就到了 2012 年，薛禹胜那次生病以后，潘正珏提出了退休申请，她要好好地照顾老伴。

有了妻子在身边，薛禹胜真的感觉好多了。

这么多年，实际上他还没有真正像现在这样过过小家庭的生活。

妻子再也不出差了，天天守在他的身边，做饭，做家务，照顾他的一切。他要出差了，穿的衣服都会整齐地放在箱子里。妻子还会到医院去为他拿药，拿了再煎药，随时关注他的身体情况。

当然，妻子来了，还当起了财务总监，负责他的收入和支出。

支出基本没有，就是薛禹胜设立的奖学金和基金捐赠。

　　薛禹胜感到妻子这一点很好，自己的钱没什么可开销的。不需要买汽车买房子，这个房子是 1998 年建的，住了 20 多年。从没打算买新房，分给的院士小楼还不去住呢，弄个新房还要花时间去装修。再说，离开了办公的老院，工作、加班都不方便。

　　这样，家里不需要添置东西，平时也不去商场买什么名牌，自己提出捐献，妻子从来都是支持，没有二话。

　　潘正珏来了以后，薛禹胜也喜欢把自己的工作说给妻子，尤其是每次项目要做 PPT 报告的时候，薛禹胜都要妻子来听听。

　　潘正珏就说，你要把自己的健康管理好。你们不是有"三道防线"吗，你也要把这种理论用到你的健康管理上。

　　潘正珏一方面为薛禹胜的工作感到高兴，一方面又担心他的身体。实际上，薛禹胜的健康状况还是不太好，而且随着年龄一天天大了，可他上进的劲儿就是减不了。

　　薛禹胜说，别人问我，为什么 80 岁了，看上去不像？我就说，我根本就没有想我是几岁。如果说哪一天走，我也是快快乐乐地走，我现在还干得动，干吗去想将来呢？

　　潘正珏说得多了，薛禹胜就不愿意听，两人为这事免不了争执。严重时，潘正珏就强行去关灯、关电脑。

　　实际是薛禹胜的学生教的师母，这件事只有师母可以做。

　　潘正珏非到不得已，不去关他的计算机。因为怕他发火，会更影响他的健康。

　　潘正珏现在想开了，在院里退休办办的老年大学里，跳舞、唱歌、弹琴她都参加，有正规的老师，大家还会一起聊聊天。潘正珏是想把自己调整得好一些，不能让自己病病歪歪，那样就没有精力来管薛禹胜。

她也想以此影响薛禹胜，都 80 多了，该注重休闲和锻炼。

儿子薛峰也会经常来，看看家里，谈谈工作。儿子原来是公司的管理层人员，薛禹胜认为管理工作是重要，但是高端的研究更重要，就让儿子回到科研岗位上来。薛峰现在是国家电网公司的首席专家。

薛禹胜和妻子知道儿子很忙，平时没什么事也不想让他操心。上次发现冰箱坏了，才跟他说。

薛峰请了半天假，帮着换了。

潘正珏来到薛禹胜身边以后，发现他和学生们处得很好，经常会参加他们的活动。

学生小李结婚，邀请薛院士做证婚人。薛禹胜欣然而往。一对学生结为伉俪，邀请薛院士，薛禹胜也是高兴地去发表一番祝福。

有时候，遇到假期，薛禹胜出资，邀请学生一起出游。安徽黄山，山东济南、青岛，浙江千岛湖，江西三清山。都是坐高铁四五个小时能到的地方。学生们拉着两位老人一起游玩、交流、畅笑。

潘正珏在这种环境中很开心。

薛禹胜说，我这一生走过来，能够找到潘老师是我终身的幸福。真的是幸福，能够找到一个志同道合的伴侣，是最幸福的一件事情。

出外旅游，学生们看到他们两人手挽着手的情景，偷偷拍了照片，而后让他们两人看。大家同时发出快乐的笑声。

07

薛禹胜始终在路上，他所进行的电力科研项目，不断得到实施和验证，并正在取得广泛的成效。

三峡工程正式立项后，1994年，薛禹胜就向有关部门提出，建议对三峡电网安全控制问题进行专题研究。该建议得到了相关部门的支持。

2002年，三峡电站（左岸）500千伏送出工程安全稳定控制系统建设工程招标。这对致力于将理论研究应用于中国电网的薛禹胜来说，无疑是个良机。但是构建控制系统关键设备的主要研发人员，因种种原因在此节点前离去，在是否投标的事情上，所里有不同意见。关键时刻，薛禹胜力排众议，表示如果项目失败由他个人承担责任。决定承接该工程后，薛禹胜亲自参与方案的编写，关注每一个环节，安装调试时亲临工地。

作出这项决策需要巨大的勇气和魄力，这也是具有里程碑式的决策。以此为契机，薛禹胜团队研发出具有独立知识产权的安全稳定控制装置。

截至目前，南瑞稳定公司团队，已经研制了5代具有完全自主知识产权的电网安控系列装备，并广泛应用，成为中国电网发展各阶段全天候的安全卫士。

我们再看看薛禹胜最近十余年走过的路：

2010年，他们研制的全国首套"大型集群风电有功智能控制系统"在甘肃电网投运，多项成果填补国内空白，成为大容量新能源发电并网控制技术发展的里程碑。

2011 年，日本相继天灾引发大停电及核泄漏事件后，薛禹胜提出大停电的防御必须与一次能源、经济系统、交通、通信、保安、物资供应等公共系统的防御相协调，建立更完善的应急体系。

2012 年，71 岁的薛禹胜创办了《Journal of Modern Power Systems and Clear Energy》（《现代电力系统和清洁能源》）并担任主编，这是第一本起源于中国的国际电力工程期刊，填补了中国大陆电力与能源领域国际性英文科技期刊的空白。

2015 年，74 岁的薛禹胜提议并命名"紫金论电"系列学术活动，此后，发展成为具有行业特色的国际化、高水平专业论坛。

2015 年，国家 863 项目"甘肃风光集群控制系统"示范工程研发成功，实现了中国规模化风光电集群控制领域从"技术跟随"到"技术引领"的重要转变。

2017 年，世界首次特高压直流闭锁冲击试验成功，全面验证了世界首个大电网频率紧急协调控制系统的可靠性和措施的有效性。

2017 年，76 岁的薛禹胜在 IEEE 总刊上发表观点性文章，提出能源的信息物理系统框架（CPSSE），在国际上持续引领 CPSSE 研究，推动了跨领域多学科研究的发展。

2018 年，总投资 2.8 亿元的国家电网公司系统保护实验室投入运行，构建了全球最大规模系统实时仿真平台。此前，国内外尚无建设实例。

2020 年，中国提出"双碳"目标后，他迅速组织团队开展电力系统主动支撑"双碳"变革方面的科研攻关。

2021 年，80 岁的薛禹胜反思了多年来在不同领域的研究，尤其是在 EEAC 创立过程中的思维方式，在工程直觉和应用积累的启发下，提出了整体保熵还原思维（WRT），并不断思考、完善。

2024 年，他提出了在复杂性研究中融合整体保熵还原思维（WRT）与语言模型预训练技术（SPT）的全新方法。

近 3 年来，他平均每年要作 20 场以上学术报告，没有一场报告的内容是完全相同的。

随着薛禹胜的理论和思维方法用到了若干个领域，他认为现在到达了科研的黄金时代，年近耄耋的他依然朝气蓬勃。

08

时间来到 2024 年。

夜幕降临，南瑞路 8 号 4 楼的一间办公室的灯光还在亮着。

如今已经 83 岁的薛禹胜院士，仍然没有一刻休闲，他还是满脑子都是电力，都是学术创新，都是科学发展。

他依然坚持在科研一线，带领着他的团队致力于为中国"双碳"目标的实现和能源安全保障提供科技支撑。

他知道时间紧迫，这一生中，时间对于我们的院士来说，怎么都不够。他就这样，每天每天，都以那不灭的灯光，传递着南瑞电力生生不息的火种。

第七章　开拓奋进的沈国荣

一、抓住机遇　迎接挑战

01

能源是社会经济发展的主动脉。

电力与生产、生活息息相关。电力系统的安全稳定，关系着生产、生活的平顺安定。

而电网主网要想不发生稳定破坏及大面积停电事故，就必须提到安全"保护神"——继电保护。

继电保护是电力系统安全稳定运行的重要支撑，尤其是在电网结构不够理想的情况下更要倚重继电保护。

也就是说，一旦电网出现故障，继电保护这个"保险丝"就会立刻启动，切除故障，避免损害电力设备，造成大面积停电。

能源要发展，装备须先行。无论是维护国家能源安全，还是推动低碳转型，科技装备创新都具有十分重要的战略地位。

南瑞继保，从事电力保护控制及智能电力装备的研发和产业化，建立了以技术创新带动产业发展、以产业化促进科技发展的良性运行机制，实现了科研与产业的融合与发展。

02

1965 年，沈国荣进入南京电力学校"继 108 班"学习。这一年他 16 岁。

1970 年，21 岁的沈国荣从南京电力学校毕业，被分配到水利电力部南京水利电力仪表厂。这个厂后来更名为南京电力自动化设备厂。

他先在车间劳动，后调到技术岗位，参加保护产品调试工作，并参与了当时最高电压等级 330 千伏刘家峡—天水—关中线路晶体管继电保护的试制和投运。

1974 年，沈国荣有了一次机会，协助西安交通大学的朱声石教授，试制多相补偿接地距离继电器样机。这试制成果，一是让沈国荣开了眼，知道专家是如何研究，二是让他懂得，研究对于电力的重要性。

有了理论，又有了实践。1975 年，经单位推荐，沈国荣成为一名工农兵学员，进入河北电力学院电力系统及其自动化专业学习。

那时候，他凭着实践经验，对继电保护所用的各类保护元件特性已经了然于心。

班上的同学会常常找他辅导。有时候，沈国荣还会被老师邀请上讲台，给全班作示范讲解，名为教学相长。他在讲台上讲解，还会被提问，那些提问都被他一一回答出来，因而获得热烈的掌声。

1978 年，沈国荣毕业后，又回到了南京水利电力仪表厂。

03

科学的春天来到了。

1979 年，沈国荣抓住机会，以优异成绩考取了电力部南京自动化研究所，也就是现在的国网电力科学研究院的研究生。

这使他有了学习和研究继电保护的极好机会。

沈国荣常感到时间不够用，他将所有的课余时间都泡在图书馆，借阅大量的有关书目，记下了厚厚的笔记，为相应的研究铺路。

导师刘金铎看到沈国荣不同于别的学生，他爱提问，喜欢钻研，就给了他一个课题，看看他能否研究出来。这个课题是关于"突变量选相元件"的研究。沈国荣来劲了，他觉得这是导师对自己的关心和信任，于是答应下来。

他找出大量书籍和资料，选择和保护动作特性量直接相关的电流量作为判据，采用最大相电流制动，引入记忆量和浮动门槛，给出了合理的判别系数区间，终于制作出线路高频方向保护装置样机。

导师刘金铎看了，很是赞赏：很好啊，国荣，我看你以后就把超高压线路保护作为重点吧。

导师还指出了具体的目标，那就是"工频变化量方向继电器"的研究。

沈国荣点了点头，深深记下了导师的话。

沈国荣感觉导师特别关注继电保护，他始终记得刘金铎在课堂上讲到的内容。

导师提到，当时，中国继电保护技术落后、大面积停电事故频发。

1970 年至 1980 年，中国电网发生了 210 次停电事故。平均每年 19 次。

其中，约一半左右的电网稳定事故由线路故障引起。线路继电保护装置或安全自动装置的不正确动作，往往导致事故扩大，成为电网稳定的主要矛盾之一。

而中国没有相应的继电保护装置，只能依赖进口。进口产品不仅价钱高，还在应用上有这样那样的问题。

沈国荣的内心深处，已经印下了"继电保护"4 个字。当然，他知道继电保护装置生产难度大、调试复杂。他知道这是一块硬骨头，很难啃。

沈国荣的毕业论文就是关于继电保护的。在此过程中，他经常求教于导师。事实上，即使在毕业之后的研究中，他仍会找导师探讨。

直到越走越远，越攀越高。

而他最初小试牛刀的"突变量选相元件"，也从此固化下来，为后续集成电路保护、微机保护所沿用。

04

1982 年，沈国荣留在南京自动化研究所继电保护研究室工作。他急电力工程建设所急，用巧妙的构思研制出 SBT-1 型失步解列装置。

这种电力系统安全自动装置，与国内外同类产品相比，具有原理先进、可靠性高、使用灵活等特点，性能居国际领先水平。

尝到甜头之后，沈国荣抓住不放，继续深入研究，使"工频变化量原理"为核心理论基础，构成了完整的继电保护体系。

工频变化量系列保护，能准确反映电力系统短路故障的本质和机理，一方面提高了继电保护对各种系统结构、各种故障类型的适应性，另一方面又从原理上确保在高可靠性的基础上，提高继电保护的动作速度，快速可靠地切除故障。

这一实践，使得现场有记录的工频变化量阻抗保护动作速度达到 2 毫秒，是世界上最快的基于工频分量的继电保护。

而在这之前，行业内的保护动作速度是 30 毫秒。

二、艰苦创业　迎难而上

01

沈国荣认为，只有让科研成果快速产业化，取代国外产品，成为行业应用的主流产品，创新的技术才能产生最大的社会效益和经济效益。

1988 年，沈国荣等人发明的"工频变化量快速方向保护"获得部级科技进步奖一等奖，1992 年，获得国家科学技术委员会颁发的国家发明奖二等奖（当年一等奖空缺）。

这让沈国荣站到了继电保护技术的前沿，这项成果在中国西南、西北、华北、东北、华东、华中等各大电网应用，得到了很高的评价。

1988 年，集成电路型快速继电保护装置，在天生桥 500 千伏输变电工程国际招标中，击败美、日、法、瑞典、瑞士等国 8 家著名电网保护制造厂商，一举中标，随即在全国电网大力推广。

如此，国外继电保护垄断中国 500 千伏输电系统的状况，得到根本改观。继电保护整体运行性能也进一步提高。

1990 年，"阻抗循序判别式失步继电器"获得国家发明奖二等奖。

别小看这二等奖，这是继电保护领域第一个国家发明奖二等奖。

02

这一年，沈国荣带着助手，又开始研制微机保护装置。

此后，他正式组织近 10 人的微机继电保护课题组，开展微机保护装置及测试装置的系列化开发。

在沈国荣的带领下，微机线路保护装置样机硬件基本成熟，主要保护元件的软件框图也已初步成形。

在前期积累的基础上，课题组很快研制出了从高压、超高压线路保护，到母线保护、变压器保护、发电机变压器组保护一系列快速保护装置。

1992 年，"CKJ-1 型快速距离保护装置"被认定为性能优于国际同类装置，获部级科技进步奖一等奖。

同年，微机型"LFP-901A 型超高压线路成套快速保护装置"开发完成，1993 年通过部级鉴定，达到国际领先水平。

03

改革大潮汹涌而来。

1994 年，南瑞集团以微机线路保护课题组为班底，成立了南京南瑞集团公司电网保护分公司，沈国荣任总经理，当时员工 23 人，其中开发人员 14 人。

到了 11 月，更名为继电保护分公司。

1995 年，南京中瑞通电网保护有限公司成立，1999 年更名为南京南瑞继保电气有限公司，也就是后来大名鼎鼎的"南瑞继保"。

既要做企业的"当家人"，又要搞研究，沈国荣肩上的担子无形中加重了。

他要不断关心市场、成本、经营。这些陌生的内容，进入了沈国荣的议事日程。

场地是从住宅小区租借的，一些技术人员也是临时招聘的。大家挤在一个狭小的工棚里做研发，搞生产。

南京是有名的"火炉"。工棚里没有空调，却有着众多的发热设备。

沈国荣和大家一起挥汗如雨。

他风趣地鼓励大家，说，我们的设备经过这么高温的考验，到现场运行一定会很可靠。

大家被他的话逗笑了。实际上他们知道，这位"老板"的压力有多大。

后来，沈国荣还是到处筹钱，给研究中心、实验室装上了空调。

而他自己的办公室，却是最后一个装的，用的还是换下来的旧空调。

当时开公司，真的是精打细算。

三、科研与产业的融合发展

01

抓研发抓市场，沈国荣越来越老练，他一点点摸到了门道、找到了路子、看准了方向。

为满足电网对高性能继电保护装置的大量需求，沈国荣着手建立适应小批量、多品种生产模式的柔性化生产体系，建立"以研发为核心，设计、生产、销售、服务融为一体"的产业化队伍。

在此基础上，他建设了国内外第一条继电保护装置自动生产线。通过自动测试，大大减少了人为干预，提高了效率，保证了质量。

也正是这一年，沈国荣受国家有关部门委托，着手组织研制大型发电机、变压器等主设备保护，解决主设备保护正确动作率长期偏低的问题。

任务是艰巨的，又是诱人的。一旦拿下，不仅会产生不小的效益，更会在这一领域产生巨大影响。

沈国荣对大家说，这是我们接手的第一个重要项目，一定要拿下，拿下才能站稳脚跟，才能说明我们有能力、有信心攻破一切可能攻下的难关。

时间不等人。沈国荣带领团队，开始了第一个艰难的征程。

一次次地攻关、研究、试制。

终于完成了使命。

是的，是使命。就此，他们要接受更多的电力事业交给的使命，带有光荣的使命，在一个个新征程上大步向前。

02

沈国荣将目标定得更高。

他还记得导师在课堂上讲到，中国继电保护国产化困难重重，不得不花大量外汇，购买国外继电保护装置。导师说到这一点时，那种表情让沈国荣深深入心。

现在，沈国荣决心攻破继电保护难关，用中国技术，装备中国的电网。

他要将理论和技术变成产品，从实验走向产业化。并且把ABB、西门子、GE等享有国际声望的跨国巨头看作真正的竞争对手。

沈国荣组成研究团队，带领一批科研、生产人员，埋头钻进继电保护研究中去。

沈国荣说，不要迷信外国技术，要想办法超越它。

没有别的选择，只有像登泰山一般，一路登上去，才能到达光明的顶点。

是的，沈国荣在走向成功。

他不仅找到了一条路，而是无数条。他有了一系列研发的继电保护产品。

1999年，沈国荣的继电保护发明专利"LFP-900系列输电线路成套保护技术及其推广应用"，获得国家科技进步奖一等奖。

这是中国设立国家科技进步奖以来，推广应用类成果第一次获此殊荣！

最好的褒奖就是要给予那些为国家科技创新、创造取得丰硕成果的功臣。同年，沈国荣当选为中国工程院院士。

03

随着三峡工程等西部重大能源工程的建设与投产，强大的电能需要通过直流输电送到东部地区。

直流输电技术，是支撑"西电东送"能源发展战略的关键技术。

而直流输电控制保护系统，长期掌握在少数几家外国公司手上，国产化问题一直没有解决。这个系统，就像人的中枢神经一样至关重要。没有控制保护，直流输电就没有生命。

而直流输电控制技术，又是最复杂、最难攻的技术。

2001 年，南瑞继保先后承担了国家电力公司"直流控制保护技术引进与设备开发"和"超高压直流输电控制和保护系统开发研究"项目。

他们一边从 ABB 公司引进技术，一边自主研制直流控制保护设备。

沈国荣召集研发核心骨干，组建了 10 多人的直流研发小组。

04

不到一年的时间，他们先完成了直流控制保护技术的引进、消化吸收和验证，迈出了掌握自主开发直流控制保护系统的第一步。

在引进国外高压直流控制保护技术的基础上，南瑞继保融合了自身技术和工程实践经验，进行技术再创新。

翻越多少山头，闯过多少险关？算不清，也记不住了。

最终，成功研制出了具有完全自主知识产权的 PCS-9500 高压直流输电控制和保护系统。

此后马不停蹄，再接再厉。

又用两年半时间，完成了全套国产化直流控制保护系统的硬件设计和软件开发，保证和提高了直流控制保护的可靠性和安全性。

习近平总书记考察三峡工程时指出："真正的大国重器，一定要掌握在自己手里。核心技术、关键技术，化缘是化不来的，要靠自己拼搏。"

四、南瑞继保的"中国制造"

01

沈国荣他们的产品已经得到了广泛认可，并有了广泛的销路。

南瑞继保，逐渐成为国内电力保护和控制领域最大的产业化基地。

可以说，一举打破了国外大公司的垄断局面，在中国各大电网，已经拥有40%的保有量。

"西电东送"工程、三峡输变电工程、西北电网750千伏输变电工程、载人航天工程，众多国家重大工程，都用上了南瑞继保的产品。

实践证明，2000年之后，中国电网大量使用以南瑞继保为引领的继电保护装备，中国电网停电事故已经成为往事。

02

2002年，为解决国内大规模、远距离输电和交直流联网遇到的稳定问题，沈国荣再次带领团队，开始电力系统安全稳定控制体系和关键设备的研究。

2003年，他们成功研制出"RCS-992分布式电力系统稳定控制系统"系列产品，装备了当时世界上规模最大最复杂的交直流互联电网——南方电网。之后陆续装备了国内最薄弱的省级电网——新疆电网、西藏电网等各个电压等级的电网。

电力系统安全稳定运行的三道防线中，继电保护作为第一道防线，在电网故障来临时，承担快速切除故障元件的重要任务，保证中国 20 多年未发生因故障引起类似美国、巴西、印度和英国那样大面积停电的事故。

他带领团队，开发一系列电力保护控制及智能电力装备，为电网安全稳定、经济高效运行提供了坚实保障。

03

随着中国经济的进一步腾飞，跨区电能传输需求日盛，特高压建设提上日程。

电压等级越高，输送能力越强，其安全保障要求就越高，构建"电力主动脉的新大脑"成为沈国荣的新目标。

于是他着手牵头进行特高压直流输电控制保护关键技术攻关。

1989 年投运的葛洲坝—南桥±500 千伏直流输变电工程，是西电东送的重要通道，它的直流控制保护设备，原是由国外公司提供，运行 10 年以后，出现了严重老化现象，已经影响电网的安全运行。

国家电力公司决定进行改造。

国外的几家大公司都参与了项目投标，其中一家志在必得，觉得这套系统是他们所建。

南瑞继保也参与了招投标，并且一举拿下了这个不小的项目。

拿是拿下来了，却也有着前所未有的压力。因为从来没有搞过如此大的工程。

外国公司也放言，"中国人搞不起来"，并且提出了合作要求。

南瑞继保为稳妥起见，也试着与外国公司商谈合作。但对方却提出以他们为主，南瑞继保为辅。

这让沈国荣火了，难道离了他们中国人就干不成了？

沈国荣坚定地说，退一千步，也不跟这些老外合作，一定要自己干，并且要干出个样子。

沈国荣带领他的团队冲上去了。

沈国荣说，不迷信国外技术，能学习就学习，能超越就超越，只有超越，才能打破他们的垄断。我们要拿出自己的精气神，搞一套中国方案。

04

研究攻关到细节部分。

180 面屏柜，每一个信号、每一个端口，都不轻易放过，必要反复核实，认真调试，精心试验。

200 多个日日夜夜，整个项目进展顺利，每一个环节都提前完成。

激动人心的时刻终于到来。

2005 年 4 月 1 日，葛洲坝至南桥±500 千伏直流控制保护系统启动，并且获得成功。意义非同小可，因为这是中国第一套完全国产化的高压直流控制保护系统。

05

2001 年，RCS-978 微机变压器成套保护装置通过科技成果鉴定；2002 年，RCS-985 微机发电机变压器组成套保护装置通过科技成果鉴定。

至此，主设备保护的历史遗留问题得到全面解决。此项科技成果，获得了 2006 年度中国电力科学技术奖一等奖、2007 年度国家科学技术进步奖二等奖。

沈国荣说，只有独立自主发展，才能让中国"电力大动脉"安全地奔腾不息。

2008 年，"基于 $U\cos\varphi$ 的电力系统失步检测判别方法"，获得中国专利优秀奖。

这一年，首个自主知识产权的特高压直流控制保护系统问世；同年，自主知识产权的高速电子式测量装置和光学测量装置替代进口。

2010 年，基于自主开发的通用控制保护平台（UAPC）的第二代 PCS-9550 直流输电控制保护系统研发成功。

喜讯频传。

2014 年，PCS-9550 在哈密南—郑州±800 千伏特高压直流工程成功投运。该工程是当时世界上线路最长、输送功率最大的特高压直流工程。

2015 年，成功研制出新一代 PCS-8600 特高压直流换流阀，从而构建了完整的特高压直流输电核心成套装备。

同年，中标内蒙古上海庙—山东临沂±800 千伏特高压直流输电工程（简称上山工程）。

2016 年，先后中标新疆昌吉—安徽古泉±1100 千伏特高压直流工程（简称吉泉工程），和巴西美丽山二期±800 千伏特高压直流工程（简称巴西美丽山二期工程）。

吉泉工程，是世界上电压等级最高、输送容量最大、送电距离最远的特高压直流工程；巴西美丽山二期工程，代表中国特高压直流输电关键装备首次走出国门。

2019 年，上山、吉泉和巴西美丽山二期三大特高压直流工程相继成功投运。

06

南瑞继保自主研制的特高压直流输电控制保护系统、换流阀、高速测量装置，得到全面应用，经过不断创新与产业化应用，已经成为南瑞继保的核心产品之一，实现了电力高端装备的"中国创造"。

南瑞继保掌握了高压和特高压直流输电的核心技术，实现了重大电力装备国产化，确保了高压直流输电系统长期安全稳定运行，从本质上提升了高端电力装备的国际竞争力，对中国直流输电事业的发展，具有重大而深远的意义。

2021 年，PCS-8600 自主可控晶闸管换流阀系统通过鉴定，完全解决了换流阀部分关键元部件依赖国外进口的现实问题。

在 1986 年美国电力专家提出柔性交流输电概念之后，各类与之相关的新型设备相继面世。通过在交流线路加入串联或者并联的电力电子装备，以增强稳定性，提升输电能力，抑制系统振荡，提高电能质量和效率。

南瑞继保同样将这项技术作为重点，并投入强大的科研生产能力。

潮流控制是柔性交流输电领域前沿技术制高点。

2015 年起，南瑞继保通过技术创新，有效挖掘现有电网供电潜能，为破解城市核心区域供电难题提供重要手段。

他们连续突破统一潮流控制器（UPFC）和分布式潮流控制器（DPFC）关键技术，成功实施世界最高电压等级 500 千伏苏南 UPFC

和国内首个 220 千伏湖州 DPFC 示范工程。

鉴于低频输电在海上风电送出等典型场景下的技术经济优势，南瑞继保开展了积极的技术探索。

2022 年，台州大陈岛 35 千伏 11 兆瓦柔性低频 20 赫兹交流输电示范工程投运。

2023 年，国网浙江杭州 220 千伏中埠—亭山柔性低频输电示范工程投运。

南瑞继保研制出的世界领先的技术和产品，基于对电力系统特性的深刻把握，显著提升了电网输送能力和灵活性。

五、走向世界前列

01

南瑞继保的科研大楼，经常是灯火通明。

科研人员日夜沉浸其中，发掘出一个个新项目、新产品。

沈国荣一上班，就到各个研发部门转。看看大家的工作境况，有什么想法、什么需要。对于项目的新进展、新突破，立刻给予肯定；对于遇到的新难题，马上进行协调并给予指导。

2008 年初，沈国荣注意到，南方地区持续的冰冻天气，导致南方多省输电线路大面积、长时间停运，给国民经济造成了巨大损失。

这次损失，线路覆冰是最大问题。

为解决覆冰严重威胁电网安全的难题，沈国荣迅速组织人力展开攻关。

攻关团队加班加点，很快研制出用直流电流加热导线去除覆冰的技术，以替代低效危险的人工除冰方式。

这一产品当年即开发成功，并投入使用。

2022年1月22日起，湖北迎来寒潮天气，多地降雪，国家电网公司启动灾害预警。24日，220千伏爱南线覆冰厚度已超过31毫米，超出设计最大允许值，存在倒塔风险，严重威胁电网安全，现场急需融冰作业，消除安全隐患。

南瑞继保接到任务，技术骨干千里奔袭，迅速启动移动融冰装置，经过连夜户外低温作业，线路覆冰开始脱落，最终所有融冰作业完成，220千伏爱南线覆冰全部脱落，快速消除了电网安全隐患。

2022年2月7日凌晨，南京地区突降大雪，伴随着持续低温，宁句线高架站直流接触网出现覆冰，列车运行安全受到威胁。

南瑞继保提供的能馈系统首次实施直流融冰应用，在10分钟内完成了网架拓扑重构，快速构建起包含覆冰区域两端能馈设备、接触网和钢轨的直流融冰系统，在覆冰线路上注入灵活可调的电流，有效应对近期南京地区的低温雨雪恶劣天气，保障了宁句线列车安全运行。

截至目前，他们已在华南、华中、华北和华东等地区拥有了90多套运行业绩，年均融冰作业数百次。

02

台风来了。

沈国荣这几天从办公室到家、从家到单位，怎么也坐不住。

他不停地问有关人员，担心着电路保护的安全问题。

终于，台风登陆后的结果回来了，线路一点也没有受到影响。

沈国荣甩了一下手，一颗心放下了。

沈国荣操着浓重的家乡口音，而且语速很快。

他只顾说着，以为别人都能听懂。

沈国荣说，我们这一代人多讲方言，家乡隔一里地口音就不一样。我到外面去求学，好多人都说听不懂我讲什么，一口常州方言，直到毕业都没扭过来。

事实上，时间长了，南瑞继保的人几乎都能听懂了，人们改造不了他，只能改造自己。

有时候一个关键词语没闹明白，大家就反复讨论，直至恍然大悟，而此后再听到这个词语，就立刻明白。

有时候，沈国荣在意某句话，会反复强调，人们也就在心里默默地强调了无数次。

沈国荣是个闲不住的人，方方面面、大事小事，没有不去想、不去参与的。而且他还有主要的研究方向，还要不断地提出新的思路。

03

在沈国荣的感觉里，家和企业都是一码事，在家里也是想事，在企业也是操心。

所以，他没有上班下班的时间观念，忙的时候，几乎就是住在单位。

几十年，习惯了。

沈国荣还不断地到一线去，去看继电保护产品的应用情况，遇到问题就在现场解决。

也曾发生过一时解决不了的难题。一个产品的成熟，是在不断地应用实验与解决调试的过程中完善的。

这一点沈国荣充满了自信，没有攻不下的难关，没有解决不了的问题。

产品既然出来了，就有可能发生这样那样不稳定的问题，问题终是会解决的。

沈国荣就这样，带领员工不断地奔赴一线战场，以坚毅的态度、认真的精神和扎实的技术，把一个个难题调整解决，让一个个用户信服叹服，最终赢得的是一个个市场份额。

由于南京自动化研究所快速继电保护等技术创新和产业化发展取得的良好效益，1993 年，国家科委对全国 4871 个自然科学领域的研究和开发机构进行评价，南京自动化研究所在工业类评比中综合科技实力排名第七、运行绩效排名第一。

近些年，随着中国特高压和智能电网工程的顺利实施，沈国荣认为，常规直流输电在分布式新能源并网等应用领域存在短板，而柔性直流输电，正好能弥补这些短板。

于是他又将目光投向第三代直流输电技术——柔性直流输电技术。

04

我们前面已经讲到柔性交流输电技术，现在又提到了柔性直流输电，它是一种可控的输电方式，具有响应速度快、运行方式灵活的特点，适用于可再生能源并网、分布式发电并网、孤岛供电等。

这一技术是电力领域最前沿、最迫切、最有挑战性和最具应用前景的高端技术，被称为"电力电子皇冠上的明珠"。

但是要想攻克这项技术，可借鉴的经验少，原始创新难度大。

南瑞继保硬是凭着数十年来的一股子不屈的钻劲儿，于 2011年，将国内首套柔性直流输电控制保护系统，在上海南汇柔性直流输电示范工程中投入运行。

2013 年，PCS-8100 柔性直流输电系统摆在了专家面前，来自电力系统最高端的专家，他们对这套设备怀着极大的兴趣和期待，也有着对南瑞继保科研能力的震惊。

他们知道，这项成果一旦被认可，中国的柔性直流输电，将引领整个电力行业的发展方向。

鉴定是严肃而认真的。

结果是，所有专家一致认定，这项技术，性能优越、质量可靠，完全符合所要求的一切标准。

2014 年，浙江舟山±200 千伏世界首个五端柔直工程正式投运。该工程是当时世界上端数最多、同级电压中容量最大、运行最复杂的海岛供电网络。

南瑞继保的柔性直流输电系统，包括柔直换流阀、高速阀控、控制保护、高速测量等自主成套装备，得到全面应用。

05

南瑞继保并没有就此停下脚步，他们在继续跟踪研究，探索各种可能。

2017 年，高压柔性直流电网控制保护系统、高压大容量柔性直流换流阀、高压直流断路器、高速测量装置，再次摆在鉴定专家面前。

此次鉴定的通过，意味着南瑞继保完全实现了柔性直流电网核心装备齐套化。南瑞继保由此在现代化电网上大展身手，全面开花。

2020 年，随着世界首个直流电网——张北±500 千伏柔性直流电网示范工程的投运，南瑞继保创造了世界上最大电流的柔直换流阀，最高电压等级、最大开断能力的直流断路器等多项世界第一。

不久后开幕的北京冬奥会，也用上了百分之百的清洁能源。

张北柔性直流电网示范工程，在一片连绵的群山之间，成为另一种风景。

张北工程是北京冬奥会的一个配套工程，它通过柔性直流电网，将清洁能源送到北京，最终实现了"张北的风点亮北京的灯"。

06

也是这一年，昆柳龙±800 千伏多端混合直流工程正式投运。

这项工程是世界上首个特高压多端混合直流工程，再次刷新电压等级最高、输送容量最大、输电距离最长的纪录。该工程在世界上率先建成系统全面的特高压多端混合柔性直流技术知识产权体系，创造了 19 项世界第一。

南瑞继保仍然提供了换流阀、水冷系统、直流测量、交流保护等全套控制保护核心装备。

2021 年，亚洲首个江苏如东海上风电柔直工程成功实施，在这项工程中，南瑞继保解决了大规模海上风电精确阻抗建模、新能源接入柔直多频点谐振等多项难题。

同年，南瑞继保 PCS-8100 自主可控柔性直流换流阀研制成功并通过鉴定，切实推动前沿高端装备制造国产化。

中国柔性直流输电技术走到了世界前列。

2022 年，世界首个白鹤滩—江苏±800 千伏特高压混合级联直流工程成功投运。

南瑞继保提供了全新一代混合直流控制保护、换流阀等核心装备，解决了混合级联直流故障穿越等诸多难题。

07

有了一流的技术和产品，南瑞继保大踏步地向更远的目标进军。

南瑞继保早早把目光瞄向海外，广泛加强技术合作，拓展国际市场。

2022 年 2 月，埃及第一条电气化铁路——埃及斋月十日城铁路项目首座 220 千伏 LRT Badr 2 号牵引站成功送电。南瑞继保为该项目 2 座牵引变电站、4 座分区所、1 座开闭所、13 座降压所、2 座跟随所，提供全套自主研发的电气化铁路 PCS-S 系列保护测控装置等。

2022 年 4 月，尼日利亚宗格鲁水电站首台机组发电成功，为后续机组发电奠定了良好的基础。南瑞继保为该项目设计了全套水电机组保护解决方案，提供了全套发电机变压器组保护、开关站保护等关键设备。

2022 年 4 月，南瑞继保 PCS-9531 电子负荷系统，在印度尼西亚镍铁项目顺利投运，将提高所在企业电网的一次调频能力，增强电网阻尼，有效改善电网的静态稳定性和动态稳定性，对于保障孤岛电力系统安全可靠稳定运行，具有重大的应用价值。

如此，在沈国荣的带领下，在一帮得力科研人员的共同努力下，南瑞继保不断地践行和传承企业文化，直面困难、迎接挑战，稳步而快速地发展。南瑞继保的核心技术产品和解决方案，已成功进入全球120多个国家和地区。

六、打造一流科研队伍

01

走进南瑞继保，看到的是现代化的科研大楼和厂区，里边的设施都是一流的。

谈到这一点，沈国荣说，厂房设备值不了多少钱，真正值钱的是人才。

作为一名科研工作者，沈国荣颇有感触：在当今的高科技企业中，高水平的科研队伍才是第一重要的，是第一生产力。科学组织起来的人才是公司最大的财富。

1996年7月夏天的一个晚上，沈国荣把27岁的小陈叫到办公室。

他看着这个自己亲手培养的得力干将，亲切地问：小陈啊，你愿不愿意去清华大学深造，读研究生？

小陈自从到了南瑞继保，一门心思跟着沈院士搞研究，他觉得沈院士既是一位资深的专家学者，又是一位称职的企业带头人。

在他的身边，能够学到很多。但是让自己去梦寐以求的清华深造，还真是没有想过，不是没有想过，是不敢想。

哪里想到沈院士给自己铺好了一条大道。

当然愿意！小陈显得有些激动。可我担负的工程和研发项目怎么办？

沈国荣看着眼前的小伙子笑了，把你手头的工作在一个月内转交给其他人，9 月份去清华大学报到吧。

02

在沈国荣院士的引荐下，小陈这匹千里马奋蹄腾飞了。

在清华大学学习的 3 年里，南瑞继保负担了小陈的工资、学费和路费。

小陈也感恩，他充分利用清华大学优厚的导师资源和学习平台，将南瑞继保的研究带入其中，力求掌握更高更深的知识，以应用到南瑞继保之后的创造研究中去。

学成之后，小陈不辜负沈院士的期望，回到南瑞继保，充分发挥自己的才智，施展自己的抱负，带领一班人，研发出一个又一个新项目，得到了沈院士的赏识，也经受了市场的验证。

在南瑞继保，沈国荣像慧眼识才的"伯乐"，发掘和培养出像小陈这样的一匹匹千里马，让他们在科研的天地里奋力扬蹄、自由驰骋。

03

南瑞继保现在有 6000 多人，研发队伍将近 800 人，每个方向都有国内顶级的科研人员。

可以说，南瑞继保人员完全是国家科研体制改革大背景下，伴随着电力系统的发展而壮大的一支科研产业双向并举的大军。

这些年来，南瑞继保着力建立一支充满活力的生力军，培养了多位三四十岁的学科学术带头人。

他们中既有百千万人才工程人才、科技部创新领军人才，也有江苏省 333 高层次人才、国家电网公司优秀专家人才。

南瑞继保已成为电力自动化领域国内最大的科研和产业化基地，拥有业界规模最大、技术水平最高的科研和产业化团队。

同时，南瑞继保与清华大学、浙江大学、华北电力大学等全国重点高校，开展实习和就业基地建设，进行专业技术交流、实验室共建，并设立奖学金。

多年来，不仅培养了上万学子，还将其中的佼佼者吸纳到企业中来。

沈国荣说，靠着人才平台，我们就能永远发展下去，所以这个平台很重要，我欣慰的就是创建了这个平台。我们不像有些公司不断淘汰，这样就使得一些人有一种紧张感、危机感。有些人研究了很久，终于快出成绩，快有结果了，又走了。这不是我们所希望的。我倒是希望我们的人一辈子就在这里干，安安心心地干，踏踏实实地干。持之以恒，才能做到最好。

七、攀登　永不止步

01

在南瑞继保，沈国荣提出一系列自主创新的质量管控体系，覆盖产品设计、物料管理及生产制造、营销服务等环节。

他强调"以解决问题为导向、以做到最好为目标"的价值判别和"持之以恒、锲而不舍"的奋斗精神，强调"全员研发、全员营销、全员质量控制"的管理理念和"把所有工作完成在出厂前"的责任意识。

按照产品开发同步搭建试验验证平台的理念，南瑞继保将科研和产业深度融合，建成了国内首屈一指的高端电力装备产业基地——博瑞电力，拥有世界最高电压等级的特高压试验大厅和业内最齐全的电力电子综合试验平台。

建成业内先进的交、直流动态模拟及数字仿真实验室、型式实验室、高压电气试验室和材料试验室。

他们的工艺试验研究中心，可保证产品设计、生产、组装、品检、试验一站式完成，具有年产智能电力装备 6000 台套、储能装备 10 吉瓦时，年实施直流换流阀、柔直换流阀等 6～8 个大型工程的产业化能力。还建成了 7 个省级、市级智能车间。

沈国荣说，这么多年，我们始终强调质量第一，我们的保护器，可能一百个中只有一个会有问题，即使是这一个，我们也要找出问题，把它改好。而有些国外产品，却一直没有改好。

02

沈国荣的家乡在常州，这片土地让他学会勤劳、上进、创新、做事认真，所以他始终对家乡有着很深的感情。

2014 年至 2017 年，沈国荣个人共计捐赠 700 万元在家乡朝安村设立了"百万光彩基金"，奖励考上大学的学生。

沈国荣回家乡的时候，看到村里还是石子路，就出钱铺上了水泥路。再次回家，听村里人议论，邻村都装了天然气，村里人只是羡慕，想凑钱，却有不少人出不起。

沈国荣说，这个钱我来出。

在他的关心下，村里不仅用上了天然气，还建起了便民服务中心。

03

2005 年，南瑞继保的工艺研究中心和智能装备产业基地——常州博瑞电力，在常州戚墅堰落户。

之所以选择家乡，是觉得常州有着良好的发展条件。

沈国荣说，常州工业基础雄厚，比如武进洛阳地区，隔很近的距离就有一个模具厂。像这样的地方，对我们做工艺研究中心来说，是很容易找齐各类配件的。而且，常州交通比较便利，高速公路下来几分钟，就能到博瑞电力。

当然，也不排除沈国荣内心的那份永远也消除不了的浓浓乡情。

这种朴素的情感，让人对他有了别样的认识。

常州给予的回报，是将环境打造得更加优美，给外来的科技人员创造更好的条件，让他们喜欢常州，愿意留下来。

这些年，在常州的支持下，博瑞电力实现了高质量的发展。

在白鹤滩—江苏±800千伏特高压直流输电工程、粤港澳大湾区背靠背东莞工程等很多"超级工程"中，博瑞电力都大显身手。

研发±1100千伏电压等级特高压直流换流阀产品，博瑞同样以助力"双碳"为目标，打造智能电力装备领域的智造示范标杆。

04

每个人的人生轨迹，都有一串串脚印。沈国荣的脚印印在了一个个台阶上，那是攀登的脚印。

脚印有的明显，有的没有了痕迹。但却是始终向上，向上。"坚持自主创新，支撑电力发展，铸就民族品牌"。有目标，却没有尽头。

鉴于沈国荣院士推动中国电力科技进步和重大电力装备国产化所做的贡献，2017年，在首届及第四届中国能源产业发展年会上，沈国荣获评"中国能源装备终身成就人物"。

颁奖词中写道：他用一颗笃定的电力"匠心"，鞠躬尽瘁，不仅成就了自己在电力系统控制保护领域日积月累、厚积薄发的人生，更推动了我国电力控制保护行业发展、国家电力科技进步的大跨越。

05

2024年1月19日，"国家工程师奖"表彰大会在人民大会堂隆重举行。

南瑞继保的特高压直流与柔性输电高端装备攻关团队，荣获"国家卓越工程师团队"称号。

第八章　敢为人先的科研团队

一、创新事业聚人才

01

50 年来，南瑞集团始终不忘人才队伍的建设。他们明白，发展是第一要务，创新是第一动力。要想攻克高精尖技术，人才是不可或缺的第一资源。

南瑞集团在发展中，正是有了创业初期"徒手破壳"的技术人员，有了薛禹胜、沈国荣及一大批自主培养的院士和奋斗在科技攻关战线的科研人员，才会在多个领域取得世界领先的原创性成果。

现在，南瑞集团坚持需求导向，以创新为根本、产品为重点，瞄准"前端、高端、顶端"，保持高强度研发投入，加快关键技术攻关，推进科研与产业深度融合，积极抢占技术、产业、人才制高点。

南瑞集团弘扬新时代科学家精神，依托重点科技攻关项目和全国重点实验室等创新平台，多措并举，加大人才培养和激励力度，着力加快院士等高端人才梯队建设，出台激励保障、团队配置等政策，以培养和发现更高水平和更多的领军人才。

02

南瑞集团加强人才培养，优化三通道岗级框架；加强高层次人才举荐，落实"六位一体"培养举措。

近年来，南瑞集团打造专家人才高峰，着力培养高水平的"大家""大师"队伍，新增中国电科院院士 1 人、公司首席专家 4 人，累计培养国家级专家人才 50 人次、省部级人才 201 人次，成功入选国家创新人才培养示范基地。

2022 年，南瑞集团持续加强人才引进，大力实施"卓越计划"，优秀毕业生引进取得更大突破；开展两批次社会公开招聘，引进紧缺成熟人才 21 人。

"电网运行风险防御技术与装备"全国重点实验室主任、南瑞集团三级顾问郑玉平说："国家电网公司推出的鼓励创新系列举措，树立了标杆，对青年员工的成长将发挥越来越大的带动作用。"

同时，南瑞集团打造灵活选用机制，构建干部、专家、职员三通道，选聘各级专家、职员 660 人；深化人才发展保障机制建设，以灵活的政策吸引人才、以良好的环境留住人才、以宽松的氛围使用人才。

南瑞集团青年人才辈出，40 岁以下集团级专家占比超过 65%，2020 年科技奖获得者中，40 岁以下占比超过 60%。2021 年入选的江苏省"333 高层次人才培养对象"中，青年占比超过 20%。

还有，近年来入选国家电网公司青年人才托举工程、中国电机工程学会青年人才托举人选共计 10 人，35 岁以下青年占比超过 40%。

南瑞集团科技信息部负责人说："南瑞集团持续培育科技创新人才成长的沃土。一代一代南瑞人接续奋斗，汇聚成科研产业大军，为实现高水平科技自立自强奉献青春与激情。"

03

南瑞是一个大有作为的广阔天地。

满眼生机转化钧，天工人巧日争新。那些在一线辛勤耕耘、硕果累累的科技精英，都在发扬拼搏进取、勇于担当的南瑞精神，他们既以身作则、身先士卒，又乐于奉献、甘为人梯，致力于打造一支素质过硬、有凝聚力和战斗力的团队。

在优秀毕业生培养方面，南瑞集团实施了"卓越计划"。南瑞集团每年招收一千多名优秀毕业生，在薪酬待遇、系统培养等方面给予重点倾斜，为基业长青做好人才储备。

在人才引进中，南瑞集团的校园宣讲点燃了更多年轻人心中的火种。"这是我们在聚才方面做的一项工作。"南瑞集团人力资源部负责人说道，"攻关'卡脖子'的关键核心技术，科技创新究竟做的是什么？南瑞集团为国家工业建设和能源电力发展做了些什么？很多年轻人可能了解不够，这是我们在校园品牌建设中要告诉大家的。"

04

南瑞还把年轻有为的技术骨干提拔到管理岗位，构建畅通的人才发展通道，全面打通人才链、创新链、技术链、价值链和资金链，让人才培养与创新发展齐头并进。

电网安全稳定控制技术分公司业务专家许工，入职 13 年，长期从事稳定控制装置的软件开发工作。2022 年，许工开始在河海大学攻读电气工程专业的博士学位，力求在稳定控制系统架构领域取得新的建树。

毕业于清华大学的金玉龙，现在是南瑞研发中心电网应用研发中心高级软件研发工程师。说起自己就业时的选择，金玉龙目标坚定："希望能够不忘初心，到与国计民生相关的重点行业领域去工作。"在南瑞集团，他正实现着这样的目标，也感受着时代的脉搏。

05

南瑞集团为员工提供了广阔的科研平台和产品建设实施项目，也为员工提供了最全面的成长途径，包括新员工入职三年培养计划、青年人才托举工程、在职深造机会。

青年人才的引进与培养是南瑞集团聚才引智的一个缩影。近几年，南瑞集团一方面实施"卓越计划"专项招聘，面向国内 30 所重点院校的目标专业，着力吸引优质毕业生加入，夯实人才基础，另一方面实施人才强企专项行动，持续健全人才培养全链条体系，不断优化人才发展良好环境，全力打造创新人才高地。

南瑞集团根据青年人才托举工程工作要求，以"人才＋项目"方式开展进阶培养，配置导师、项目、资源，使其进入大团队、参与大项目、登上大平台、获得大发展。

南瑞集团从引入人才，到发现人才，最终还要根据需要，把他们放到国家最需要的专业领域去，发挥他们的作用、施展他们的抱负，以写出最满意的答卷、画出最满意的蓝图。

二、冲锋在前带团队

01

福建省仙游县。晚上 8 点左右。

榜头中学，学生们正在上晚自习，老师走上讲台，给孩子们讲解白天的考题。

医院里，一台手术正在进行，患者是一位化肥厂的职工。

影剧院，正在上演莆仙戏《春草闯堂》，锣鼓家伙敲得正欢。

恰在此时，街上的百姓似乎听到了一声暗响，全城顿时陷入一片黑暗之中。

人们纷纷跑了出来。

停电，在这个小城是常有的事，人们已经见怪不怪。只是那些正在忙着的人们，一时有些不知所措。

学生只能放学回家。医院赶忙启动发电机。剧院里，点起了两个汽灯。

老百姓在街头议论，有见多识广的，说大城市里也会发生停电，没什么稀奇。

这个时候，郑玉平就在那里上中学，他亲自体验到了电的重要以及电的脆弱。他多么希望那明亮的电灯能够长期明亮下去，给社会保障，为人民造福。

02

那个时候，中国电网网架还十分薄弱。超高压电网建设早期，线路保护装置和大容量发电机、变压器等主设备的保护装置，一直被国外几个厂家垄断。

保护误动、慢动时有发生。

然而，提起继电保护设备，一般人都不懂。

事实上，在 20 世纪 70 年代初到 80 年代末的 20 年间，中国发生的电网稳定性破坏事故中，由继电保护设备缺陷导致的事故占到一半以上。

大小电网都会因此而望洋兴叹。不断地停电，不断地检修，不断地上报。

而继电保护设备又只能靠进口。很多制约，使得中国电网建设无法大跨步进展。

几年后，郑玉平考上了大学。

1986 年，年仅 22 岁的郑玉平从南京自动化研究所（南瑞集团前身）研究生毕业，留在了研究所，成了中国电网科研工作者的一员。

说起来当时的主要议题之一，便是不断发生的停电问题，而当时我国自主研发的继电保护设备，质量较差，根本无法跟进口设备相比。资金呢？国家正处于发展阶段，资金是个大问题，尤其是外汇。

那么，郑玉平他们能打破这个现状吗？

郑玉平决定一试。

什么是继电保护设备呢？一般人还真弄不明白。简单来说，那就像个急诊室内的医生，你线路没事的时候，它显得很安闲，当线路和设备出现故障，它就立刻行动，解决问题。

为了破解威胁电网安全运行的难题，郑玉平选择了难度最大、要求最高、责任最重的电力系统保护控制作为主要研究方向。

03

那个时候，一切都还是初级阶段，差不多就是"小米加步枪"，那就得学习南泥湾精神，自己动手，丰衣足食。

经费不足，千方百计省，设计室就那么一台宝贝电脑，为了争取最大利用率，就各自争取时间，大家轮流用。没有试验装备，自己动手做，研制了国内最早的微机型继电保护试验仪。

郑玉平和团队成员决心打破国外垄断，一定要研制出我们自己的继电保护设备。

通过不断摸爬滚打，攻坚克难，他们终于拿下了这座电力界的"上甘岭"。

串补线路复合特性阻抗距离保护技术、同塔双回线自适应重合闸方法，诞生了。

由于用户用惯了国外继电保护设备，新研制的国产设备，往往会在推广中，遭遇这样那样的困难。

用户认为国产设备毕竟是新研制的，在专业性和成熟性上说，肯定不如人家老外的。也就是说，我们自己研发的设备，要一点点被认可，一点点占领市场，才能一点点取代外国产品。

1997 年，郑玉平和同事去四川推广南瑞自己研发的继电保护设备，那里新建的二滩水电站 500 千伏送出工程，是当时国内最大的水电站送出工程。

郑玉平他们苦口婆心，反复向人家介绍南瑞研发的产品的优越性能，他们听了只是点头，意思是你说的我们相信，但是还要看工程认可不认可。

工作已经做到家了，人家同意在这项工程上，配两套国产的继电保护设备，另一套配的还是进口的。

郑玉平想，这样也好，是骡子是马拉出来遛遛，出水才看两腿泥。

回来后，继续同客户保持密切联系。这一点，郑玉平是有信心的。

因为他们早就研究了国外的继电保护设备，知己知彼，百战百胜。他知道自己几斤几两，也知道对方几斤几两。为了国内的电力设备不再花外汇大批进口，这一次是关键的关键，一定要见个分晓。

果然，郑玉平他们再去四川，在一线得到消息，使用一段时间后，南瑞集团研制的继电保护设备百分之百地让人满意，而进口设备却出现了问题。

郑玉平他们不光是带去了研制成果，还带去了令人满意的售后服务，他们给出的所有信息都是令人信服的。

四川方面经过了慎重的讨论研究，决定从成本、服务各方面考虑，将进口继电保护设备全部拆掉，全套换成南瑞制造。

之后，南瑞的继电保护设备又有力地在三峡输变电工程、广西平果可控串补工程等大批重点工程的建设中发挥作用。

04

这是一个连锁反应，南瑞集团的继电保护设备，渐渐在全国开花，各个地方的电网工程都相继使用了国产设备，打破了国外企业对中国超高压线路保护市场的垄断。

南瑞制造，再一次成为品牌。

进入 21 世纪，中国逐步建成世界上新能源并网规模最大、先进输电装备广泛应用的复杂电网。交流与直流系统相互耦合、电力电子控制系统的非线性快速动态响应，使电网故障特性发生显著变化。

同时，交直流混联的特大型复杂电网故障全局化特征凸显，传统保护技术难以满足电网安全运行需要。

于是，郑玉平开始带领团队，研制交直流混联电网、新能源大规模接入电网的继电保护设备。

经过无数次的探讨研究、装备实验，下现场，闯难关，突破一个个关键理论技术难题，最终创立了适应复杂电网故障暂态特性演化的差动保护技术体系，推动了中国电网完成以差动保护为主保护的升级换代，实现了继电保护技术的中国引领。

很快，差动保护技术成果广泛应用于中国 220～1000 千伏的各电压等级电网，并应用于新一代调相机组工程、海上风电工程等重要工程。

2021 年 11 月 3 日，在 2020 年度国家科学技术奖励大会上，"复杂电网差动保护关键技术及应用"获国家技术发明奖二等奖。

项目第一完成人郑玉平作为国家技术发明奖获奖代表上台领奖。

面对记者的现场采访，郑玉平说："我国电网逐步发展为全世界输送容量最大、输电电压等级最高、规模最大的交直流混联电网，离不开各方面的努力。作为其中关键一环，我国的继电保护技术走在世界前列，确保了电网安全稳定运行。这是我们科研人员的骄傲。"

05

郑玉平说，科技创新无止境。作为电网研究领域的一名老兵，我面对的，始终是一次又一次的新起点，只有不断地起跑，也只能不断地起跑，才能跟上时代步伐，满足电力改革与发展的需要。

他投身电力事业已经近40个年头，一直从事电力系统继电保护与控制的理论研究、装备研发和工程应用等工作，带领团队攻克了输电线路、大容量主设备保护关键技术难题，创立了适应交直流混联复杂电网故障暂态特性演化的差动保护技术体系，主持研制了50多种国际领先的微机保护及配套二次设备，实现了保护控制装备自主研发与成果产业化，为保障中国电网安全运行发挥了重要作用。

在输电线路方面，郑玉平提出了串补线路复合特性阻抗距离保护技术，发明了同塔双回线自适应重合闸方法，研制的系列超高压输电线路成套保护装置，动作快速性和正确动作率远超国外同类产品。

在大容量主设备方面，郑玉平用心钻研大容量主设备继电保护技术，大幅提升中国大容量主设备保护的正确动作率，使变压器保护正确率从63%上升至94%。

郑玉平心里一直有着一个坚定的信念，打破国外垄断，用我们自己生产的继电保护设备守护电网安全。

06

科技自立自强是国家发展的战略支撑。为在继电保护领域实现这一目标，郑玉平始终与南瑞集团科研人员探讨继电保护前沿技术问题。

郑玉平坦言，构建新型电力系统要科研先行、汇聚更多科技创新的力量。

他认为，与现有的电力系统相比，新型电力系统的运行特性、控制特性和故障特性，会发生很大变化，颠覆了传统基于同步机特性的继电保护理论基础，决定了继电保护体系架构、保护原理也要有很大不同。

要按照电网发展的规律，一步步去研究探索，破解难题。

为了扛起新型电力系统原创技术策源地的责任，从一线科研人员到科研工作负责人和学术带头人的郑玉平，深知科技自主创新离不开超前布局的胆识、科研团队的建设，更离不开科研人员不达目标不放弃的拼劲、韧劲。

"团队建设要固本，更要塑魂。"在郑玉平看来，结构科学、分工合理、团结协作、高效精干的科研团队，是科技攻关的基础，只有不断探索符合科研人员特点的人性化管理之路，努力创造条件，让科研人员心无旁骛地做好本职工作，才能让团队的凝聚力和战斗力不断增强。

07

近年来，在国家重点实验室的支撑下，南瑞集团科技创新工作呈现活力强、成效好的良好局面。

这些年，郑玉平致力于高质高效的研发体系构建、国家重点实验室的建设和研发队伍的培养。

在他的带领下，南瑞集团建成了"定位清晰、支撑有力、开放共享、协同高效"的两级研发体系，形成了 37 项制度规范、4

项工作流程、2 项考核方案和 1 个信息化平台，促进研发效率显著提升。

2015 年，南瑞集团牵头申报的"智能电网保护和运行控制"国家重点实验室，获得国家科技部批准建设。

着力培养后备力量不容小觑，这是国家的百年大计，也是南瑞集团一贯的思想指导。

作为博士生导师，郑玉平培养了一大批保护控制领域的专业人才，指导了博士后、博士研究生、硕士研究生 23 名，为我国电力保护控制装备产业持续发展输送了人才。

2021 年，南瑞集团获得国家技术发明奖二等奖 1 项、中国专利奖银奖 2 项，获得国家电网公司级及以上科技奖励 144 项，发布国际标准 1 项，30 项科技成果通过中国电机工程学会权威鉴定。

2023 年 3 月，南瑞获批建设"电网运行风险防御技术与装备"全国重点实验室，郑玉平任主任。

他将继续带领团队，在构建新型电力系统的背景下，推动继电保护关键技术、核心产品迭代升级。

三、攻坚克难"雷先生"

01

2014 年夏天，爱人做好了晚饭，对着正在看书的谷博士说，吃饭了，雷先生。

谷博士一心钻在防雷上，天天说的是雷，看的是雷，写的也是雷，难怪爱人给了他这个雅号。

爱人说，快吃吧，都凉了。

谷博士端起碗，却望向了窗外。

窗外正刮起狂风，眼看就要下起雨来。

谷博士放下饭碗，抓起雨衣就往外跑。

这个雷先生明白，夏天最容易有雷暴，他已经等了这"雷先生"好些天了。

看来，两个雷先生在今晚必有一会。

雷电是一种伴有闪电和雷鸣的放电现象。

闪电过程中，最大电流可达 30 万安。作为防雷研究者，为准确捕捉雷电全过程数据，谷博士常常要和雷电进行"亲密接触"。

大雨已经下来。

爱人在身后的喊话已经听不清了。

谷博士急匆匆赶到单位，喘着粗气爬上楼顶的雷电观测平台，打开了数据采集和分析仪器。

此时，一道刺眼的闪光划过，一声霹雳随后而来。

那霹雳就落在离他不远的位置，发出震天动地的怒吼。

雷先生真的来了，在场的人都吓了一跳。

谷博士却笑了，说，好家伙，这个雷先生，知道我在这里等它，它先来了一声问候。

这是近年来武汉遇到的最强的雷暴天气。

持续的雷声中，他们守在仪器跟前，看着屏幕上闪现的雷电影像。

02

2007 年，谷博士清华大学毕业，分到了武汉高压研究院。他始终记着导师的话："天上电闪雷鸣，它会落在哪里、放电原理是什么、如何加以防护？这个问题，将成为电网发展所遇到的重大问题。"

于是他选择了此前未曾涉及过的电网防雷领域，到了中国电网防雷研究第一线——雷电研究所。从此与雷结下了不解之缘。

瞬息万变的雷电，对电网威胁极大，世界上每年超半数的输电线路跳闸事故，皆由雷击造成，经济损失动辄数以亿计。

雷电变化多端，全国每年1000万个雷打到地上，靠人采集雷电的大数据很有限。因此，提供准确预警并采取有效防雷措施，是减少电网损失的重要手段。

防雷无非有两种手段，一种是被动预防，安装避雷器，泄放雷电；二是主动预防，随时预警，对发生时空进行预测，运行部门采取措施，主动降低或转移输送功率。

入行初期，国内基础设施防雷开始有明显需求，但是防雷基础研究还比较薄弱。随着新能源大量接入电网，雷电对系统的风险点增多。新的需求推动防雷技术不断更新。

快速捕捉雷电，收集雷电数据，准确定位输电线路雷击故障点，是谷博士面对的艰巨任务。

03

当时，中国的防雷领域智能化发展程度低，捕捉雷电主要依靠人工监测。

谷博士在单位办公楼顶建了一个观测站，用一台高速摄像机加一台电脑搭建起了简易的试验环境。

每当喻家山附近有雷电时，他总是第一时间和实验室人员站在距离雷电最近的位置，通过快速连续地手动触发高速摄像机，来捕捉雷电的放电过程。

事实上，"捉雷"总是很难的事情，一夜也难以拍到一幅满意的图像。

6个月后，雷击故障点的定位改进方法找到了。

下一步就是抓紧研发新一代雷电定位系统。

时间紧，任务重，别看这不足50平方米的房间，它通连着全国各大电网的生命线。

雷电还在高山峡谷、大江大河上鸣叫。

电网的安全运行需求使得研究刻不容缓。电脑和服务器堆满了整个房间，各种设备都在与人的大脑发挥着同步的作用。

谷博士和同事们钻在这嘈杂而狭小空间里已经一个多月。

咖啡、方便面、各种药片，朝阳与明月，一天天过去。

无数次的探讨、实验、解析，无数次的推翻重来。

那些数据，那些设想，有时如一盆糨子，有时像瀑水奔流。

苦恼、忧烦与快乐相伴，一个陡坡一个陡坡过去了，前面还有一座大山。

谷博士说，只要有决心，就没有过不去的坎儿。他和大家一起对着电脑，一坐就是一整天，困了喝上一杯咖啡提神，饿了吃上一碗泡面充饥，一待就是一个多月。

打开窗户，又是一个不眠之夜过去。

谷博士和他的团队终于成功研发出一套稳定、高效、功能全面的新一代雷电定位系统。

这套系统，实现了雷击故障发生 500 米区域范围内，落雷情况的智能判断，使得雷击故障点巡线工作量减少近 5 倍，电网雷击故障恢复效率较以往大幅提升。

他们成功捕捉到的 20 多张雷击放电图像，清晰反映出雷电产生的全过程。

此后，团队继续研制出自动化、智能化的雷击光学路径综合监测系统。并于 2012 年成功捕获到世界上时空分辨率最高、过程最详尽的电网雷击地闪图像。这在世界上尚属首次，为雷电机理研究，取得了精确可靠的基础数据。

04

新的时代，必然要遇到新的挑战。

随着中国特高压直流输电线路工程建设的快速推进，高压直流输电线路防雷应对措施的研究，成为一项重大课题。

武汉南瑞又承担了超、特高压直流输电线路避雷器的研制。

义无反顾，迎难而上。谷博士带领着团队出发了。

他们到不同的地域进行实地考察。头上是超高压或特高压直流输电线路，脚下是荒无人烟的荆棘之地。

跃上陡峭的山峰，蹚过湍急的水流。

遇到过蝎子、毒蛇。开始会吓一跳，渐渐习以为常。

一整天吃不上一顿饱饭，喝不着一壶热水。

结果是，他们有了满意的第一手材料。

超、特高压，中国已经走在了世界的前列，那么，超、特高压直流线路型避雷器呢？参考文献几乎没有，一张白纸，要在上面画出最美的图画。

谷博士还是发挥老一套，从一个零件设计开始，而后是加号、减号。在加减的过程中，总是加号在增多。

就这样反复地加减，那个看似顽固不化的壁垒，被一点点攻克。

05

时间还是不短的，一晃两年过去了。

两年，怎么过来的？谷博士他们也说不清。这两年太漫长，又实在是太快。

他带领一群平均年龄 30 出头的小伙子，一心扎在了避雷器技术的攻关上，不知翻越了多少个大大小小的山头。

展现给我们的，是 100 多个技术难点、300 余张设计图纸、20 余份技术报告。

展现给中国和世界的，是中国第一台±500 千伏直流输电线路避雷器。

这一新贡献，填补了国内外高压直流输电线路防雷领域的技术空白。

2014 年，浙江舟山，世界第一输电高塔上安装了雷击"千里眼"，安装位置距地面 280 米。

同年，"西藏新一代雷电定位系统"项目启动。9 个月的时间，先后 9 批共 16 名技术人员进藏，在平均海拔 5000 米的高原跋涉 12 万公里。

2014 年，雷电定位监测系统，成功监测到国网辖区内落雷

740 余万次，协助各省市电力公司完成线路雷击跳闸事故查询
1000 余次。

长期的数据积累，武汉南瑞建立了全国雷击大数据库，通过
这些数据，获得了雷电频度、强度等分布规律，绘制出了中国第
一张完整的 2005 年至 2014 年 10 年间的雷电密度分布图。

"每年监测到的雷电活动达千万次以上，海量的、连续的优质
雷电数据，为电网防雷奠定了基础。"谷博士说。

基于这些数据，他们为 27 个省级电网公司、6 万多公里线路
进行了防雷评估，在全国建设雷电预警站 307 套，覆盖 5 万公里
的超高压、特高压线路，为它们提供雷电活动预报和预警信息。

这些成果应用后，电网输电线路雷击跳闸率、故障率显著下降。

再用 2 年时间，他们又研制出了 ±800 千伏直流线路避雷器。
在 2016 年武汉市抗洪抢险中，为东湖高新区抗洪指挥部提供了精
准的雷电预警播报。

随着世界最高电压等级 ±1100 千伏直流输电线路开工建设，
他们又将目标瞄准 ±1100 千伏直流线路避雷器，并于 2021 年完成
避雷器全套型式试验，再次实现了该领域的国际技术突破。

在 2023 年四川大运会、杭州亚运会等重大活动保电期间，针
对重点保电线路逐小时滚动提前发布未来 2 小时雷电预警信息，
支撑电网一线运维班组提前采取雷电防护措施。

06

此外，对现有的雷电原始数据进行比对分析，结合雷云形成

等自然变化规律，谷博士他们又研制出可提前 30～60 分钟准确预报电网雷击风险的预警装置。

2015 年，武汉南瑞"电网雷击防护关键技术与应用"项目获国家科学技术进步奖二等奖。

2017 年，这种"架空输电线路雷击闪络的预警方法"荣获第十九届中国专利金奖，填补了全球在雷电大面积预警方面的空白。

为了限制雷雨季节雷电对电网输变电设备的威胁，减少线路发生跳闸的次数，2019 年初，谷博士又提出，将原来小范围的 30 分钟雷电临近预警，提升至广域的未来 72 小时雷暴预报。

他们结合雷雨季系统运行的实践效果，针对系统数据源、算法和分析过程中存在的问题进行攻关。

在大家的共同努力下，雷暴 72 小时预报技术，终于完成。而且，在疫情防控的特殊时期，距离原本预定的上线运行时间，提前了整整 1 个月。

3 月 21 日，依托该技术编制的雷电监测预警报告，及时推送至国家电网公司设备部及相关网省公司。

当晚 21 时 08 分及次日 16 时 22 分，±800 千伏、±500 千伏两条输电线路因雷击发生跳闸。

由此成功验证了雷暴 72 小时预报结果的准确性。这种 72 小时内的中长期预警，准确率达 80%。监测技术达到全球领先水平。

07

在武汉南瑞的新址，我随着防雷实验中心工作人员登上 9 楼楼顶，这是武汉南瑞最高的地方，是实验室观测平台。

楼上设立着密密麻麻的防雷设施，它们各自起的作用不同，有些电磁雷电探测仪，能探测 100～200 公里的范围。同步时间精度达 20 纳秒，定位精度在 500 米以内。

20 多根白色立柱的椭圆形防护罩内，是自主研发的集成电路。有的设备三面有摄像镜头，一旦雷声响起，就可以 360 度进行主动拍摄，同时将信息反映到雷电实验中心站，中心站的研究人员就会据此进行研究并得出有效信息。

这些防雷装置，分布在各地，差不多有 1000 多个点和 300 多个雷电预警站，覆盖全国 90% 以上大陆面积，在实验室数据中心，即可通过多个探测站同步探测雷电产生的电磁信号，结合综合定位模型，实时获取雷电发生的时间、位置、极性、回击次数等多项基础参数。

比如哪个地方线路跳闸或者发生了故障，就可以在系统上查出来。

武汉南瑞经过多年攻关，解决了地闪信号识别难、探测效率低的一系列难题，优化了定位方法，建立了高算力、多能力、可扩展的广域雷电监测系统。

我一个个细致地看去，这些防雷设备有的体格精干，有的体量很大，有的高，有的矮。让人感觉，它们都有着十分敏感的神经，随时会因为雷电的光顾而触发，立刻显现出自己的身手。

这比谷博士最初使用的拍摄装置，真的是先进多了。

团队的小李和谷博士一样，也是清华博士。他说，这些先进的防雷设施，正是谷博士最初防雷设施的演变，是一点点凭着实践总结研制出来的。

在下面防雷实验室，我看到了更大的家伙。

有的设备有 4 层之高，加起来 1 吨多重，需用吊车才能搬运。这样的防雷器，可不是用在一般的地方。

还有那些像糖葫芦样的大串串，有些需竖着、有些是横着挂在电塔上，雷暴跳而来，遇到它们会被层层分解。

反正你无论是炸雷、闷雷、拉磨雷还是滚地雷，遇到这些对手，都会无可奈何，失去初始的狂野。

这些防雷设备，凝聚着武汉南瑞无数科技工作者的心血和时间。

08

谷博士仍然没有停止脚步，带领团队在这条道路上跋涉，持续培育着高科技人才的成长沃土。

他们说，科学技术是无止境的，对于防雷设备，我们只会做得越来越精细，越来越精密。

防雷中心的一间间实验室、一个个格子间坐满了人。

我知道，他们每一位都身手不凡。一旦从这里走出，到达工地现场，都是个顶个的专家，能够应对任何关于防范雷电的问题。

在另一间堆满设备和元器件的屋子里，一位年轻的研发人员在专心致志地对着电脑。看到我们进来，就笑着站起来。

她是华中科技大学毕业，在这里已经工作了 8 个年头。

她的电脑页面上，是密密麻麻、红红绿绿的图形及标示，很多还是英文。一定是跟雷电跟防雷仪器有关，我一点也看不懂，她刚才却看得津津有味，像是看一幅美丽的风云图。

在防雷中心，其他成员也会跟你讲述他们团队"追雷""捉雷""防雷"的探索雷电之路，讲他们冒严寒战酷暑，经过上万次放电试验，才摸准"雷公"脾气的故事。那故事里有前辈，有师傅，也有他们自己。

他们为前辈的精神所感染，也为自己的坚持而动情。

这是一支凝聚力十分强悍的队伍，这支队伍也可以统称为"雷先生"。在这样的雷先生面前，那位天上雷先生的气性，早就被打压下去。

现在，武汉南瑞对雷电探测站硬件进行全新升级，进一步提高探测技术实力，其雷电探测数据也在交通运输、石化工程、森林防火、新能源等行业开展了应用。

在谷博士的带领下，陆续成立并建设了国家能源局、湖北省和国家电网雷电实验室、雷电监测预警中心、雷电科教体感中心等。同时，他们最大限度发挥防雷技术价值，取得了显著的社会效益。

四、老栾的直流梦

01

老栾终于要回家了。这是 2015 年，扳着指头算一算，这个国庆节没有什么事，该干的都干了，大家可以回家好好过一过节了。不抓住这个时机，什么时候会有个空闲呢？五一、十一、元旦，甚至春节，不是搞研究，就是上项目，或是在工地。一年年的，没有一刻空闲。就把国庆当春节过吧。

听说老栾要回家过节，同事们都打趣道："老栾啊，赶紧去理理发，刮刮胡子，别一进家门，老婆孩子都不认识了。"

也是，这一年风尘仆仆的，哪里顾得上休整自己。老栾还真的去了理发店，好好地休整了一番。而后脱下工装，换了件平时很少穿的夹克衫，买了一大堆礼物，就奔了高铁南站。

老栾多久没回济南了？连他自己都说不清。

因为经常出差做工程项目，他住客店的时间比在家待的时间还久一些。研究攻关的那些年，老栾就更是有家不能回了。

老栾陕西机械学院毕业，说起来他是 1971 年生人，看起来却比实际年龄老成得多。

有人给老栾的志向作了一个形象的概括，叫："老栾的直流梦"。

其中就有特高压直流换流阀，那是我国的一项空白，这项空白，长期没有人能够填补。换流阀是特高压直流工程的核心装备，谁掌握了它就掌握了话语权与定价权。那时，±500 千伏高压直流换流阀核心技术被 ABB、西门子、阿尔斯通三家跨国公司垄断长达 60 年，我们国家要建直流工程，就只能依赖进口。进口的费用可不是一笔小数目，什么都给你算在一块打包。要买换流阀？好，那就连草坪、地砖一起买。而这个换流阀的造价，就占了整个工程的一半。另外，还要给他 10 年国内市场的开放权限。

电力系统谈到换流阀就头疼，简直成了企业的一块心病。

进公司以来，老栾就听人说这换流阀。当时正遇到国家大干快上，电力领域直流迅猛发展的时期，什么都不能等，一等就等于失去了大好的机会。不得已，换流阀也只能进口，只能"挨宰"，眼睁睁看着外汇源源不断地流出去。

老栾横下一条心，他就不相信，啃不下这块硬骨头。

02

老栾从来不信邪，那个时候，他连做梦都是换流阀，直流梦的种子已经在老栾的心中深深埋下。

作为换流阀设计结构方面的领头人，老栾带领团队向这个世界性的难题冲锋了。

那时候住的地方离单位有些远，每天把不少时间耗在了路上，老栾有些不甘心。老栾就在单位附近租了个房子，这样步行五六分钟就解决问题。

你就看吧，每天早上，不到 8 点就到了单位，晚上干到九十点。没有周六周日，没有节假日。济南家里，他会打个电话问问老婆孩子的情况，告诉她们自己这段时间很忙，不能回去。

爱人比老栾小 8 岁，同事的家属介绍的，一见面两人就相上了。

婚后老栾在北京上班，她就在济南的厂子上班，一边工作一边照顾着孩子和老人。老栾总是觉得愧疚。

一天天地研究、设计、画图、讨论、校核。

那些天里，老栾和大家躺在车间地上午休，坐在台阶上吃盒饭，爬到高空去试验。高空作业，一待就是几个小时。最较劲的时刻，简直就是彻夜不眠。

睡不着呀，睡不着还不如连轴转，与其躺在床上苦思冥想，不如对着实物答疑解惑。

就这样，一个个堡垒被攻克，一道道难关被突破，离目标越来越近了。

而那个目标，是谁都想不到或者想都不敢想的大目标——±800千伏特高压换流阀！

03

要知道，当时行业里应用的主要是±500千伏高压换流阀核心技术，我们国家进口使用的也是±500千伏高压换流阀，而±800千伏特高压换流阀技术，在世界范围尚处于理论探讨阶段。

老栾他们可真够胆大的，一研制就要研制个世界第一。你不是要封锁吗？不是要垄断吗？那我们就来个一鸣惊人，放就放一颗巨型"炸弹"。

要装备样机了，老栾不放心，亲自采购零部件，亲自参与组装。到底是骡子是马，还得拉出来遛遛。

第一套换流阀样机在试验室安装完成。试验过程中，发现有放电现象。老栾独自站在实验室18米高的平台处，让实验室的同事配合着一次次加电压，老栾拿着紫外成像仪排查放电点。

一个星期都是吃住在实验室。终于找出放电原因，连夜爬到悬挂于30米高的阀塔上进行处理。

惊人的消息来了，老栾他们完成了性能优异的8级晶闸管压装、水冷电阻一体化以及工程应用等系列设计，研制出了近乎工艺品的±800千伏/5000安、±800千伏/6250安特高压直流换流阀。

有了成功的经验，再接再厉，很快又研制成功了±1100千伏/5000安特高压直流换流阀。

当然，成功与否不是自家说的，得经过专家认定。

鉴定会上，代表当时国内直流的高水平研究成果——特高压直流换流阀，获得了由7位院士组成的专家组的高度评价。

中国有了自己的换流阀，这对于正在建设的特高压电力工程是个大喜事。于是很快就拿到"锦苏""哈郑""溪浙"等特高压工程中应用，结果是令人欣喜的。

这样，便打破了跨国垄断，实现特高压直流换流阀的中国创造、中国制造，大批量国产化换流阀的投入，很快就完成了跨技术路线的换流阀改造。

中国，又一次站在了世界高峰，完全实现了从"追赶"到"引领"的飞跃。

04

高铁列车已经过了沧州，进入了山东地界。

老栾的心里有些小激动，等到前面再过了德州，很快就能到济南。从北京到济南也不能算远，高铁两个小时就到了，飞机更快，也就一个小时。

但是老栾对那里似乎是生疏了，多少次三过家门而不入了。

为什么呢？

不是说攻下特高压直流换流阀就好好回家看看吗？老栾脑子里都被数字、图纸和零件填满了，他实在想不起到底是因为什么了。

实际上，是为了摘取那颗"电力电子皇冠上的宝石"。

是的。老栾想起来了，那几年，"柔性直流输电"成为输电技术领域的新贵，在世界范围内，仍然被称为电力技术的制高点，也就被人们视为"电力电子皇冠上的宝石"。

老栾是被赋予了这个光荣而艰巨的使命。他再次奉命参与柔性直流输电技术系统研究，与团队一同向世界性科技高峰攀登。

这又是一次历史机遇，决定着中国电力的快速发展和突破。

老栾知道，当时，全世界只有 ABB 完成了设备研制和工程实施。

研发团队手中资料极度匮乏，仅有从 CIGRE（国际大电网会议）上带回来的四页综述和几张犹抱琵琶半遮面的照片。

老栾为了获得有关的信息，不放过任何一次机会。

那次有一个与之有关的国际会议，会议结束，主办方组织参观 ABB。大家很激动，终于要看到庐山真面目了，一定要把握住机会，跟国外同行好好学习。没有想到，只是走马观花，并没有接触到实际的东西。

中国的科研团队提出参观要求，还是直接拒绝。

也难怪，同行是冤家呀，人家的机密，哪能随便展示给你。没有别的办法，只有自己干。老栾就又把家给抛在脑后了，在办公室啃起了"硬骨头"。

05

老栾下定决心，不拿下这个山头，连人都不见。

他与团队在柔性直流换流阀的结构设计试验基地又一次连轴转起来。

难关是问题堆积出来的，那就从问题开始，解决一个是一个。

一个个的问题解决了，就一定会看到曙光。

十几口人，就那么吃住在一起，奋战在一起。论证、推导，再论证、再推导。

一张张图纸设计出来，一份份报告编制出来，一个个疑难查找出来。

不合格，重新设计，重新制定，重新查找，寻找最终最优的那个方向。如同攀高山一般，再高的山峰也要登上顶峰。

研究和探索中，老栾他们竟然发现 ABB 的技术路线也不是十全十美，仍旧存在着很多制约。

既然这样，我们完全可以走一条新路，达到更加完美。

老栾他们信心十足，采用完全不同的设计方案，一定要让这个方案成为世界新标杆。

仅仅 9 个月，老栾和他的团队就辟出了一条崭新的道路。

那条道路，伴随着 400 余张图纸、50 余份报告、30 余次答疑。

2013 年，国家能源局组织 1000 兆瓦/±320 千伏柔性直流换流阀成果鉴定会。

专家们显得十分兴奋，因为他们有了全面的认同，我国柔性直流输电技术，又有了一项突破。中电普瑞工程，完全掌握了高压大容量柔性直流换流阀产品核心技术，其总体性能，处于国际领先水平。

经过 8 年努力，拿下了"攻克直流输电技术"这场硬仗，不仅打破了国外跨国公司的技术垄断，参与研制出世界首台±800 千伏和±1100 千伏特高压换流阀，还完成了柔性直流输电、直流电网等方面的技术开发。

有了研制成果，就要实际应用，安装调试，负责到底。这就是南瑞所担负的工作。

溪浙特高压工程中，他们采用自主研制的工装平台，仅用 21 天即完成了 12 脉动换流阀设备的安装，刷新了世界直流工程建设纪录。

后来，老栾又带领团队，完成了当时世界上电压等级最高、容量最大的厦门柔性直流输电科技示范工程任务。

算下来，从 2012 年到 2015 年的 4 年间，老栾带领团队，参与了 6 个特高压直流工程，2 个柔性直流工程。

不仅如此，他们每年还要为 10 个换流站提供迎峰度夏、年度检修等售后服务。

在老栾的带领下，换流阀系统调试一次通过率达百分之百，未发生一次因阀问题导致的系统停运。

此外，为了设备的更好运营，他们还累计为现场提供售后服务 600 人·天，完成技术培训 50 余场。

06

高铁列车已经过了德州。马上就到了，老栾想到济南，想到大明湖、趵突泉，还有不远的泰山。那雄伟的泰山，老栾上过吗？好像上过一次，还是在上学的时候，这么近，也没有带着老婆和女儿登过。

老栾想，什么时候闲了，一定带她们爬一次近在咫尺的泰山。

列车已经进站。老栾内心再次激动起来，就要看到家人了。这次怎么也要待上两天，远的不去了，去大明湖划划船吧，女儿说过多次了。

临下车，老栾还掏出手机看看，确定是处在开机响铃状态。

好在手机一直没有响。老栾不免一阵轻松。

老栾就像一位医疗专家，手机 24 小时开机，随时准备奔赴机场或高铁站，也就是说，他不是在天上飞，就是在地上跑。

刚走进家门，一阵急促的电话铃声响起来。

老栾掏出手机，迅速地按下接听键，而后就"嗯嗯啊啊"地应答着。

老栾放下手机，表情既焦急又有些尴尬。

妻子望着丈夫，知道丈夫的性格，也知道阻拦不住，谁让丈夫是工程负责人呢？谁让丈夫是南瑞人呢？

老栾听到妻子说了句，该走就赶紧走吧！

她去给老栾准备了路上吃的，帮着丈夫打包装箱。而后送别老栾出门。

老栾回头望了妻子一眼，迅速地拉着行李箱走去。

老栾就是这样，就像是一个陀螺，不停地旋转。

07

我来北京找老栾的时候，老栾刚出差回来。那个风风火火的老栾，已经 53 了。

他说现在女儿已经考上了大学，爱人退休以后，就到他这边来了，他就不用再操心往济南跑。

他兴致勃勃地领着我看他们的混合仿真实验室。这个实验室是张北直流电网开建的时候，老栾提出来的。

这是针对电网架构的国内第一个实验室，也是世界首个混合仿真实验室。为国家电网公司新型电力系统及智能电网研究，奠定了基础，同时巩固了南瑞在新型电力系统研发及仿真领域的领先地位。

他还兴致勃勃地领着我看他们的大功率电力电子实验室，以前做换流阀运行实验，得让外国人来做。为了换流阀研制，就必须有自己的实验室。

老栾说，这套技术，原来都在国外，我们看不到。你去谈引进，他仍是保密，不让你看，怎么把它做出来，没有参照物。

实验室的设备除了引进的，如合成回路里的开关设备等，其余的都是老栾设计出来的。

老栾先后参与了国家"十一五"科技支撑等 20 余项重大科技项目的研究工作，为企业赢得"国家电网公司科技进步奖特等奖""北京市科技进步奖一等奖""中国专利优秀奖"等 20 余项科技奖项。

老栾靠的是什么？是坚韧不拔的铁胆雄心，是雄厚扎实的学识技术，是南瑞"努力超越，追求卓越"的企业精神。

第四部 | **文化赋能：**
文化是灵魂和力量

企业文化是软实力、竞争力，更是生产力。

南瑞加强文化引领，凝聚力量，温暖人心，弘扬企业精神，点燃创业激情。

新时代的伟大成就是党和人民一道拼出来、干出来、奋斗出来的！从1973年建立初期的艰苦创业阶段，到1992年深化体制改革后实行"一所二制"改革创新阶段，到2012年以后的新时代跨越发展阶段，南瑞集团党委始终坚定理想信念，高举党的旗帜，坚持强根铸魂，坚持科技自立自强、坚持市场化改革、坚持产业与科研并重，始终传承"团结拼搏、求实创新"的优良传统，弘扬创业精神、科学家精神、工匠精神和薪火精神。50年来，南瑞走出国门，一点点扩大影响，一步步站稳脚跟。

南瑞这些成就的得来，离不开舍小家、顾大家的那些南瑞职工。一个个典型代表，展现出南瑞人的拼搏与甘苦。我们从南瑞的群像，会看到自信，自强，看到内涵，内敛。他们从走入南瑞的那天起，就将自身的形象，与南瑞连在一起，映在一起。从他们身上，我们感觉出企业文化强大的引导力和影响力，感觉出生生不息的南瑞的活力、生命的张力和奋斗的动力。

第九章 信仰凝聚力量

一、为北京冬奥会保电

01

北京冬奥会的圣火点亮了。

那熊熊燃烧的火焰，在寒冷的风中跳跃不息。

那是神圣的奥林匹克之光，也是每一位为冬奥会作出贡献的人，用自己的热心和爱心发出的光。这种光聚在一起，形成了中国无穷的智慧和力量。

其中就有为冬奥会保电支撑服务的一群人，也有那个叫小周的小伙子。

他是南瑞集团电网公司北京冬奥会保电支撑团队的一员虎将，一位坚守电网调度自动化系统 10 多年的得力干将。

02

2022 年的春节注定不平凡，冬奥会即将在北京召开。

受疫情影响，冬奥会供电保障形势严峻。

按照南瑞集团保电工作部署要求，在北京用户的支持和配合下，南瑞电网公司保电团队于 2021 年 12 月初就接受任务，开展工作。

"调度自动化系统牵一发而动全身，容不得丝毫马虎。"小周说。

他们要对与冬奥会保电相关的所有调度自动化系统，开展重启及单点运行验证，排查摸底，消除隐患。用他们自己的话说，就是要确保冬奥会开始前，所有设备的"零缺陷"。

为了一份尽善尽美的方案，他搭建离线环境，那一段时间，可以说是吃饭睡觉都是小事，脑子里整天都处于兴奋状态，保电是唯一的大事。

只要大事做好，其他都是次要的。眼睛熬红了，人累瘦了，家里的电话顾不上接。这些都不重要。

反复地测试验证，不漏查一处隐患、不放过一个问题。

经过无数次的实践与尝试，10 余版改下来，终于为实施方案画上一个圆满的句号。

03

2022 年 1 月 23 日，小周和同事们终于完成了此次支撑保障所有相关系统重启及单点运行验证工作。

月底 31 号就是除夕。

人们已经开始准备过年的东西。老北京人还是很讲究风俗的。

北京电力调控中心的用户就跟他说："小周啊，这一年辛苦了，再有几天就放假了，春节人们都要回家，你可要早点订票，别耽误了回家过节。"

对于这些合作伙伴，小周很是感慨，大家都是那么精诚团结，相互关照，为了一个目标，共同奋斗。现在还在为自己着想。

小周说："谢谢了，我订的是除夕一早的票。"

为什么呀，为什么不早一点回家，都在这里这么长时间了。用户说。

小周笑着说："我想在这里多值守几天。"

转眼就到了大年二十九，第二天就是年三十。

寒冷的风从长城上刮过来，一整夜都没有停。

温度骤降。这种天气，对电力系统考验最大。

小周坐在主站调度系统监视工作站前，配合着站端技术人员排查变电站运行状况。

他在手机上查看了北京地区一周的天气情况。后续的天气影响不容乐观。

在这样的情况下，明天他就要离开这里。他看着调控中心值班人员忙碌的身影，实在是有些不忍。于是默默地取出手机，一阵操作，悄悄把车票退掉了。

而后他主动向用户提出，自己要春节留守，参加值班保障。而后又给家里打去了电话，说明了自己的意思。

独在异乡为异客，每逢佳节倍思亲。小周这是为什么？

他是太在意这次举世瞩目的重大活动了，他要为保电支撑服务，诠释南瑞人的使命与担当。

他跟值班人员说："不走了，跟你们一起做个伴吧，我们一起共同守护好春节保电。"

04

事实上，从小周决定留下的第二天，也就是 2022 年 1 月 24 日，北京冬奥会各现场就全面进入了保电实战状态。

保电现场还是十分需要人手的。为了将保障工作做实做细，小周在前期排查基础上升级系统巡检规格，以"最高标准、最严要求"确保系统在最佳状态运行。

他和同事运用运行全息监视、智能巡检、路径追溯等先进工具和手段，保证系统全方位防护。

小周说："我是一名老党员，关键时候党员不上谁上？"看不出这小周还是一位老资格，他的做法无疑让人信服。

2月4日晚，第二十四届冬季奥林匹克运动会开幕式，在北京国家体育场隆重举行。奥林匹克火炬点亮了北京这一世界首座"双奥之城"。

小周自然不会到现场去观看，因为他正在严密地监视着所有保电系统。

在这璀璨的和谐的夜晚，奥运健儿们迈着矫健的步伐走进会场。

世界各国的观众，同时看着这一激动人心的时刻。

这一时刻，也让小周感到无比的激动和荣光。因为，他正在为自己的祖国，献上一分热、一分光。

二、为杭州亚运会添光彩

01

为迎接2022年杭州亚运会，杭州要在梓树建一座110千伏的变电站，这也是射箭馆的配套工程。

其地理位置紧邻市政道路及杭州动物园等景点，各方对变电站建设都提出了很高的要求，特别是变电站外观设计，需与景点环境相融合。差不多就要求做成一件电力工程的艺术品。

由此，这个工程被定为 2021 年杭州市重点工程。

杭州供电公司也把它定为了创优工程。

这项重要的设计任务，交到了南瑞工程公司薛工手里。

薛工第一次遇到这样的设计要求。他立刻组织项目团队集中"闭关"。

02

"设计是工程建设的灵魂，没有一流的设计，就不可能有一流的工程。"这是薛工反复强调的设计理念。

他从事土建设计工作 15 年了，15 年来，不知牵头负责设计了多少土建专业图纸。大大小小的，数以百计了吧，没有一项不符合客户要求，没有一项留下后遗症。反而是不少的工程设计，都受到了满意的评价或获得了各种优质奖项。

大多数输变电工程需要土建专业先出图、报规划、做招标，因为并行实施的项目多，时间紧、人手不够是常态。

怎么办呢？只有一个人顶两个人使，一个时间掰成两半用。

那次，衢州郎峰 220 千伏变电站临近施工招标节点，图纸在薛工这里还没有审完。

新入职的同事有点慌："薛工，时间这么紧，审一遍就行了吧？"

"那怎么行？！再急也不行！三级校审流程必须严格落实。"他说。

薛工带领同事们严格按照流程，一项项落实，一项项校审。

他们一起加班加点，短短的 25 天时间，突击完成了 29 个卷册的施工图设计校审。

当把这些几近完美的图纸如期交付用户的时候，用户都有些不相信。这是什么速度，什么能力，会做得如此规范，如此精美！

果然，南瑞工程公司承担设计的衢州郎峰 220 千伏变电站获得了 2020—2021 年度第一批输变电工程质量艺术奖优秀奖。

03

随着高科技高智能的时代跃进，电力也在迅猛发展，除了常规变电站，像天津津门湖综合充电服务中心、苏州九里中心站、湖南数据中心站、察北光伏等新业态重点项目，对建筑功能的设计要求也变得更高更复杂。

老的一套逐渐跟不上形势了。怎么办？不能吃老本了。那就必须与时俱进，学习呗。

薛工带着同事们，一起探讨，加强学习，归纳总结，改进反馈，先期提高自身认识、自身能力，把一切做在前面。

有了这一切，你只要提出要求，哪怕是再先进的要求，他们也能根据相应领域，拿出你满意的设计方案和土建图纸。

04

2018 年夏天的一个雨夜，薛工被一阵急促的电话铃惊醒。

"喂，薛工，这边的雨下得很大，现场桩孔出现了塌陷，你明天能来一下现场吗？"

本来这个事情已经不属于设计范畴了，但薛工还是回应道："好吧，我明天尽快赶到。"

他睡不着了。第二天坐上了最早一班 6 点多的高铁，直奔项目现场。

雨下得确实太大了，项目工地已经搞得一片泥泞。薛工一脚下去，鞋子差点拔不出来。

但只有到现场，才能看到真实的情况。

打桩机早已安静一段时间。巨大的桩础还在桩孔中插着。仔细听去，它的底部不时传来哗哗的水流和噗通噗通的声响。

果然，钻孔一直在塌陷。如此下去，施工不能进行，还会影响工程质量。

薛工仔细查看，得出结论：钻孔护壁措施不到位，又遭遇连续降雨，导致了井壁失稳。

如何办？项目协调会上，各方都在坚持己见，达不成一致意见。

会场上不少人感到沉闷气短。有人开始抽烟。

烟雾弥漫，不时传来咳嗽声。

关键时刻，大家听到薛工说话了。对于南瑞这位薛工，大家还是挺尊重的。现在原因找到了，施工方也认了，薛工还能有什么想法？

薛工从各方考虑，结合现场实际，提出了变更桩基形式的改进方案。

这样既保证了桩基施工质量，又不会耽误施工进度，同时也降低了施工单位的损失。

最终都认为他的方案是目前切实可行的最好方案，别无他选！

事后，业主单位向南瑞工程公司发来了表扬信，对南瑞设计人员高超的业务水平和客户至上的精心服务给予高度评价。

05

现在回到杭州亚运会变电站的图纸设计上来。

自从接手这项重要的设计工作，薛工他们已经封闭了大半个月。方案还是确定不下来。

这可是前所未有的招标要求，既考验着薛工他们的工程水平，又考验着他们的艺术水准。他们调动了所有艺术细胞，也没有个满意的头绪。

薛工说，看来，我们平时还要加强艺术修养，多接触这方面的知识。

为此他去了书店，还让大家在网上下载有关图例。

那些天里，一个个方案出来，又推翻，推翻再设计。

到底该是一个什么样的外观好呢？每个人脑子里都有一个幻想，但是做出来却引来不同意见。

一遍遍打磨，光是建筑外观的效果图就做了好多稿。

真的是一场头脑风暴，把大家的脑汁绞尽。

团队人员还是挺精干的，他们熟练地做出了二维、三维的效果图，并且同时模拟出站址周边的场景，让人有一种临阵的切实感觉。

但是却总是过不了薛工这一关。

薛工鼓励大家，再辛苦一下，相信会有更好的设计。如果连我们自己都不满意，那业主肯定不会满意，我们要做就要做精品工程！

在他的带领下，大家不断完善着设计方案。

接下来一路平顺，阳光照耀。最终拿到了满意的结果。

团队的设计方案，毫无悬念地在评审会上获得一次性通过。

项目刚进入施工阶段就受到了疫情影响，工期延期 3 个多月。终于等到了开工，薛工几乎每天都在关注工程进度。

问题不断反映过来。建筑外墙分项工程施工时，墙檩托板与图纸不符、墙板尺寸有偏差、安装的缝隙也有点大。

薛工气愤了："这怎么能行，是哪里的施工人员？我们精心打磨的设计方案，到施工阶段马马虎虎，会影响整体效果的。要知道，这可是亚运会工程！"

薛工说："不行，我们去人，在现场盯着。"

协调好疫情防控事项，团队成员小嵇主动请缨，前往现场监督施工，直至外墙分项工程结束。

没有严格的设计，不可能有精美的艺术风格，没有认真的监督，也不可能达到完美的展现。

亚运会期间，人们走过这个变电站，会不由得停下脚步，想着这是一座什么建筑。

有人还会站在那里照相打卡。当他们知道这是一座电力设施的时候，都会露出惊讶的表情。

2023 年 7 月，南瑞工程公司承担设计的杭州梓树 110 千伏变电站，获评中国电力建设企业协会 2023 年度中国电力中小型优质工程奖。该项目也是杭州地区首个获得该奖项的工程项目。

三、"兆晖"共产党员服务队

01

2012 年，国家电网公司要扩建晋东南—南阳—荆门特高压交流试验示范工程。

交流特高压指的是 1000 千伏及以上交流电的电压等级，有着损耗低、运输距离长、效率高的特点。在当时来说，可以说是一个传奇工程。

特高压传送，需要一个大型变压器。电量被输送到特定区域后，要依靠这个变压器进行降压，才能顺利使用。

武汉南瑞的王兆晖带着三四个人，在沈阳变压器有限公司做"设备监理"，也就是驻厂监造特高压 1000 千伏变压器。包括变压器的装配试验、安装调试、打包发货。

这种变压器特别大，大得像一个 2 层小楼。

3 年时间，每次去沈阳半年，回来休整一周，再过去。

因为对环境要求高，通常在凌晨 2 点做装配实验，而且车间基本不开空调。

沈阳的冬天温度很低，有零下 20 多摄氏度。

实验基地离驻地还有很长的距离，每天晚上走过来走过去，即便穿着厚厚的外套，王兆晖他们还是被冻得手脚发木。

为确保设备安全稳定运行，要在现场做试验，检验整体的电气性能和绝缘水平。

做雷击实验时，变压器的绝缘出现了情况。

正是 12 月中下旬，王兆晖和同事连续三天三夜没有离开。

他们重新查资料，追溯全过程。最后发现，可能是电磁线的问题，电磁线就是原材料，跟生产厂家有关。经过督促改正，全部进行返工。

最后再次见证实验结果。

终于保证了这个"巨无霸"的顺利调试和交付。

02

王兆晖，1988 年生人，2011 年 7 月，王兆晖从湖北工业大学电气工程及自动化专业毕业，就职于国网电力科学研究院武汉南瑞有限责任公司，也就是"武汉南瑞"。后来他又读了工程硕士。

最早就是做工程服务，相当于特高压设备的现场监造。

3 年的时光，年均 300 多天出差在外，完成了一个又一个重大工程的顺利交付，也铺展了一个青年扎实苦干的奋斗之路。

在南阳特高压的站里，跟师傅五六个人到现场去做安装实验。

那个地方很偏僻，方圆几十公里都没有什么城镇，每天就吃老百姓做的馒头，待了一个星期。

多年的付出和坚持，换来了丰硕的成果，王兆晖参与设备监造的工程项目"皖电东送淮南—上海特高压交流输电示范工程"，获得了 2013—2014 年度国家优质工程金质奖。

2015 年，王兆晖转岗至武汉南瑞营销中心，负责推介武汉南瑞研发的新产品、新技术。

由于很多工程是总部统筹、招标，要做市场拓展，王兆晖被安排到北京，作为武汉南瑞的外派人员。

王兆晖把这项工作看作是一个全新的挑战，同时觉得是单位对自己的看重和培养。

他们在北京西站附近租了一套房子，四五个人，两个人一间房，一住就是六七年。周五下班坐高铁回武汉，周日再回北京。成了一只两地奔忙的"候鸟"。

在北京从 2014 年一直干到 2021 年才正式调回来。

03

可以说，王兆晖在沈阳 3 年，加上北京 6 年，差不多有 10 年，家呢？

一直没有顾上家，还是没有成家？

果然是没有成家，而且连对象都没有谈。

2020 年 10 月，他被国家电网公司授予"优秀共产党员"称号。

随即，"兆晖"共产党员服务队应运而生。

兆晖谐音"朝晖"，寓意着新生与永不磨灭的希望。

"兆晖"共产党员服务队由武汉南瑞青年骨干党员组成，以"兆晖前行　守护光明"为口号，聚焦电力保供、项目建设及安全生产等方面，发挥科技创新优势，以优质的产品装备、技术服务和整体解决方案，支撑新型电力系统建设。

西藏阿里联网工程是国家电网公司建设的又一个"突破生命禁区、挑战生存极限"的高海拔电网工程，也是迄今为止世界海拔最高、运距最远的超高压输变电工程。

"兆晖"共产党员服务队勇敢担当，奋战雪域高原，完成阿里联网工程全线路 674.5 公里涉及 1432 基杆塔的雷害风险评估，降低全线 40% 以上的雷害风险，在 100 天内，完成巴尔等 6 个变电站 36 套高抗隔声罩的安装任务。

服务队成为凝聚力量、推动发展的坚强群体。

王兆晖带领共产党员服务队，走进企业、高校，开展系列宣传活动。

他还带领志愿者走进社区和农村，普及用电安全知识，协调电力线路改迁，积极帮扶助困，逐步积累和显现了"兆晖"志愿服务工作室的凝聚力、战斗力和影响力。

2020 年底，王兆晖成为武汉南瑞教培中心培训部经理，并且参与策划成立中国电力设备管理协会电网运维培训技术委员会，成功举办了 2022 年中国输变电设备运维技术论坛。

作为团委书记，又是综合办公室副主任的王兆晖，似乎更忙了，综合的事情更多。

04

我说："兆晖，你该找个对象了。"

兆晖说："主要还是时间精力问题，我现在每天忙得板凳都坐不下来。这一周，每天大概就睡 3 个小时，不是整理材料，就是与客户沟通。"

王兆晖一个人独住，晚上很晚回去，睡个觉，第二天早上 6 点就又起来上班。

跟王兆晖一个办公室的小周说，王兆晖一个人过日子，其实也不容易。有一次他半夜结石发作，疼得很，越来越受不了，只得打 120，120 来了他在床上疼得起不来，告诉了开锁的密码，人家才进来。

说起来自己的遗憾，好像还不是对象问题，而是对亲人的亏欠。

王兆晖说自己在北京的时候，和爸爸通电话，才知道母亲半夜腹痛，周五住院，周一要做手术。

母亲本来有胆囊炎，电话里说了半天，爸爸才说出实情，原都不打算告诉儿子。兆晖赶回来，周一母亲做了胆囊切除手术，他就又踏上了北京的行程，他没时间留在病房照顾母亲。

外婆患阿尔茨海默病，多脏器衰竭。那次他也是接到电话从北京往回赶，却没有见到外婆最后一面。

还有奶奶，奶奶去世的时候，王兆晖正在南京培训。

这些都构成了王兆晖长久的遗憾和愧疚。忙完一切，夜深人静的时候想起来，会不由得流下泪水。

现在父母都已经退休，可是他自己还没有对象，父母想要帮着带带小宝宝都难以实现。多少是一种牵挂。

不能再让父母遗憾了。离开的时候，我还是劝王兆晖，早日找个知冷知热的人。

四、海拔高追求更高

01

2019年7月，南瑞变电公司的丁经理带了7个人的团队进藏，奔赴西藏阿里联网工程。

开始感觉还行，下了飞机就高反严重，7个人倒了3个。

大家反应比较强烈，当天都没有吃饭。

适应高原环境之后，大部分队员慢慢有了好转。一个同事却一直不见症状减轻，每天晚上只睡一两个小时，头痛、胸口发闷，只能靠吃布洛芬缓解。

丁经理有些担心，劝他回海拔低的地方休整一下。

小伙子说能坚持，现在正处于调试的关键期，少一个人就少了一份力量。

他果真就坚持下来，依靠毅力战胜了高反并慢慢适应了在艰苦环境下工作。

丁经理他们建有一个群，这样的事迹发在群里，大家在群里相互点赞支持，都很感动，深受鼓舞。

电力系统二次设备监控系统和保护等作为南瑞传统优势专业，在行业内一直有着良好的形象和口碑。

西藏阿里联网工程通过项目集招，最终选定了南瑞的产品，丁经理他们负责其中 3 个变电站的监控系统和保护。

第一个要去的变电站就在萨嘎。

萨嘎县位于西藏自治区西南部，地处喜马拉雅山北麓，冈底斯山脉西南边缘，南边与尼泊尔为邻，平均海拔 4600 多米。氧气稀薄、气候干燥、物资匮乏等艰苦环境对于工程现场的调试，无疑是巨大的挑战。

萨嘎县的常住人口才 1 万多人。

当时阿里地区是地方电网，没有跟大电网连通，所以经常发生停电。

藏中联网，就是用 500 千伏高压电，从四川的巴塘送到西藏的昌都，继续联网，就可以到日喀则直至阿里。

这个项目也是西藏最后一个并网工程，意义特殊，使命重大。一是切实保障日喀则和阿里地区的供电，让 38 万农牧民用上大网电，二是强化清洁能源外送能力，让"绿"电奔涌起来。

02

丁经理 2007 年参加工作，在南瑞工作快 17 年了，在一个个服务国家经济发展、民生建设的重大工程项目中，他不仅得到了锻炼和成长，也发挥了南瑞的技术和装备优势，实现了个人与企业的共同成长。

丁经理说，他虽然到过西藏，但海拔大都在 3000 米左右。萨嘎站海拔 4700 米，是海拔高的变电站。项目做动员的时候，很多人报名，丁经理幸运入选了。丁经理说，能够参与其中，确实有一种自豪感。

历练过的项目虽多，但对丁经理而言，西藏阿里联网工程带来的挑战或许这辈子再不会遇到。

进藏后，他们睡了一天，第二天就下站了。

在萨嘎十几天，每天就是头疼，丁经理晚上睡一两个小时，也喝了红景天等药品，也不管用。

咬牙坚持，慢慢适应。从 7 月一直到 12 月底，他只因工作原因回过南京一次，其他时间都扑在项目上。

工期紧，要求高，项目现场需要每天报备，他带着团队一刻也不敢松懈。

这里确实经常停电，不大的县城，每家的商户都备有柴油发电机，一停电就是一片自备发电机的声响。

他们住的地方，经常需要在黑暗中爬楼梯。高原地区爬楼梯，那个滋味很难表述，更加费劲，大汗淋漓，气都喘不过来，也不敢洗澡，感冒了更麻烦。

他们看见当地的发电机和牛粪饼燃料，也亲身经历过经常停电的不便，深刻感受到肩头沉甸甸的责任。

事实上，从工作角度考虑，选拔的员工有一半以上是参与过西藏项目的，因为他们有过高海拔的工作经验。但还是有一位同事的身体出现了情况。

在现场放网线，开始同事说有点不舒服，丁经理就安排他休息。

同事休息两天还是不行，胸口疼，脸也肿，怕是感染了。丁经理就赶紧送他到日喀则，再接着往下送回南京治疗。

后来他们体检，每个人的红细胞都有改变，心和肺也比原来大，慢慢才恢复。人也都晒黑了，去接孩子放学，见了面，孩子几乎认不得爸爸。

03

有天，丁经理他们的车子从驻地出发不久，就感觉出了问题。

下来一看，左前轮被碎石子扎坏了。换上临时备胎，还是需要修补一下，怕万一再坏就耽误了项目进度。

找到一个摩托车修理门市，这个地方的居民大都骑摩托，放牧比较方便。

刚进门跟修车师傅一讲，修车师傅却认出了丁经理。

前些天，他带着人从驻地往工地走，远远望见荒原一大一小两个人影不停地晃动，好像是困在了那里。

赶过去一看，原来有一人骑摩托车陷在泥沙里，他的 10 岁左右的儿子正在后面吃力地推着。

丁经理一挥手，就带着同事赶上去救助。几个人连推带抬，把他们带到了安全地带。

原来这个修车师傅就是前几天被他们帮助的人，修车师傅高兴又热情地把车轮子推过去，开始动手修补起来。

他已经知道这些人是来帮助解决用电问题的，就跟丁经理用不熟练的汉语聊起来。

他说:"听说你们是给我们这做变电站的,怎么个变电?"

丁经理说:"您看到这些高压线了吧?那些高压线路,最高电压等级有 1000 千伏,然后还有 500 千伏、220 千伏。要把它降低到 35 千伏、10 千伏再到 380 伏,到我们生活用的 220 伏。这就需要有变电站。"

丁经理说完又加了一句:"这个工程完成,这里停电的概率就很小了。"

修车师傅说:"那就太好了。我这里修车,没电太不方便。"

04

一转眼三四个月过去。

尽管丁经理平时出差调试,一个月左右也能回家一次。像这种电压等级 500 千伏的变电站,差不多 3 个月也可以完成。

但是地处西藏高原,环境太磨人。早上天亮得晚,差不多 10 点才上班,效率也就不高。

快投运的时候,现场的人特别多。

丁经理他们要不断跟施工单位打交道,要将信息汇集到一个通道,不调通没法投运。

开始定在 10 月份送电,后来因各种情况往后延,最终到了 12 月。

有一次丁经理在往工地去的路上,看到一个正在放牦牛的孩子。

他就想到了自己上三年级的儿子,这个孩子跟他的儿子差不多大。

他走过去,问小朋友上没上学,上学的地方有多远。

放牧的孩子有着一双明亮的大眼睛，他不断地擦着鼻涕，回答着这位工装叔叔的问话。丁经理摸了摸口袋，里面有几块饼干。都给了这个孩子。

"今天是周日，儿子周日会在家做什么？"丁经理想着打开手机，照了几张相，这里没信号，晚上他要发给妻子，让儿子也看看高原放牧的孩子。

他每每跟儿子交谈，总是饱含深情，循循善诱，希望孩子健康成长，养成勤奋刻苦、乐于助人的好习惯。

他跟儿子说："虽然条件很艰苦，但是还是有不少人在这里生活和工作。他们都很快乐，很满足。爸爸在这里也是如此，不能说条件艰苦就不来，干工作就不能怕吃苦，希望你以后向老爸学习，多吃些'苦头'，多为社会做些有益的工作。"

丁经理给儿子看他拍的照片和视频，问儿子这里美不美。

无边的雪山和草原，让儿子真的长了见识。丁经理说："等你将来长大了，爸爸就带你来看看，看看爸爸奋斗过的地方。"

05

算下来，丁经理从南京理工大学毕业，在项目一线待了16年。

家里里里外外、刮风下雨，都是老婆一个人。有时候回来，去开一次家长会，老师都不知道他是谁的家长。

儿子刚上学的时候，有一次出差回来去接孩子，孩子竟然没认出爸爸，让老师谨慎地盯了他半天。

儿子在家生病了，需要辅导功课了，哪件事能操上心呢？虽然这样，孩子每次考试成绩都还不错，每门都在95分以上。

妻子是做网络软件开发的，丁经理说，自己忙成这样，没办法照顾好家庭，多亏妻子把发展重心放到家庭上，对妻子的理解和付出，他都记在心里。

再去工地，丁经理看着天真的藏族孩子，觉得自己的工作十分有意义。

把大网电送过来，这些藏族的孩子就会过上跟儿子一样不缺电的生活，就可以通过网络更多更好地了解外面的世界，学到更多的知识，茁壮成长。

无论是王兆晖，还是丁经理，他们在不同的岗位，不同的地方，都同样展现出了一个南瑞人可贵的精神风貌。

他们心胸宏阔，勇于担当，把个人的小我放在一边，把国家和人民的大我放在首位。让我们强烈地感受到南瑞的精神引领，感受到一个企业的政治责任、经济责任和社会责任。

五、青春永远在路上

01

采访小孙是在 3 月 5 日之前定下的。

工作人员通知了她，她常驻上海，因为家在南京，所以约她过来比去上海找她更好。

直到后来才定下时间：3 月 8 日下午 3 点。

我先是采访了南瑞水电公司的两位，而后往前走过两栋大楼，楼两旁都有绿色的草坪和树木，鸟儿在其间鸣叫，阳光很柔和地照亮厂区的大道。

已经不是第一次来了，还是觉得厂区太大，弄不清南北，弄不清有多少栋大楼。

转过一条小路，小路上，迎春花已经长出了叶芽。用不了多久，就会发出一片灿烂的金黄。

转头竟看到一个背着双肩包略显瘦削的女子，从远处匆匆而来，并且踏上了我们要去的大楼的台阶。

莫不是小孙？

果然，工作人员叫住了她。

她说不好意思，今天早上有个会，开完会才往这边赶。

我们就在一楼的电网调控技术分公司，随便找个地方聊起来。

由于员工较多，有的在进行培训，中间换了一次地方。

这是一位性格直爽的女子，有什么说什么，所以就将所记所谈，略加改定，以第一人称置于下面——

02

我是 2007 年从南京工程学院毕业后到南瑞集团的，具体单位是电网调控技术分公司。

那个时候刚出校门，是个懵懂内向、不善言辞的小姑娘。

刚入职工作，有很多第一次，时常浮现在眼前。第一次进单位大门，第一次面对领导、师哥师姐，第一次穿工装。

还有第一次出差。

那次是一个人到盐城出差。领导看我做调试上手很快，一时抽不出其他人，就让我一个人去了。

当时没有高铁，我往长途汽车站赶，拦住一辆大巴，结果这辆大巴却不进盐城，我被半路扔在了高速路边。我走了很远，又搭汽车又转小三轮，多次辗转，才到达现场。疲惫得几乎虚脱。

到那里就干，测试一个新功能。当时已经是周末了，大家都回家了，我自己一个人在机房调试直到深夜。

最终我完成了任务，那种欢喜不由得暗自涌上心头。

也有不欢喜的时候。

第一次一个人去地处偏远的集控站，好不容易到了地方，调试的却是从没接触过的老系统。真是心有余而力不足，问题没能很好地得到解决。

客户不满意，直接发火并投诉。那个难堪啊，我恨不得钻进地缝去。

回来的路上，我忍不住想大哭一场，又怕别人笑话，眼泪顺着指缝往外流。当时是坐在汽车最后的座位，偷偷地不知哭了多久。

还有第一次住在一个小旅馆。

那是临时出差，没有订到酒店，小旅馆又脏又破，半夜里竟然有一只大老鼠跳到床上，"吱吱"乱叫。

我从疲惫不堪地从梦中惊醒，吓得缩作一团，再也没敢合眼。

这许多的第一次，让我难忘又感慨。这些经历和历练，反而使我成熟得早，知道什么是社会，什么是工作。

渐渐地，我从初入职场的新兵成长为一名技术能手。

说心里话，我曾经有过动摇、打退堂鼓的时候，但是用户一张满意的笑脸，一句肯定的话语，又会使我找回信心，任何艰苦、委屈都不在话下了。

随着一个个关键技术的验证和推广、一个个项目的圆满验收，我那种南瑞人的自豪感日益强烈。

03

后来就是出得最长的差了，竟然一出就是 8 年。

2013 年吧，我被派去上海，长期驻守华东网调现场。

华东网调原来用的是国外的系统，后来才改用南瑞的系统。

正式运行之后，我是接了另外一个人，到上海来工作。

从全国来讲，华东网调处于经济最发达的地区，电网结构最为复杂，对于电力系统运行保障的要求也特别高。

而且，它跟国调连在一起，包括新的系统、新的试点、国调主导的重点项目，基本上都是在华东地区落地。

当时刚到上海，系统准备上线，地铁二号线静安寺站停电了，那是一个 500 千伏的站。

像这种 24 小时不能停的系统，都是有安全责任的。虽然跟我们没有关系，却更加引起我们的注意，工作更严谨，24 小时待命。包括春节，都是要在岗值班。

记得刚去的时候，可能看我是个柔弱的小姑娘，他们对我不是很信任。问我做过网调吗？

我说没有做过，但会慢慢学。

他们就跟这边要求换一个人，还提到，要么让那个谁来吧。

我当时眼泪差一点就喷出来，感到十分委屈。是呀，你不干出个样子来，人家谁相信你呀。人家肯定想要一个他们熟悉的、资历深一点的呀。

我就下决心，一定要把工作做细、做实，保证第一时间处理问题，保障华东网调系统常年安全稳定运行。要让他们看看，我到底行不行。

04

说实在的，这些年，一些新项目的实施和建设，反映出我们电力事业的高速发展。而华东作为新型电力系统的前沿，便有第一个特高压项目落地、第一个主备调异地互备、第一套调控云建设、第一套源网荷储项目、第一批新一代试点，都是放在这里。

这样，面临着这许多的"第一"，我们也就承担了不少较难较重的任务。这么多年，慢慢就积累了不少的经验。

确实是挺忙的，加班基本上是常态。我每天晚上至少七八点钟才能走，手机 24 小时不能关机，夜里有事马上就过去。

就说 2020 年吧，史上最强台风"黑格比"登陆上海，我连续48 小时坚守在电力调度大屏前。一边验证新系统功能，一边保障运行调度系统稳定运行。那个熬啊，两天两夜没怎么合眼。

最终，在大家的共同努力下，这个项目被国家电网公司评为"2020 年新兴产业最佳实践案例"和"2021 年电力行业两化融合优秀解决方案"，也是电网公司助推双碳目标落地的典型示范工程。

还有 2021 年，我主导实施了华东源网荷储多级多元协调控制系统。

作为全国首套试点项目，在没有任何工程项目借鉴的情况下，完全是自己摸索，实施技术方案。

那段时间，白天晚上也是硬拼，狠劲学习以前从未涉猎过的专业技术，了解新型电力系统转型，最终也是顺利完成了项目建设，也为其他地区同类项目的开展和实施提供了经验。

这一年，我还带领团队全力支撑了国家电网首批华东新一代调度支持系统全面试点工程，全面服务于新型电力系统及"双高"电网一体化建设的示范项目。

紧接着就到了 2022 年，在紧张的疫情期间，为了保证华东调度控制中心智能调度支持系统（D5000）、国分实时数据平台、国调备调、调控云上海站点、华东调峰辅助服务市场等运行系统生产业务正常运转，以及推进新一代自动化调度系统建设工作进度，我主动请缨、"逆行"到岗，驻楼封闭。

那一段时间里，工作、吃饭、睡觉都在办公室里，活动空间非常狭小。办公室里工作站、交换机等设备多、噪声大，睡眠质量不好，心理压力不小，不知道什么时候是个头。

但我咬牙一天天坚持过来，过后一算，嗬，竟然在岗位封闭坚守了 80 天。

05

你问我孩子？我还没有小孩。

我发现时间过得真的好快，一年一年地，一晃多少年就过去了。我是 1984 年出生的，想想也 40 岁了。有人说，你再不要孩子，真的就太晚了。

我们领导也关心，让我考虑个人的事情。我跟我们领导都共过事，都很了解，他们一直比较关心我。

我也明白，我父母都 80 岁了，就我一个孩子。他们都在国电集团环保研究院工作，原来在浦口，后来搬到仙林了。他们退休好像还是昨天的事情，一晃竟然 20 年了。

他们的身体也不是太好。因为常年出差，我不能时常陪伴在他们左右。

还记得 2022 年 10 月，华东网新一代试点项目正在加班加点地进行，任务重、时间紧。一天下午，突然接到家里电话，说父亲摔倒导致脑出血，已经紧急送到医院了。由于出血量大，需要开颅手术。

我的心一下子就崩溃了。

当时我正在做新一代系统切主前 AGC 闭环试验，在现场连夜值守了 48 小时。

唉，那边是父亲，这边是工作。两头都需要我。

没办法，工作的责任心使我坚持完成了 AGC 闭环试验，然后才去赶最晚一班的高铁回南京。

一到南京就往医院跑，那时已经是凌晨 1 点。

见到父亲，我的眼泪忍不住就下来了。我这个独生女儿，做得实在是太不够。

06

我经历了 2 至 3 代的调度自动化系统的变迁发展，现在走的是技术岗，是电网调控技术分公司华东系统部一级业务专家。管理着一个小团队。

一开始团队只有两个人，后来慢慢地扩大。现在系统也越来越多了，做的范围也广了。原来我只做自动化调度服务的那套系统，我们现场有四五套系统，系统多，人也要多。

团队里除了我全都是男的。原来有一个女同事的，就是我刚去的时候的一个室友，后来她也转走了。

我们公司也有不大出差的工作，我还在那边。我感觉我们那一批都转走了。

现在不是我刚去的时候了，他们已经非常信服、非常放心，不想换人了。每年我们团队都会签订一些项目合同，包括技术改造、大修运维等项目。

2023 年 9 月，网调级"首台首套"新一代电网调度技术支持系统顺利通过项目验收，这将为提升华东大受端电网驾驭能力、推动华东电网能源转型发挥重要作用，也为新一代调度技术支持系统推广建设，奠定了基础。

想想我的生活还是挺单调的，工作占了大部分时间。关于回家看望父母，即使我尽量趁着周末回来，仍然看望得很不够。凡是节假日，基本上都回不去。春节因为大家都要回去，我排班就得把自己留在那儿，不能让自己回家，把别人留下。

为工作肯定是要牺牲一些的。实话实说，不是说我有多特别，但是我至少这么多年，在工作上是一直在坚持、在努力的。

说起文化赋能，我觉得南瑞一直在抓这件事情。这是很重要的事情，一个企业不能没有文化，也不能不讲文化。

企业文化就是一个企业所反映出来的精神，反映出来的能量，反映出来的内涵。将这些贯彻到我们的工作中，就是企业的形象。所以我们都会在平时加强学习，深入理解，把自己带入进去，成为企业的一部分。

这样做起事来，就有了精神和动力，就会时时刻刻想着，我是南瑞人，我是在为南瑞做事，是在打造南瑞品牌，树立南瑞形象，就会信心百倍。

因为什么，因为我的身后是我们信赖的团体，是强大的南瑞。

我们只要始终这样去想，这样去做，我们自身也就具有了文化意识和文化品质。

07

小孙已经在南瑞工作了 17 年，并且始终在电力调度自动化系统一线工作。虽然她谈得很轻松，很自然，但是其间有多少拼搏，多少坚忍，都能想象出来。

包括她在谈到 80 高龄的父亲生病时，眼里不由得含满了泪水。那泪水曾经流过多少次呢？

还有，她已经 40 岁了，还没有孩子，如果不是长期出差在外地，也许孩子早就上学了。跟其他的同事聊起来，有没有失落呢？

但我们更多地看到的是小孙的笑容、她的坦然、她的豁达、她的乐观。

当然也看到这些年来，她每年都获得的南瑞集团、江苏省电力、中电联颁发的各类奖项，有些还是一等奖。

她对于文化赋能的理解，我很是赞赏。一个企业的文化，在她的身上体现得十分充分，那就是敢于担当、勇于吃苦、甘于奉献，以柔弱的自身释放出一个团体的强劲的辉光。

从南京到上海、上海到南京的一次次旅途中，你很难从茫茫人海中找到小孙，她就是普通的沧海一粟。

但是当聚焦点聚在她身上，你就会知道，这又是南瑞的一个美好而迷人的形象。

第十章　理念成就梦想

一、坚持高水平科技自立自强

加强基础研究，是实现高水平科技自立自强的迫切要求。南瑞集团强化企业科技创新主体地位，持续推进基础性、前瞻性研究。

"高维不确定性电力系统安全防御体系新架构与新理论""新型电力系统继电保护体系架构与关键技术研究""光伏微电网核心设备与控制系统研制及示范应用"，这是南瑞集团攻关团队推进的在研科技项目中的一部分。这些项目是国内最热点的能源课题、国际最前沿的电力科技项目。

2018 年国家电网公司提出加强基础性、前瞻性研究的要求后，南瑞集团立即组织薛禹胜院士团队策划了"能源转型中电网主动支撑研究"专项，系统制定了电网主动支撑"双碳"变革研究的"十年六阶段"长线技术规划，目前项目正在执行第三期。

南瑞集团深耕电力行业，科研工作深度融入电网生产运行全环节，实现了电网安全稳定控制、继电保护、调度自动化领域的理论、技术、装备从"跟跑""并跑"到"领跑"国际的转变，为我国电网保持最长安全运行纪录起到了不可或缺的关键作用。

随着新能源更大规模、更高比例、更广范围接入，电力系统的物理形态、运行机理和控制策略等正发生根本性变化，对大电网稳定控制技术提出了更高要求。

打就必须打胜

01

2016 年的南京，夏日的夜晚依然显得燥热无比，各种各样的小虫在灯下飞来飞去。

蝉在窗外的树上起劲地鸣唱，它们已经鸣唱了一天，夜晚仍旧乐此不疲。

与这些夏蝉共同坚守而乐此不疲的，还有小时与她的小组。

只是她没有唱出声，她的歌只在心底唱响。

此时的歌调，还不是那么舒缓、悠扬。而是有些紧张，有些单调。

但她仍然坚持着，似乎在同那些蝉较劲。

最后蝉鸣渐渐消失。蝉回家睡觉去了。小时他们还在灯下坚持。

连灯下的小虫也停止飞舞，趴在那里不再动弹。勤劳的人，还没有一丝疲倦。

南瑞新一代配电自动化系统研发成功之后，各地电网都积极而热情地启动了新一代配电自动化系统的建设。这是小时所感到高兴和兴奋的。

小时从 2010 年初进入南瑞，就参与了 OPEN-3200、OPEN-5200、D5200 等多个产品线的研发，可以说，几年来，她对于配电自动化系统的研发有着倾心的付出。

从每一个符号开始，到逐渐形成一套功能完整的系统，她实际上是在历练自己，让一个初出校门的毛丫头，变成了沉稳而老练的技术专家。

一步一个脚印地走过来，连脸上总是带有的稚气的微笑，也变成了南瑞人特有的成熟。

02

常州启动 D5200 系统之后的 2023 年的夏天，新一代调度技术支持系统的建设悄无声息地开展了，此次总体设计中扩展了配电业务方向，作为配电业务领域的核心设计骨干，小时赶了过来，参与了总体设计功能的研发工作。

她根据实际需求调整系统的应用设计，认真听取和解读用户的意见和建议。

小时明白，对任何系统来说，用户的需要都是第一位的，用户的需求就是自己的需要，用户的满意就是自己的满意。

在这个闷热的夏天，小时及其团队必须用最短的时间，解决问题，达到用户的最高要求。

路已经走过，路上的枝枝杈杈都在记忆中，无非是把它们修理得更顺，更加尽善尽美。

多少个无眠之夜，那些聒噪的蝉鸣，在她的世界里，悄无声息。

只有数字、图形、符号，只有那些点、线、面……

终于，一个时刻过后，一切都画上了圆满的句号。

小时抬起头的一刻，竟然又听到了蝉鸣，那无尽的嘈杂，让她立刻有了睡意。她就那么坐在椅子上，静静地睡着了。

03

现在在配电领域，如果谈起配电自动化，那些运行人员都会第一个谈到 FA（馈线自动化）。FA，几乎成为配电自动化的代名词。

这个 FA，是南瑞第一个把它做实用，第一个把它做智能，让配电运行人员再也离不开的。

FA，三代配电自动化系统的研发过程，完整地记录了小时的付出。提到 FA，小时就会有一连串的故事讲给你。

研发完成，在成都配电自动化试点项目进行实验，并且同时实用验收。

在场的有用户，还有配电领域的专家。

有人告诉小时，配电测试领域最具权威的陕西电科院刘教授也在场。

她知道这位大名鼎鼎的刘教授，一向是学术严谨，出了名的一丝不苟，不留情面。

好几次现场验收，许多厂家的产品和系统，都被刘教授检测出大大小小的问题，被当场指正，有的打回重来。

小时对自己过手的研究项目了如指掌，她知道严肃认真的场面，就如大风大浪，要经受住考验，也必须经受住考验。

紧张的验收时刻到了。

小时屏住气，稳住神，面对专家挑剔的目光和强大的气场，不慌不忙，从容应对。

结果是，一次性通过！

04

刘教授身旁的助手也是看得十分仔细，他不断地点头：南瑞不愧是行业翘楚，这一轮验收，他们的效果最好。

刘教授点了点头，他自然很欣赏这位行业中的年轻女性，看着小时，突发灵感，说："小时，我想到了一个案例，我曾经很认真地关注过，当然，不是这次验收大纲里的，你敢不敢测试一下？"

说完，又笑着补充了一句："当然，如果测试不通过，也不会扣分。"

小时平静地笑了。

她知道刘教授不是开玩笑，而是想试试她的胆量，也试试她的技能。她哪里肯认输，当即说："好啊，请刘教授测试。"

教授的测试是严谨的，具有很高的技术含量，在场的人都感觉到了空气的凝重。

结果呢，这个小时，又是顺利过关，圆满通过了测试。

现场响起了掌声。

连一旁的用户，也长出了一口气。

那真是扬眉吐气。因为他们始终赞赏南瑞的技术，信赖南瑞的产品，自然也赞许着南瑞的员工。

05

再往后，小时已经成为配电公司的业务专家、队伍中的核心骨干，并且是带领 10 余名研发人员的 SCADA 团队组长。

小时做的第一个工程项目，是合肥配电自动化主站系统

（OPEN3200），这不是一个普通的系统，而且不是一般人能够拿得下来的系统。

必须要经过项目负责人的历练，也就是说，这是一套技术的识别器，一套能力的检验器。

作为一个工程项目负责人，拿不下这套系统，不能熟练掌握各个环节，就不是一个胜任的负责人。

在最早的 OPEN3200 部门，哪一个项目负责人，不是走过这一关的呢？

合肥配电自动化主站系统（OPEN3200），就这样成了小时接手的第一个让她为难的项目。

即使是硬着头皮，也要拿下来。没有其他选择。

当时在工厂的系统生成，用的还是 Unix 操作系统，没有厂家支撑系统安装，小时只能是自己把系统安装出来。

她查找资料，寻找可供操作的路径。

她找到了前辈留下的文档，也是理论上的，还须理会透彻之后，把一个空服务器，一步一步装入操作系统、数据库、编译、启动系统，每一步每一项，都不能有丝毫差错。

小时就这样，研究着、摸索着、确定着，几多反复，几多求证。一点点地怀着一腔热情，带着坚定的信念，终于把这套系统扎扎实实地做出来。

06

不能说她是一位女同志，就可享受优待，不，在小时这里不行，她不能惯着自己。系统生成，经过了测试，发货时，她和同事一样，要在工程现场亲自搬运。

凝聚着小时心血的服务器，享受着美女高规格服务的待遇。搬运过程中，大家小心翼翼，仔仔细细，唯恐让自己的宝贝受到一点损伤。

小时经常会在现场跟用户开需求讨论会，她总是认真听取用户的需求，尽管有些需求听起来近似苛刻，她也会不住地点头，一边思考一边记下，而后根据自己的经验和思考的结果，提出自己的意见以及方案。

如果用户还是坚持，那就再讨论，能不能找到一个中间路径。

如果还解决不了，就先接受，回头再跟同事具体研究，看能否攻克这些难关。

一旦认为这些意见对于系统的升级换代有好处，她就咬牙答应，满足用户的要求。

只是苦了自己和同事，因为又要有不知多少日夜地加班加点，因为一旦应许，就必须实现目标。

凭着多年的战场经验，小时还是能够做到不打无把握之仗，打就必须要打胜，不能放空炮。

有的项目甚至需要现场开发，就地解决。

那就现场开发吧，几个人围在一起，思考、研究、模拟、试验，反正不达目的不罢休。

还总是能达目的，总是让用户露出惊讶的神态，觉得南瑞人都是不可小觑之人，南瑞的女性更是不可小觑的女性。

07

经历了一个个的工程项目，熟悉了配电自动化系统从无到有的全过程，小时已经在配电网运行监控分析、故障处置、智能自愈等相关研究与分析中，不断探索，不断更新，不断进取。

1986年出生的小时，发表过论文，申请过专利，获得过省部级及国家电网公司的多种奖项。

现在的她更多地参与国家电网公司的重点项目、横向项目，以及南瑞集团项目的研究、多项企业或行业标准的制定。

没有攀不上的山头

01

国家电网公司调度中心发布了一条"规模化开展可信计算建设，以提升电力监控系统网络的安全防护水平"的信息。

这条信息公开发布，自然有不少人都看到了。

大家反应不一。南瑞信通科技的刘工就特别兴奋，他好像是在黎明看到了一道美丽的曙光，接着就是一轮光芒四射的朝阳。

他要抓住这个机会，开展可信计算产品研发，既能提升自有安全装置的防护能力，又能为产业发展赢得先机。

这就像是抢占上甘岭，兵贵神速，刻不容缓，你不抢占，别人就一定会抢占。这条消息发布，就像是吹起了进军号。

02

刘工即刻草拟了技术攻关思路以及开发组织模式和具体工作计划，主动请缨，提出抓住可信计算建设这个先机，提升集团自有安全装置抗攻击能力。

领导看他胸有成竹，就给予肯定和支持，并且说："刘工，你可要考虑好了，这可是和时间赛跑的攻坚战。"刘工说："放心吧，我一定全力争取拿下来。"

领导说："好，团队由你来组建，但一定要让大家全面参与，力争第一！"

确实，留给信通科技刘工和他的团队研发的时间，周末假期都算上，也就只有 3 个月，原本就对精细度要求很高的信息安全开发工作，在如此紧迫的时间内，更是对容错率提出了严苛的要求。

03

刘工召集大家开会，他说："对我们来说，时间确实很紧，必须边干边学、以战带练，这样在后续面对困难时才能更从容，我们要相信自己肯定能行！"

气可鼓不可泄，刘工不断地给团队打气，自己则第一个一个猛子扎进去，不达目的绝不上岸。

"拆解分析核心技术难点"是首先面对的问题。

这也是检验团队实力的一块"试金石"。刘工对此充满信心。他相信自己的团队配备，相信团队成员的技能和素养。

他们首先确立了正确的攻关方向，而后一点点做下去。

刘工雷厉风行的工作作风、扎实的技术功底，使团队从技术到心态都受到了很好的影响。在很短的时间内，经过磨合，团队的协调、协作都得到了快速提升，各项工作快速有序推进。

04

"冲难度、保质量，要在细节中体现我们的水准。"刘工说。

在他带领下，硬件可信板卡、主动可信引导、内核度量框架、动态内存度量等技术难点一个个被攻破，胜利似乎已触手可及。

"刘工，板子这块儿点不亮，好像引导程序加载有点问题。"就在距离公开测试时间只剩 1 个月的时候，负责调试的同事发现了异常。

大家立刻开始检查，在尝试了一系列常规修复手段后，问题仍旧没有得到解决，项目进度出现停滞。

随后浪费掉一个多星期，大家又进行了多次尝试，但问题依旧没有得到解决。

眼看还有半个多月的时间，有的团队成员情绪明显急躁了起来。

刘工意识到，每个人都受到了时间的影响，为了节约时间，基本上选择了保守的排查方法，只做了代码的局部调整和分块检查，并没有进行更深层次的代码回溯，而这，可能正是问题的关键。

必须冷静对待，越是时间紧迫，越是不能慌乱。否则一切都将前功尽弃。

刘工的内心虽然也烧起了一团火，但是他还是如此劝勉大家："时间还来得及，大家要相信自己，我们再整体排查一次，也许就会有转机。"

说完，刘工立刻安静地坐下来，一点点细致检查起来。在他的感染下，每个人都平静下来，恢复了信心，全身心地投入了排查中。

05

时间一分一秒地过去，多少分多少秒地过去。

没有人感到累，感到困。

终于，在试验了十几个方案之后，就像一朵美丽的烟花冲天而起，那个困扰着人们的问题，终于解决了！

大家不禁击掌欢呼！

终于为赢得最后的胜利抢占了有利的时间。

最后的结果是，印有"南瑞"LOGO 的 TMAC-3000 可信计算产品研制成功，并经受住了各种严苛的测试考验，在 10 多个厂家中脱颖而出，成为行业内首家通过国家电网公司专项测试的可信计算产品。

此刻，刘工和他的团队成员，走出那栋充满现代感的科研大楼，走在阳光灿烂的大道上。

他们一个个都显得那般有精神，有力量。没有攀不上的山头，就是再有什么山头，他们还会去攻、去攀！

咱南瑞人做事得有底气

01

国网北京高效能数据中心项目，是国家重点科技示范验证项目。这个项目，技术复杂、参建单位多、协调起来难度较大。

"老秦，老秦在哪里，看见老秦了吗？"大家知道老秦就在现场，却一时看不到他。或者说，一时看不到老秦，就有人找他。

现场人多，在数据中心项目工程一线，老秦戴着安全帽、手套、口罩，一个大老爷们跟着一群大老爷们混在一起，还真是不好一眼就把他揪出来。于是客户遇到急事了，就会到处乱找。

老秦进入南瑞 15 年了，现在是南瑞集成公司数据中心业务部工程项目经理,恪尽职守、踏实肯干。

02

在项目现场,当你见到的这个壮实得露着憨厚笑容的老秦,你就会感到这是一个恪尽职守、一丝不苟的人。

果然,人们说起老秦,都会说:"这个老秦,不含糊,也不马虎,平时怎么都好说,开开玩笑,讲讲笑话,但是干起活来,只有一个,那就是严肃认真,一切都按照标准执行,离开技术规范,什么都不行。那可是,到了事儿上,绝对不给你留情面。"

但是你要遇到了困难,就找老秦,老秦立刻就会赶过来支援你,他会凭借多年的经验,丰富的知识,及对各个环节的了然于胸,帮助你把难题一一化解,对于其他单位在施工中遇到的问题,他也会提出可行的合理化解决方案。

03

2021年初,刚过了春节,项目复工。

刚做完胃部手术,病假还未休完的老秦就急匆匆赶到了项目现场。一到现场,可不是在病床上,老秦还是到处跑起来,哪里需要到哪里去,分析解决问题,调整安排人员,临时召开会议。

带着术后的疼痛,老秦心里就装着一件事,带领一班人马,按客户要求,推进项目按时完成。

说起来,老秦他们所做的工程,可不是北京这一件,而是很多项目都在做。对于南瑞来说,项目越多越是好事,说明国家经济建设形势好,说明各项事业搞得活。

但是对于老秦个人来说,那就是太忙了。

你就看吧，这个老秦，不断地奔波于北京、天津、陕西、江苏的数据中心项目建设现场，一会儿是高铁，一会是飞机，赶上什么坐什么，只要能尽快到达现场。

为此，老秦的家人经常见不到他，不知道他这会儿在什么地方。你今天刚打了电话，他说在北京呢，明天你问北京下雪了吗，他又说，嗨，这里正下雨，我在南方呢。

老秦的行为影响了他的同事，大家看他这么拼，也都是一心一意地投入工作，积极配合老秦，努力做好项目的每一个环节，直到保质保量按时完成一个个项目。

04

要让客户满意，先得让自己满意。这是老秦常说的话。

在江苏数据中心建设工程，现场遇到了大小母线衔接的问题，如果用电缆简单地连接，虽也满足功能不影响使用，但整体观感会很差，施工班组提出了多种处理方式，老秦总是摇头，老秦在工作上是个完美主义者。

最后班组长不耐烦地说了一句："老秦，哪能做到那么完美啊？差不多就行了呗。"

老秦直接怼回去："这样抱着应付交差的心态，永远都做不出精品工程，咱南瑞人做事，得做得有底气，让用户满意。"

最终，老秦与团队经过思考、草图、现场比画、定制辅助组件，寻找出优化方案，解决了问题。

项目验收时，客户说："老秦啊，说实话，一开始我们就看出来这个问题，当时还有点担心，现在看来，你们处理得非常巧妙、很完美，简直就是件工程上的艺术品。看得出来你们的确花了很多心思啊，给你的团队点赞，给南瑞点赞！"

得到客户的褒奖，大家都笑了，想起老秦说的话，不得不服老秦，因为保持了南瑞的品牌优势。

坚持科技自立自强，小时、刘工、老秦及其团队为我们作出了榜样。

他们只是南瑞科研大军中的一员，却体现出一种信念。

那就是以自身的智慧和能力，积极投入到科技研发中去，抓好人才队伍，坚持实践标准，努力刻苦攻关。像对待一场战役一样，打就必须打胜，不达目的决不罢休。

以这种精神，走出一条自主创新的道路，使我们永远立于不败之地。

二、坚持市场化改革

进行市场化改制，推动产业转型升级，健全科研创新体系，是南瑞攻关创新抢占产业制高点的底气。

20 世纪 70 年代末，他们率先试行奖励制度；1980 年，率先实行合同承包制；1992 年，实行"一所两制"运行模式；2003 年，国电南瑞在上海证券交易所上市；2008 年至 2012 年，持续开展科研产业重组；2017 年，实现核心资产整体上市；2018 年，实施首期 990 名骨干人员股权激励。这些，都保证了南瑞集团昂扬向上的活力和百折不挠的战斗力。

其始终如一的改革进取精神和举措，受到广泛的认可和赞誉。2023 年，南瑞集团所属上市公司国电南瑞毫无悬念地入选了国务院国资委"科改示范企业"。2024 年，国电南瑞获评国务院国资委"科改企业"标杆。

真金白银的激励

01

为了发挥广大员工进行科研和服务市场的积极性，南瑞不断健全科研创新体系和用人机制，分类施策运用股权激励，推动人才"能上能下"，探索基础研究人员长期考核，激发人才主观能动性。

"我们在科研上的考核更加突出。"南瑞集团战略发展部负责人说，"比如在研究院施行长线考核、任务制考核，而在研发中心，我们会重点评价对核心产品研发的支撑贡献度，以及共性平台和通用技术的复用水平，目的就是为'一辈子干成一件事'提供机制保障。"

研发人员也切身感受到了这种考核导向带来的更浓厚的科研氛围："目前，集团在人员、资金、分配机制等各方面配套支撑，大家都干劲满满，愿意沉下心来做'艰难但正确的事情'。"

此外，南瑞集团还会针对不同特性的组织，开展分赛道、分领域、精准化、差异化科学评价，强调组织发展的同时，也关注人才的成长和流动。

"我们针对创新链不同阶段或环节，探索项目里程碑评价奖励、项目收益分红、职务科技成果赋权、创新业务跟投、基础前瞻研究贡献追溯激励等多元激励机制。"南瑞集团人力资源部工作人员说。

"刚入职的毕业生就像散装的棋子，而我们所要做的就是通过人才识别、双向认定，把每颗棋子放在合适的位置，并通过有效激励下好每一步棋。"南瑞集团人力资源部负责人打了个比方，"激励机制释放了一个信号：只要瞄准目标好好干，就会既出成果，也有真金白银。"

02

南瑞集团配电公司的"90后"王经理，也被南瑞集团成长成才的氛围所吸引。南瑞集团为员工提供了广阔的科研平台和产品建设实施项目，也为员工提供了最全面的成长途径，包括新员工入职三年培养计划、青年人才托举工程、在职深造机会等。王经理工作期间连续多年跳级晋升，快速成长为了集团的核心骨干。

32岁的王经理，2023年被选拔为南瑞集团配电公司部门副经理，也是配电公司目前唯一一名"90后"中层管理人员。

2021年，刚刚入职4年的小王因工作表现突出获授国电南瑞第二期限制性股票激励，是配电公司得到激励的40余名骨干中最年轻的。"根据首期的收益情况，我全额认购了1万余股，作为激励手段直接的受益者，对此感触颇深，这既是对南瑞的发展充满信心，也是对我接续奋斗、研发新产品、搞好技术支撑工作的鼓励。"他说，等解锁后预期会有一个较好的收益。

国电南瑞两期限制性股票激励计划共激励2313人次、7272.61万股，职工覆盖面近20%，有效激励周期10年，在激励对象上对一线员工倾斜。

近年来，南瑞集团针对不同激励对象，分类施策运用好股权激励、员工持股等中长期激励工具，推动人才"能上能下"，探索基础研究人员长周期考核，激发人才主观能动性。

发展的内生活力

01

2023 年 7 月 8 日，具有南瑞自主知识产权的 4500 伏/3000 安压接式 IGBT 器件在张北柔直工程延庆换流站换流阀一次性带电成功。这是南瑞管理机制创新投射到科研成果的另一有力实证。

2019 年底成立的南瑞联研半导体有限责任公司，是国资委首批"科改示范行动"试点单位，也是国家电网在大功率半导体产业方面的重要战略布局。

"IGBT 即绝缘栅双极晶体管，是电力领域的核心器件，相当于电力电子领域的 CPU。"南瑞半导体运营中心工作人员说，攻克"卡脖子"难题，科改政策机制起到了催化剂的作用。

"南瑞半导体充分发挥科改的政策优势，快速组建了核心团队，大力引进外部专业技术人才，目前研发技术人员占比已超过70%。"工作人员介绍道，"与此同时，探索建立长效激励约束机制，面向核心骨干制定实施适合南瑞半导体特点的科技型企业股权激励方案，实现企业发展利益和员工利益紧密捆绑，最大限度地发挥科研技术人员的积极性和创造性，推进功率半导体核心技术攻克及产业化发展。"

02

跳级晋升、股权激励……是多元长效激励人才的实际举措。南瑞集团加快建立以创新价值、能力、贡献为导向的能力评价体系和绩效考核体系，持续优化收入分配机制，提高科研骨干薪酬竞争力。"我们为'卓越计划'专项招聘配套了非常具有竞争力的薪酬，就是希望带动一批青年英才的加入。"南瑞集团人力资源部负责人说。南瑞集团还率先打造多元中长期激励"试验田"，"长期捆绑、利益共享"多元激励约束体系逐步建立，带动效益效率快速提升，核心人才保留与激励作用显著。

用人机制推动了人才高地的快速形成，激发了南瑞发展的内生活力，更多管理的"势能"正转化为推动高质量发展的"动能"。

三、坚持科研与产业并重

科研带动产业、产业反哺科研，科研产业协同发展，是南瑞发展历程中一以贯之的理念。

如今，南瑞构建了完善的营销、研发、生产等核心业务体系，涉及知识产权、合作交流、实验环境建设、成果转化，做到了每一个环节的精益化管理和规范。

随着技术的创新突破、科研成果转化力度的不断加大，南瑞以科研带动产业、产业反哺科研的"一所两制"运行模式，推动高新技术产业转化。

南瑞集团战略发展部负责人说，南瑞人在传承创新基因的基础上，很早就有了市场化的概念，坚持科技创新、产业发展"两手抓、两手硬"。

南瑞在瞄准先进科研技术的同时，也瞄准生产一线需求，自主研发一大批国内首台首套设备和系统。

近年来，南瑞不断巩固核心产业优势，拳头产品市场占有率持续保持领先。2022 年，新一代调度系统、新一代用电信息采集系统、新一代集控系统、新型负荷管理系统、电力现货市场、自主可控继电保护设备等产品，已经达到了国内领先地位。

智能化灌溉的宝盒

01

沿着一条绿茵，在春三月走进南瑞水电公司。

初听到这个名字，感觉这是一个水汽荡漾的地方，一切都与水有关。

来到一楼大厅，映入眼帘的却是一排排机柜，以及忙碌其间的人员。

控制系统分部的陈工说，那些人员来自全国各个地方，都是来做系统，而后学习掌握如何调试、如何运用的。

那一定是关于水的系统了？

是的，有水库的，河流的，湖塘的，灌区的，电站的。

看着一个个并没有发出多大声响的仪器，连着的，却是"烟霜弥四泽，水气隐三光"的湖荡，是"涛澜汹涌，风云开阖"的江河。

而那些在仪器周围，细致操作和解说的，便都是水电公司的工程师。

他们就像是水性极好的"浪里白条"，把控着大好江河的浪花。

陈工说，其实，这些工程师们，都是在江河湖海一线忙碌着。

在他的解说下，我似看到了那些身影。

02

甘肃省疏勒河灌区。

水同蓝天映照在一起。如果没有远处的堤岸，简直就是一整块的大幕。

你分不清哪是天，哪是水。

在降水量极度偏少的甘肃，疏勒河灌区已经是我国最具影响力的大型灌区之一。对稳定大面积的农作物生产，具有十分重要的意义。

但是由于灌区地域广阔，灌区干、支、斗渠道水闸数量多，部分闸门陈旧，运行人员需要经常到现场手动开闸、关闸，执行效率肯定不高。

南瑞集团的工程师小李、小陶坐在荧屏前。

荧屏上是疏勒河灌区管控系统的页面。

随着手指的操控，页面上出现了整个灌区的影像，出现了一个个点块，出现了水闸、河道。

针对疏勒河灌区的管理难题，南瑞水电公司制定了自供电、自唤醒、自调节并集计量和远程运维于一体的低成本灌区测控解决方案。

配置了自产一体化闸门自动控制系统和智能传感测控设备。

这就是南瑞 IMS2000 灌区一体化管控系统。

这个系统综合集成了水情测报、闸门监控、智能巡检等业务，对水库大坝的安全监测、灌区工农业用水和生态用水，实现综合监控，有效提升了自动化灌溉、精准灌溉水平。

自动化闸门系统正式上线后，运行人员只需通过灌区一体化管控软件或手机 App，轻点开闸按键，即可实现远程一键操作。

此项智能系统，无疑提高了疏勒河灌区春灌供水的效率，曾经疲惫地奔波于各个闸门的灌区职工，露出了满意的笑容。

03

海南昌江县石碌水库灌区。

昌江县是海南省推进农业水价综合改革的四个试点县之一，被列为首批改革试点灌区。

水电公司项目团队驻守海南现场，进行紧张的现场调试。

这之前，就如我看到的一样，他们先在厂内调试一线，细致地做好软、硬件调试工作。通过出厂验收，第一时间将设备发运现场，再次进行调试。

正值春灌时节，既能够科学高效地调节灌溉水量，又可实行"无人值班、少人值守"的南瑞灌区一体化管控系统，如一把金钥匙，打开了灌区智能化灌溉的宝盒。

整个灌区，完全将综合管控灌区的渠道流量计量、闸门远程启闭等环节，轻松地掌控于指尖。

事实上，做好了这套灌区一体化管控系统，也并不是就此完事，水电公司的工程师们，还是始终与灌区管理单位保持沟通，一旦有什么问题，便提前进行远程诊断和维护。

用户那边，总是会发来满意的答语。

他们说，以前为了开关闸门，检查水流，管理人员不知吃了多少苦，受了多少累，有时还会弄得一身泥水，伤着手脚。

使用了这套系统，能够检测通信链路状态，校核斗口入田灌溉用水流量，确保仪器运行稳定。

切切实实优化了水库泄水闸门启闭控制精度，实现了远程监控。

灌区工作人员再也不用烈日当头或风雨之中，前往众多田间垄头进行人工调节。

既有效解决了灌区人员紧缺、水量调度困难等问题，又大大提高了灌溉效率，为灌区的粮食丰收争取了宝贵时间。

04

南水北调东线工程。

为2021年实现全线远程集控，抢工期、保进度，南瑞水电技术团队，带着技术方案穿行于工程沿线的扬州、淮安、宿迁、徐州等现场。

江都水利枢纽泵站，位于南水北调东线源头。

为推进智能调度控制系统研究项目尽快实施，南瑞水电一班人马，日夜守在机房设备前。

他们结合长江潮位预报、数据研判分析算法、优化调度运行算法，对江都泵站的仪器，进行一系列智能优化调度研究，检修调试，终于实现了大型泵站在满足工程安全及供水量要求的前提下，降本增效安全运行。

同样的场景还发生在新疆、吉林、海南、安徽等省区。

各路工程师们第一时间与灌区管理单位主动联系，积极为各地灌溉供水工作提供技术保障。

2020 年 6 月，吉林大安灌区工程项目，通过竣工验收。

2021 年 9 月，新疆奇台县农业水价综合改革农田水利基础改造和量水设施配套工程项目，通过竣工验收。

2022 年 11 月，海南省儋州市大型灌区末级渠系计量设施配套建设项目，通过竣工验收。

2022 年 11 月，安徽茨淮新河灌区续建配套与节水改造骨干工程项目，顺利通过竣工验收。茨淮新河灌区是以茨淮新河作为水源工程的大型提水灌区，也是淮北地区最大的灌区。

2023 年 6 月，新疆巴音郭楞管理局水利信息化项目，通过竣工验收。

2023 年 12 月，新疆阿图什市恰河灌区、布河灌区渠道现代化项目，通过竣工验收。

在春耕备播的关键时期，南瑞集团积极承担起央企的社会责任，发挥自身技术、人才及产业优势，全力支撑服务重点民生，用科技手段补齐农业发展设施基础性短板，以 IMS2000 灌区一体化管控系统、N 系列自主可控 PLC，融合计算机、通信网络、传感控制、自动灌溉、人工智能等技术，实现了测、监、管、控的灌区一体化管控，为加快建设农业强国、全面推进乡村振兴，积极贡献南瑞力量。

科研产业一手抓

01

内蒙古薛家湾魏家峁工地。

　　武汉南瑞的史博士带着一个同事，正在蒙西—晋中 1000 千伏特高压交流输电工程上。

　　他们已经来了半个月，爬上爬下地配合施工单位，做着互感器交接实验检测。

　　来的时候，史博士想了一个办法，采用租用运货汽车的方式，设备不下车，所有的实验设备都在车上，在工地拉着走，避免设备重复拆卸组装。

　　现场交接实验的互感器设备很大，每一个都是几吨重的设备，针对变电站里的每一台互感器都要一一进行细致地检测，看是否符合设计及安装要求。

　　货车拉着设备就在现场不断地移动。

　　到了跟前，人要站立在斗臂车里升上去接线。史博士巾帼不让须眉，也像小伙子一样爬来爬去。

　　这个设备检测成功，再去另一个设备检测。就像一个医生出诊，既要凭经验，又要心细。

　　魏家峁是个村子，半个月里，史博士和同事就住在它旁边的小宾馆里。

　　每天早上从那里出发，晚上再回到那里。交接试验有时限要求，所以要从早晨做到晚上，有时候会到晚上 11 点左右。

　　山野的风很大，不时会吹起黄土沙石，漫天黄乎乎的。

　　周围没有多少植物，甚至感觉连太阳都很大。太阳从山峁上一露出她的笑脸，就是火辣辣的。史博士觉得穿的工装都烤透了，热气直接通过布丝贴近身体。

　　这一年是 2015 年。

02

2011 年，史博士走出华科大的大门，成为武汉南瑞首批入职的女博士。

她说，我就认准一个方向，就是搞电力专业。

在现场，女性和男性是没有区别的。别看这些互感器，在 1000 千伏的变电站很是显眼，它们分散在不同的地方。互感器下面有支架，每个都有四五层楼高。

实验的线很粗，又很长，需要在现场不同的位置拖来拖去；还要坐斗臂车爬到高处去接线，做实验的时候再下来。

上面是高电压，不是随便把线扯过来就行，要保持一定的角度，与周边环境还要保持一定距离，不然会产生静电。

她说，那个时候辛苦是辛苦，但还是很有成就感的。做实验的过程中，有时是信号出来不稳，有时是电压升不上去。就把电停了再爬上去。

调校过后，通电再试，数据还是不准。

是不是接线的问题？再一根线一根线地排查。每一根线几十米长。站在斗臂车上，一会儿升一会儿降。

变电站里只能戴安全帽，不可能戴遮阳帽子或打伞，防晒霜也顾不上抹，事实上，抹了也没用。

回来的时候，整个人都被晒成了黑牡丹。

03

史博士现在是高压计量技术测控中心负责人，手下有 75 个人，承担项目的研发与实施。

武汉南瑞有 6 个业务中心，防雷输电中心、运检中心、电气中心、综合能源中心、工程中心，还有就是测控中心。

作为一个部门的领导，她还是有压力的，要考虑整个部门的事情，要考虑合同、利润、回款、收入。

担任部门经理时，她负责设备检测技术研究及产品推广，全年 200 多天都在各地变电站、试验室进行试验测试。

根据质量强国的要求，也是现代智慧供应链建设的要求，2018年，宜昌要建一个现代智慧供应链示范点，国家电网公司要开现场会。武汉南瑞负责提供实验室的检测设备。

只有一个多月的时间，武汉南瑞既要给检测中心提供设备，还要配合土建改造，要在现场画图办公。

史博士去了现场，在 3000 多平方米的一个地方，待了一个多月。

04

一次进行设备调试，史博士听到客户议论，说以后配电物资抽检量大大增加，现在的抽检方式好像不行。

她也意识到这一点，国家电网公司为加强物资质量监督能力建设，要构建公司、省、地三级质检体系，要求 30 类配电物资每类的抽检量必须达到 5%，要求各个网省公司都要配置变压器、开关等 30 类配电物资的相关检测装备，具备相应的检测能力。

回到公司，史博士连夜召集项目团队进行讨论研究。

配电物资种类超 30 种，品类超百种，试验项目有 200 多项，传统的检测方式是零散的、手工操作的，现在要做自动化、数字化和集成化。

她说，必须进行电力物资检测领域的革新和升级，这对我们也是一次产业突破的机会。

第一次研究复杂的电网物资质检系统，面对各种专业疑难问题，她和同事们昼夜查找相关标准、资料数据，组织需求方、技术专家反复研讨，论证，进行试验验证和分析、评估风险。

往往为了一个方案，要不断地讨论，甚至争论，以至逐渐接近那个可能。

有时候，他们从早上开始，会一直奋战到晚上，兴奋起来不知道时间，也不知道累。

当问题明朗的时候，已经是凌晨 5 点。

史博士说，那个时候，讨论方案到后半夜是常事儿，开始大家都很茫然。那可是第一代产品啊！

05

虽然方案经过了透彻的分析和论证，但投入实际运行时，要满足几百种试验的各种设备，还是会出现这样那样的问题，总是超乎原来的预想。

有什么办法呢？只能接受，而后解决。

史博士和团队仍是要集中精力一一测试，调通一台又一台设备。

从早上 6 点干到晚上 12 点，每看到亮起一次绿灯，就会露出会心的微笑。

就这样，所有问题一个个解决。大家心里紧绷着的弦完全松开了。

也就在这时，一场暴雨突然泼下。

检测中心地势低，雨要开个大玩笑，没有一刻停止的迹象。

积水开始倒灌。

她感到了事态的严重，让所有人赶紧转移设备。

她一边喊着，一边搬，往回跑的时候，她脚下一滑，摔了一跤。

而大家已经累得筋疲力尽。

06

2020 年，山东日照检测中心，国家电网设立的地市级示范单位。

总经理助理史博士带队出发。

那时候，从湖北出去很难。第一站到南京，待了一晚再去了日照。8 月 5 日要开现场会，有些方案还没有定下来。最典型的，一个新型库房，只剩下 10 来天，还没有让调试。

国企讲政治，还要看执行力，时间紧，任务重，必须按时完成。

晚上日照下起大雨。

史博士叫起同事往检测中心跑去，那里有不少设备，不能受潮。

到现场就看到很多人赶到了这里。检测中心地面稍低，人们排起长队，冒着雨，不断地把沙袋传递过来，堵在门口。

最后，史博士和项目组夜以继日，克服各类资源紧缺、作业区内工况复杂的困难，终于在预定时间内，将系统交付。

07

2023 年，是史博士在武汉南瑞工作的第 12 个年头，她已经从普通的技术员成长为电力物资检测领域的专家级人才，她带领团队研发了电力物资质量自动化检测系统，这一系统填补了电力物资检测领域的空白。

为了洽谈业务、执行项目，她经常往返多个电力公司。最多一次，一周 5 天跑了 7 个城市，跨越半个中国。

2024 年初，马上要过春节了，武汉却突然变天，一夜之间发生了冻雨，树上覆了一层冰。

晚上听到不断发出的咔咔响声，出门一看很多树都被压弯、压断，有些电线杆倒了。不只是武汉，襄阳、宜昌也都遭受了冻雨。

很多小区停电。

武汉南瑞出动了应急电源车。

史博士把所有的应急电源车都调动出来。不仅为湖北，也支援了黑龙江和山西等省。

她也跑去了现场，指挥保电。

1000 千瓦的电源车开进小区。

寒冷的现场，发电人在忙碌。

应急电源车是高压计量技术测控中心研发和生产的。

2023 年，他们还研发了一台新的氢能源车。杭州大运会上，还把氢能源车开过去做保电。

新一代仿真培训平台

01

2023 年，是南瑞集团中天电子研发部大赵参加工作的第 12 个年头。

这位有些谢顶的汉子，人们都说是搞研究搞的，那些头发都随着数字和模块脱落了，使得你看不出来他的真实年龄。

走在街上，他会因孩子们喊他一声"爷爷"而放声大笑。

是呀，古人云："人生天地之间，若白驹之过隙，忽然而已。"在这个时候，还真的要抓紧时间，不负年华才对。

02

在电力信息系统集成领域耕耘多年，大赵对自己所从事的技术工作已经十分熟稔。你只要跟他提起来，他都是如数家珍。

12 年的研发生涯中，让他印象最深的，是他带领团队完成国家电网公司新一代仿真培训平台装置设计以及改进工作的场景。

2018 年 10 月，国家电网公司新一代仿真培训平台及装置的设计和改进工作，交给了南瑞集团中天电子。

有着 4 年营销计量培训室建设经验的大赵主动请缨，承担起项目的设计研发生产工作。

这天，大赵带领项目组踏上了开往北京的高铁。

此次他们要参加国家电网公司组织的专家研讨会，并在一周内完成第一版解决方案。

研讨会上，他详细地向有关专家汇报了关于仿真培训平台国内外的最新研究材料。

"新一代仿真培训体系，要对计量、采集、通信、主站异常及标准化作业各个层面的故障做模拟仿真。"

"新一代的仿真装置，要能够平台化、模组化、可扩展化。"

"新一代的仿真装置的标准化、培训软件规范化的同时，应做到与基层实际系统应用方式、方法、环境的一致。"

围绕着他的介绍，专家们对仿真培训平台的功能和需求，展开了热烈的讨论。

他们各自发表看法，最终统一到一个方向上来。

大赵和团队对此都认真聆听，并且逐一记下。

研讨会后，他立即召集团队成员开会讨论，希望能够找出切实可行的方案。

有人说，这个单独设置确实很合理，但是没有办法兼容其他模块。

当然，除了设计合理，还要考虑成本，性能与造价都要权衡，还要仔细对比同等类型材料的对照表。

03

260 个需求、180 个故障点、12 种典型场景、1380 道典型题库。这一组数字的背后，正是大赵和团队奋战一周的缩影。

随后几天，经过几轮测试、研判、总结，第一版解决方案终于落地。

2019 年的腊月三十，街道上已处处呈现出春节前夕的喜庆与喧闹，远处还不时传来鞭炮的鸣响。

此时的大赵，仍在桌子旁冥思苦想。妻子刚收拾好的地方，又被他摆满了一堆图纸和数据详单。

妻子在客厅和厨房里忙着，边忙边跟他说话。

说了好半天，他一句都没有听到。

妻子好像说，让他把春联贴一贴，邻居们都贴好了。好像说，让他找找擀面杖在哪里，要包饺子了。好像说，电视遥控器不太灵敏，是不是电池不行了，还得买节电池。

大赵似乎听到了，又似乎没有听到，他有时会"嗯嗯"地应付两声，但过后又忘了。他的心里，全是仿真培训平台。

04

虽然方案已经有了，但如何实现模组化呢？大赵不断思考着这个问题。

现有的仿真装置及仿真技术，已经固化了 10 年，无论是电气设计原理还是型式设计，都经过了层层打磨，如何能够突破，更上一层？

门在这时砰地一响，儿子闯进来了。小孩子才不管爸爸正在那里心劳计拙。

他说："哎呀，吓了爸爸一跳。"

儿子跳着叫："爸爸说话不算话，爸爸给我买新年礼物。"

他这才想起来，曾经答应过儿子。"那你要什么礼物呢？"

儿子高声地说："我还要买乐高！买一个更好的。"

看着儿子手里的乐高模型，他问，这个好玩吗？

儿子说："当然好玩，它什么都能拼！"

看着儿子手里晃动的模型，他突然就呆愣在那里了。好像看到了一束光，那束光瞬间照彻了他昏暗的思绪。

对啊！我们能不能也设计拼接模式的仿真装置，来统领一切？

05

妻子端上来了热腾腾的饺子。

妻子知道这个呆子又遇到了新课题。他每回都是这样，不待想出一个结果，是没神没魂的。喊叫了半天不顶事，妻子就一个人干了。连饺子都包好，下锅，给他端过来。

大赵又是说谢谢，又是说对不住，抓起一个就放在了嘴里，吸溜着直说好吃。接着又放嘴里一个，而后就又陷入了思索。

妻子看着他笑笑，出去了。

一会儿妻子又叫，春节联欢晚会开始了。

他说了声"嗯嗯，你先看吧"，就没了声音。

在他的召集和启发下，团队正在线上快乐地交流着。

大家你一言我一语，好像一下子打开了思路。

"装置可以由多个小型装置拼接而成。"

"每一格都可以设计单独的功率源，这样就可以解决不兼容的问题。"

"还有，蓝牙通道是不是同步多口径开通，这样指令通道也解决了。"

电视里，新年的钟声敲响了，大家都在共同欢呼。

外面放起了烟花和爆竹。

大赵向团队的伙伴们问候新年，大家在一起过了个别具一格的春晚。

电视里已经响起了歌曲《难忘今宵》，看着初具雏形的仿真装置设计方案，他伸了个大大的懒腰。

06

春节期间，大家凑在了一起，连续加了几天班之后，第一代仿真装置的设计方案诞生了。

在此基础上，历经 1 年时间，大赵带领研发团队又成功推出了用电信息采集仿真实训装置，并在国网山东培训基地试验成功。

这样，可以顺利地开展省级培训竞赛活动了，表明这套系统，真正地实现了"仿真"成真。

截至 2023 年，大赵带领他的研发团队，不断对仿真培训装置进行研发升级，由仿真培训类装置，扩展为电力营销实训室整体解决方案。

这样，很快受到了市场的广泛欢迎。

安徽、山东、河北、江苏、重庆等 10 多个省市地区，用这套方案，为将电力计量业务人员、采集运维技术人员、用电检查从业人员，开展了别开生面的技能培训和业务竞赛，收到了良好而难得的效果。

坚持科研与产业并重，是南瑞作为国家重点企业始终坚持的方向。

一手抓科研，一手抓产业，让科研为产业服务，让产业促进科研发展。良性的循环，既发挥了科研优势，又提升了产业能力。

科研与产业，都是通过人来实施的，我们看到，无论是灌区智能一体化管控系统，还是超导实验基地大电流实验平台，都是南瑞人近来通过科研产品投入市场的成功范例。

我们相信，只要不断发挥科研优势，持续做好服务保障，加大产业集群培育力度，就能走出一条铺满阳光的通衢大道。

第十一章 精神铸造辉煌

一、创业精神：金振东的自豪

01

东北寒冷的大地上，踏出一双双深切而坚实的脚印。

大雪纷飞，道路泥泞。每一步，都显得那么艰难。

但是，脚印却一直踏向前去。

金振东他们接下了东北浑江梯级电站自动化工程。从招待所到电厂，要走 40 分钟"峡谷中"的泥路。

正值冬天，晚上路面上冻，还好走一些，白天太阳一晒，全变成了烂泥地。

金振东他们每天早晨去，中午回来再去，晚上再回来，不停地在这泥泞中跋涉。

不是一天两天，而是长长的 180 天。

即便如此，这些从南京来的人，仍然是快乐的。

因为这是研究所成立以来，他们接下的第二个项目，而且是大项目。

02

金振东，1957 年从清华大学电机系毕业，分配到华北电力设

计院。之后有两次调动，1969 年调到南京水利电力仪表厂，1974
年再调到自动化研究所，1998 年 5 月 65 岁退休，后又继续工作，
在研究所工作了 30 多年。

实际上，当时的研究所就是几个组，一个是电子计算机组，一
个是远动距离控制组，一个是继电保护组，还有一个是自动化组。

金振东负责组建远动距离控制组，简称远动组。远动就是远
方自动化。

组里还有一个刘兴武，也是毕业于清华大学，加上两个刚从
南京电力学校毕业的学生，加上一个制图员，一共 5 个人。要说
是精兵强将，还真的有些勉强。

远动组分到一个装箱间。

装箱间就是产品打包装箱的车间。里面能放一张大桌子，几
个长条板凳，一台示波器，几块电表。

一到晚上，起重天车顶导轨上老鼠乱窜，不断"吱吱"叫。

南京本来就是火炉城市，一到夏天，装箱间就闷热难耐，晚
上加班，蚊虫叮咬，大家都准备了万金油。

不知是谁拉来一台锅炉房用的鼓风机。插上插销，打开电门，
鼓风机立刻怒吼起来。吼出来的风，带着一股子野性。

冬天，又冷得够呛。

烧着一个大煤炉子，散得到处都是灰。

空间大，热量根本达不到。晚上加班时，墙上挂着的温度表
红色标识常显示 5 摄氏度。

03

那时还不是计算机画图，是人工用尺子在铜版纸上一个图形

一个图形地描画出来。

几个人哈着手，边讨论，边设计，边画图。

实在冷得狠了，就喝口热水，或者站起来跺跺脚，运动运动。

作为组长，金振东为大家的热情所感动，就不停地捅炉子，加煤。精黑的煤块加进去，蓝色的火苗立刻欢快地扭动起来。

有时候大家忙起来，连炉子都顾不上。

有时候看温度计：5摄氏度。很不错了。

这种条件下，他们干得很认真、很努力，天天加班。

刚到南京的时候，金振东骑着自行车上下班，有时候他晚上回家，竟然发现路灯全都闭了眼睛，所有的道路都是黑的。

大大小小、昏昏黄黄的车灯过来过去，高高低低的喇叭响来响去。

金振东不断地按着车铃，紧张地看着前方。

那个时候，大家对停电似乎见怪不怪。

但是这让搞电力工作的金振东心里很不是滋味。

04

远动组第一个项目是东北鸭绿江最大支流浑江梯级水电站自动化，其中发电机功率调节部分的设备由自控人员承担。整套远动设备研发中首次将过去的晶体管分立元件电路升级为 mos 集成电路。全组夜以继日，全力以赴，通过大量试验，确定了方案，最后终于开发出了成套设备，到现场安装调试，培训现场人员，成功投运，这是国内首次实现水电站远方控制。

这个工程比较大，远动组全力以赴，大家带着一股子兴奋劲儿，一股子创业劲儿，一股子不打胜仗不收兵的猛劲儿，坐上了"隆隆"的火车，奔了大东北。

然后再坐上寒冷至极的大"解放"，去了寒冷至极的现场。

于是就有了开头的一幕。

05

这个项目经过半年荒野里来回奔走，经过几个哥们顶风冒雪的苦干，终于完成了，而且完成得很好。

为此，东北电管局还发了一个奖状，给了一笔奖金。奖金是70块钱，全组均分。在那个年代，也说得过去。高兴啊，就差奔走相告了。又做成了一个项目，一个个做下去，这事业就做大了。

金振东打电话给所里报喜。

所长在电话那头说："好样的，祝贺啊，回来给你们庆功！"

所长叫梁汉超，原来是电科院一个室的主任。前面提到过，梁所长专业出身，既懂业务，又有能力，既有思想，又有远见。尤其懂得人才的重要。

梁所长把金振东找去，聊聊工作，聊聊生活。聊了一会儿，话锋一转，说："人手够用吗？"

金振东听了，心里一热，所长前面谈的虽然是关心话语，但也不如这一句啊。这一句，可以说是问到点子上了。他立刻抬高了嗓音，说："那怎么会够？做木匠活还有几个拉大锯推刨子的，咱这是搞研究啊，三头牛两匹马的怎么能行。"

梁汉超所长说："对头，我们不能只是发扬牛马精神，我们还要发挥人的能动性，古语说得好，十年之计，莫如树木，百年之计，莫如树人。人是第一重要的，没有人，搞不起大事业。"

金振东越发高兴了，看来这梁所长是成竹在胸了。

只听所长说："今天找你来，就是想着你是清华毕业，又是电力设计院出来的，知道全国哪里是人才窝子。现在，就派你去调人，哪里有我们需要的，就去哪里调。"

金振东几乎要跳起来，说："太好了，所长，搭台唱大戏，锣鼓家伙生旦净末丑，哪一个都不能缺。"

梁所长哈哈地笑了，说："好，可咱把话说前头，你要是调不来张飞赵云五虎猛将，我可饶不了你！当然，调不动的，你跟我说。"

金振东自信满满，大声地说："没问题，保证完成任务！"

梁所长又说："还有，你要记住，调人可以以你们远动组为主，但也要兼顾，只要是发现对我们研究有用的，都想法调来。"

金振东笑呵呵地说："放心吧所长，我都记下了。"说完扭头就走。

没想梁所长在后面又哈哈大笑起来，说："小金哪，一听说招兵买马，你就急不可耐了，我还不知道你这第一站选在哪里呢？"

金振东说："东北！那里是工业基地，人才窝子，我的好多同学都在那里。"

梁所长大手一挥，说："好，那就去东北！我给你写封信，先去找东北电管局。"

06

金振东跃马扬鞭，一路扬尘直奔了东北。

有了所长的信开路，一切都好说话。到那里专找高学历的一线人员，套近乎拉关系。

他在东北电管局的支持下顺利完成了调人任务，远动由原有

的 5 人，增加至 10 余人，汇集了国内不少远动技术精英，远动组
升格为远动室，承接了不少研发项目，如韶山灌区、广州供电网、
南京供电网等的自动化工作。远动室不仅成为国内电力部门远动
技术归口单位，还成为国际电工委员会 IEC 下属远动分会 TC57
的中国负责单位。1980 年 10 月金振东还代表中国去奥地利维亚纳
出席了 IEC TC57 会议。

这时南京自动化所已成为国内电力部门自动化的热门，北京
水科院、良乡电建所、西安热工所等的一些自动化科技人员纷纷
汇集到南京。南京自动化研究所成立了通信、水电、火电自动化
研究室、大坝监测研究室等，成为硕士研究生培养单位，并创办
了国内权威的《电力系统自动化》杂志。

07

有了人，工作环境也要改变，在车间里搞研究，毕竟不是长
久之计。

梁汉超所长没有闲着，他积极运作，不断找人，又不断找地。

南京市自然支持这个跟工业和生活原动力有关的单位，于是
批了一块地给研究所。

前面已经谈到，这块地原来属于市木材公司中央门制箱厂，
差不多有 54 亩。现在看是小了，那个时候却觉得已经可以了。

事实上，南京市支持南瑞，是支持对了。他们越往后越清楚
地知道，南瑞给南京带来了多少益处。

这块地在南京蔡家巷附近，随着南瑞的影响力加大，单位门
前的小马路也叫成了南瑞路。

搞建设那段时间，还是比较忙乱的。没有围墙，建筑材料什

么的总是被偷。

科研是大事，建窝搞建设也不是小事。

梁所长下令，关键时期，所有组长以上干部，还有党员，晚上都要去值班，看守建筑材料。

新的场所建好，大家搬了新家，别提多高兴，科研劲头更足了。

08

在研究所有关科技人员努力下，1977 年研发出国内第一套包括彩色监视器在内的 SD-176 型电网运行状态安全监视双机系统，并在京津唐电网调度中心成功投运。这是打破国外技术封锁的国家重点项目，获得水电部科技项目一等奖。

随着国家经济的发展，原有的中小规模电网开始互联成大型电网，如京津唐电网就与河北、山西、内蒙古的电网互联，升格为华北大区电网，对电网的安全稳定运行提出了更高的要求。上述已开发的电网运行监测系统已完全不能满足要求。这时，欧美电网调度自动化已从实时监视、控制的 SCADA 系统，发展至具备自动发电控制和经济运行功能、预测电网运行故障功能的能量管理系统 EMS。

我们已开发的 SD-176 系统与之差距太大，若按常规步骤研发，旷日持久，不能满足大区电网安全经济运行的迫切需求，最快捷的途径就是结合国外先进 EMS 系统的工程和技术引进，在消化吸收的基础上开发自己的 EMS 系统。"六五"期间，国家确定华北、东北、华中、华东四大电网引进国外先进的 EMS 系统。水电部决定成立 4 人专家技术组负责引进系统的技术评审，金振东就是成员之一。历时三年多，在对欧、美、日七家公司 EMS 系统开展技术、经济比较的基础上，选定了由英、美公司联合开发的 WESDAC 型 EMS 系统，南京自动化研究所负责工程引进项目的技术支撑，并在引进消化吸收基础上，开发自己的 EMS 系统。这时金振东也从远动室调任负责 EMS 系统开发的系统工程室主任。

09

决心加信心，南京自动化研究所，终于研制出带有自主知识产权的分布式能量管理系统 SD-6000。

由于当时恰逢美国 IEEE 统一了用于实时运行的计算机编写操作系统语言，各 EMS 开发公司都按规定重新开发各自的 EMS 系统。他们和国外公司在同一起跑线开发，SD-6000 增加了引进系统不具备的统一支撑软件平台的调度员培训仿真系统 DTS，新开发了图模库一体化等用户急需而国外公司还没有的软件，先在山东最大的淄博地区电网试点，投运成功并获电力部科技成果奖一等奖。

此后，金振东决定在大区电网应用前先在国内最大的北京电网试点。北京电网对新系统要求迫切。有一天，北京供电局领导通知金振东尽快来商谈，当时金振东正在电力部科技司汇报，科技司对这一项目十分支持。接电话后金振东立刻动身，但无交通工具，科技司一名副司长就用自行车带金振东从白广路骑行至前门的北京供电局。

金振东详细汇报了情况和预计工期，供电局主要领导当即拍板，但提出要求，一是要用计算机控制的大屏幕投影取代现有常规调度模拟屏；二是要去欧美各国电力部门考察，用上最新的技术和功能；三是确保 1998 年内要投运。

金振东当即返回南京汇报，所领导极为重视，立刻赴京洽谈。1996 年 4 月项目签约，并被确定为电力部的重点科技项目。当年 6 月，项目团队赴欧美电力部门考察。7 月开工。经过两年攻关，系统按期在 1998 年底投运。

10

北京供电局的系统投入以后，广东省也希望更新系统。

广东电网是当时全国最大的电网，比东北电网规模还大。各种需求提下来，大大小小有 104 条。

所领导高声地说，要求高就高吧，对于南京自动化研究所来说，不一定是坏事，正好操演人马，锻炼队伍！

统一了思想，大家行动起来，全部改，连夜改，改了以后不断地开发。

投入运行时，广东的客户摆了一桌饭菜，真心地表达他们的感谢之情。

SD-6000 系统，不仅可与同时期的国外先进产品相媲美，部分产品还达到了国际领先水平。

此项结果，标志着我国省级调度自动化系统核心产品，完全依赖进口局面的结束。

电网调度自动化系统，是电网生产运行的指挥中枢，国产化意义重大。

此后,南京自动化研究所,又将 RD-800、SD-6000、OPEN-2000 陆续研制成功。

11

1998 年 5 月,金振东退休后继续工作,到东南亚一些国家宣传中国的 EMS 产品,参加越南、菲律宾、马来西亚电力公司 EMS 项目投标,做一些地区电网自动化规划、翻译产品资料等。

已经退休多年的金振东说:

"万事开头难,我们深知创业的艰难,但我们不惧艰难,迎难而上,这就是我们南瑞的传统,南瑞的精神。我们脚踏实地,发挥才能,只要是国家需要的、电力用户需要的,我们就一定努力做出来!

从 20 世纪 80 年代只能开发和设计一些局部的固定设备,到 90 年代发展到能够开发跟国外先进水平并驾齐驱的大电网调度自动化系统,走到这一步,我们只用了不到 10 年的时间。

这是我这一生中最感到自豪的事。"

二、科学家精神:铸就电网安全"决策大脑"

01

"电网的任何一个细微故障,都有可能造成电力系统稳定破坏事故。我们要做的就是保证电网的安全稳定。"2023 年度"央企楷模"、国家电网公司首席专家、南瑞集团有限公司首席专家、系统保护实验室主任薛峰这样解释自己的工作。

薛峰带领着科研团队三十年如一日,以十年磨一剑的韧劲,以"一辈子办成一件事"的执着，深耕大电网安全稳定控制领域，研发出世界首套特高压交直流电网系统保护，建成世界上集群规模最大的系统级硬件在环实验验证平台，铸就电网安全"决策大脑"，构建电力输送"安全卫士"。

02

薛峰从小就跟着奶奶生活在上海。奶奶是小学老师，对教育非常看重，做人做事给了薛峰很好的影响。

他在上海从小学、中学一直读到了大学，父亲不在身边，母亲也是在他读高中的时候，从南京自动化研究所研究生毕业后才调到了上海电力学院任教。

薛峰考上上海交通大学时，全家都为之高兴。填报志愿时，薛峰就想报考当时比较流行的计算机专业。父亲说："我和你母亲都是电力专业，将来在专业和事业上会给你一个很好的引导。"薛峰就填报了电力系统自动化。

1992 年大学毕业后，薛峰可以留在上海，在电力公司或者是大学工作。薛峰对上海还是有感情的。

但是父亲帮他分析了将来的道路。父亲说："你可以找到一份稳定的工作，但是你要想把所学的知识运用好，继续钻研下去，在电力方面深耕，那还是去南京自动化所比较好。因为这里是一个平台，可供你畅想和遨游。"

03

薛峰听从了父亲的建议，作为那届 2000 多个本科毕业生唯一一个放弃上海户口去外地的毕业生，来到了南瑞集团的前身——

南京自动化研究所。当时南京自动化研究所已经细分为很多业务方向。

薛禹胜院士认为，随着电网的发展，电网稳定控制专业的前景会越来越宽广，就把薛峰留在了 EEAC 小组。

那个时候 EEAC 小组还在起步阶段，从事电力系统暂态稳定量化分析研究的成员，也就六七个人。开始也没有产品，没有太多的工程。

但是，真的是应了薛院士的话，中国电力事业逐渐进入了蓬勃发展时期，对电网安全稳定的要求越来越高，EEAC 小组后来与安全稳定控制装置开发人员等成立了稳定公司，到 2020 年一年有 6 亿多元的合同，1 亿多元的纯利润。

我国电网多年来保持安全稳定运行，其中一个很重要的原因，是拥有基于"三道防线"的故障防御体系和电网安全稳定控制系统。

20 世纪八九十年代，我国电源建设、电网发展与经济发展的速度不匹配，停电时常发生。

"我最初的工作，主要是研究分析电网距离安全边界还有多远，从而及时调整电网运行状态。这就好比盲人在导盲犬的指引下可以提前避开障碍物并调整行走方向，这正是避免发生大停电的关键。"薛峰说。

东北当时作为火电基地，既是电源中心又是负荷中心，安全稳定问题突出，所以从 1993 年到 1996 年，他们选择东北为 EEAC 在线评估技术工程应用的试点。薛峰与高宗和等都是全程参与。

这个项目 1996 年获得了国家科学技术进步奖一等奖。这是一个团队的成果。

也正是在这一重大技术攻关过程中，薛峰发现自己的专业知识和科研能力需要进一步提升。他选择了继续学习，先在南瑞读了研究生，再辞职到英国巴斯大学读了 4 年博士。

2008 年博士毕业后，薛峰在英国国家电网公司工作了一年多，工作比较稳定，收入在英国社会里算中等偏上。但从专业的角度来说，在那里要想提升和发展，空间比较有限。英国电网基础建设和电网技术虽然也在发展，但没有中国发展这么快。

薛峰深深感到，只有扎根强大的祖国，他的专业知识才能发挥更大作用，创造更大价值。

2009 年，薛峰毅然回国，回到了南瑞。

04

离开 6 年了，这 6 年里，中国电力事业发生了很大变化，特高压要建了，新能源提上了议事日程，对于电网安全稳定运行有了更高的要求。原来的团队经过了 10 来年的发展，分析咨询、主站、厂站、工程等安全稳定专业的业务都已涵盖，队伍也壮大了。

薛峰赶上了好时候。

2009 年，为提高基础研究能力，做好长期技术储备，稳定公司新成立了基础理论研究室，薛峰成为首任部门经理。

部门成立之初，新能源并网基础理论较为薄弱，控制问题亟待解决。薛峰和团队成员在薛禹胜院士的指导下，投入到新能源并网控制的基础理论研究中。

2010 年底，已有甘肃（酒泉）、江苏、蒙东、蒙西、河北、吉林、新疆（哈密）、山东 8 座千万千瓦级风电基地通过了国家组织的规划审查，部分新能源基地并网控制问题开始显现。

当时，国内电网区域联网的格局已基本形成，特高压建设如火如荼。大规模"西电东送"、特高压输电和新能源的发展，实现了更大范围内的资源优化配置，同时也使得确保大电网安全稳定的难度不断加大。

为推进智能电网领域技术攻关，2011 年，科技部发布了 863 计划重大项目"智能电网关键技术研发（一期）"指南。

薛峰参与了课题"风电场、光伏电站集群控制系统研究与开发"，牵头完成了大规模新能源发电并网集群协调控制框架设计工作。该系统研发成功后推广至甘肃、宁夏、河北和吉林等 15 个省级电网，覆盖了我国全部千万千瓦级风电光伏基地，改善了大规模风电、光伏基地并网控制与消纳难的状况。

"既然选择了做一件事，就要尽力做到最好。"正是怀着这样的信念和执着，薛峰在大电网安全稳定控制的攻坚路上爬坡过坎，在一次次突破中坚守着电网安全的高地。

2011 年，薛峰当上了稳定公司的副总经理，后来他又当上了党委书记、总经理。

薛峰说："我们这个团队，无论是硕士博士的比例，还是个人的能力素质，都是不错的。一个团队，只要上下一心，有好的协作精神，就能把各方面工作做好。"

05

"十二五"期间，我国电网逐步发展成为世界上电压等级最高、规模最大、控制运行最复杂的交直流混联电网。日趋复杂的大电网特性，也就呼唤着电网安全稳定控制系统不断升级。

2015 年底，国家电网公司战略性提出建设"特高压交直流电网系统保护"。

薛峰和团队接手了这项任务。

系统保护的目标是控制大电网安全运行风险，这是覆盖于特高压交直流电网上的一个综合二次控制系统。目标是有了，但是国内外尚无建设实例。

没有可借鉴的先例，意味着需要全新的方法与视角。

尽管在大电网安全领域已经身经百战，薛峰仍然感到了不小的压力。

他和团队试图通过完善传统的常规控制方法，寻找解决方案。方案讨论了一轮又一轮，还是解决不了多回特高压直流闭锁设防难、可用控制措施不足等问题。

系统保护方案编写组成员小董说，当时最痛苦的不是熬夜加班，而是没有头绪。

06

时间来到了 2016 年。薛峰改换思路，带领团队翻阅国内外大量资料，跨领域、跨行业获取灵感，采取既能保证大电网安全稳定，又兼顾经济性的策略。

披荆斩棘，百折不挠。薛峰他们终于按时完成了系统保护建设总体方案。

2016 年 5 月，方案通过了包括 6 位中国科学院院士、中国工程院院士在内的近 20 位资深专家的评审，获得高度认可。

2017 年 5 月，世界首次特高压直流闭锁冲击功能性试验在华东电网完成演练。

薛峰来不及和团队分享成功的喜悦，又马不停蹄投入到国网六大分区系统保护工程和系统保护实验室的建设工作中。

这个实验室，将在保障国家电网安全生产运行中发挥重要作用。

薛峰他们从方案编制、专家论证、关键技术研发到可靠性评估，从出厂验收、工程验证、故障反演到现场装备运维，可以说是从零做起，一点点将实验室建成世界上集群规模最大的控制系统级硬件在环实验验证平台。

2018 年 10 月，系统保护实验室投入运行，薛峰担任实验室主任。

目前，系统保护的安全防御范围，已覆盖我国所有省级及以上电网，在关键核心装备上实现了完全自主可控，成为保障我国电网安全运行的"大国重器"。

07

薛峰在开展技术攻关的同时，还将目光投向更远，那就是"国际标准"。

21 世纪初以来，美国和印度等地发生大规模停电事件，均造成了巨大的经济损失和社会影响。

为了降低大停电风险，需要对电力系统进行有效的规划、设计、运行和控制，并通过建立完备的电网稳定控制国际标准体系来满足电网运行要求。

薛峰说，标准引领是国家和企业参与高质量竞争的重要标志，对于产品走向国际也是非常重要的认同。掌握了话语权，竞争时才能有制高点。

从 2013 年起，薛峰带领团队一边技术攻关，一边开展国际标准组织的申报之路。他是要向国际性电工标准化机构——国际电工委员会（IEC）申报筹建专门的电网稳定控制技术委员会。

工作漫长而艰难，但他绝不会放弃。经过 8 年的不懈努力，2020 年 2 月，终于促成 IEC 互联电力系统网络管理分技术委员会（SC8C）落户中国。

在担任分委会秘书的同时，薛峰牵头组织国内外相关行业专家开展标准的研究与制定。从此，我国电力运行控制领域专家开展国际标准研制工作有了更大的舞台。

2023 年，薛峰负责推动 5 项中国牵头的国际标准提案取得新进展，其中，IEC TS 63384-1《电力系统稳定控制框架设计导则》发布。这是中国主导研制、世界范围内首次发布的 IEC 稳定控制框架性国际标准，实现了电网安全稳定控制领域"中国方案"上升为国际共识，在国际舞台上发出"中国声音"。

08

"用心才能创新，竞争才能发展。"秉承着这样的信条，薛峰在创新路上不断求索，持续输出创新成果，也带出了一支有能力、敢创新、有情怀的学习型团队。

学术上严谨，做人上宽容，这是薛峰做人的准则，也是他带团队的风格。进入薛峰团队超过 10 年的小侯始终记得薛峰的话——"我们不只是对产品负责，更要对电网安全负责。"也正是基于这一点，作为国家电网系统保护实验室的建设者之一，小侯同样带头将"精益求精"作为行事的第一准则。

薛峰和团队成员以自己的行动，带动产业链上相关企业不断提升电网装备研制水平和市场竞争力。

作为带头人，薛峰知道，一个团队的集团军作用是不容忽视的，由此十分注重团队的建设。他会定期组织开展专题技术研讨，让大家在科研项目、技术攻关、业务拓展、个人成长方面广开思路，挖掘潜能，发挥个人优势。薛峰说："我们坚持'一人一策'，根据他们的特点加以引导，创建各类平台激励他们创新创效，帮助他们更好实现自我价值。"

团队成员说，薛峰就像个严格又和蔼的老师，工作中遇到了任何困难和问题，他会主动和你一起剖析原因，把正确的方法教给你。

为了把精力和时间放在研究上，薛峰 2021 年 9 月卸任了稳定公司总经理，先是选聘为南瑞集团首批领军人才，后来又当选为国家电网公司首批科技研发类首席专家。薛峰说，当专家不仅是一种荣誉，更是一份沉甸甸的责任。

如今，薛峰正带领团队开展电力系统主动支撑能源转型、碳达峰与碳中和的优化研究，全力以赴，勇敢担当，助力推动能源生产和消费革命，守护国家能源的长久安全。

三、工匠精神：输变电设备诊断专家

01

2006 年，程博士从华中科技大学毕业。此时正值中国特高压工程建设起步阶段，需要大量特高压专业人才。

时任武汉高压研究院（简称武高院）院长的陈维江院士亲自到华中科技大学招人，并描绘了中国特高压电网的宏伟蓝图。

抱着建设祖国、建设特高压电网的初心，一批充满奋斗热情的年轻人来到了武高院，可以说是特高压事业选择了他们，也是他们选择了特高压事业。

程博士有幸经历了特高压交流试验基地建设、向家坝—上海±800 千伏特高压直流输电工程和晋东南—南阳—荆门特高压1000 千伏交流输电试验示范工程等国内重大交直流工程的锤炼。

面对设备制造和现场调试遇到的各种"疑难杂症"，程博士潜心钻研，虚心向武高院专家们求教。

他们这一代电气工程师，从事特高压开始就是以学生的身份学习国外先进的特高压输变电技术。尽管中国用市场换技术的策略实现了特高压建设起步的突破，但是对于核心技术环节，外国还是严格封锁。

晋东南—南阳—荆门特高压试验示范工程投运后，成为全球第一条商业运行的特高压工程。

因此，建立符合中国国情要求的特高压设备运维技术体系，是当时面临的迫切难题。当时的他们不仅在技术上落后，信心也是缺乏的。

02

程博士是"输变电设备诊断专家"。

2009 年，德国西门子变压器厂为中国第一条特高压直流线路——±800 千伏复奉线生产的第一台 800 千伏换流变压器出现故障。德国工程师闭门三天都找不到问题所在，迫于工期压力无奈同意让中国工程师也参与咨询，经过一番检测，程博士很快找到了症结！他在变压器上画了一个圈，"从这里进去 50 厘米，有个螺丝烧断了"。德国人半信半疑地按他的方案做了，在设备上画个圈就是故障位置，故障果然解决了！德国工程师队长走过来，拍拍他的肩膀不好意思地说："中国工程师的专业技能让我们由衷地钦佩和折服！"

在特高压某些技术方面，他们已经可以与外国"师傅"平等交流了。

03

新疆有着世界规模最大的特高压电网，那里电网运行环境特殊，电网设备运检极富挑战。终于，程博士为自己争取到了去国网新疆超高压分公司挂职锻炼两年的机会。他心里暗自下定决心，要在新疆寻求输电运检技术的新突破。

为尽快熟悉疆电直流运维管理，长途跋涉的程博士顾不上调整与休息，一放下行李便直接奔赴±1100 千伏昌吉换流站现场参与换流站首检准备工作。

换流站检修时间紧、任务重、范围广、要求高，每一名检修人员和后勤保障人员都承担着非常大的压力，但他们高涨饱满的工作热情也深深触动了程博士。带着这股精神，他逐渐熟悉并融入了新疆特高压直流专业管理工作，开始发挥特高压设备检修试验技术优势为换流站首检夯实安全防线。在换流站连续待了50天后，他不仅成为同事眼中可靠的工作伙伴，也为第二年全面负责承担千人综检的工作积累了宝贵经验。他回到乌鲁木齐后，大家看着这位皮肤黝黑的汉子，还以为又来了一位新同事呢。

程博士常对同事们说，"做特高压直流专业管理不能脱离一线，要多去现场，在解决实际问题中提升管理水平"。他坚持每年驻站100多天，深入20余个750千伏变电站和两座特高压换流站现场调研慰问。

新疆高原沙漠、低温严寒的极端环境较多，气体绝缘设备运行条件恶劣，冬季运行常有气体低温液化停运风险。程博士发挥自身在设备检测和预警方面的技术特长，和新疆的运检小伙伴们一起梳理问题，制订计划，邀请南瑞集团及"双一流"高校的专家联合攻关，在国内相关技术尚属空白的情况下，解决了高寒气候下的气体绝缘设备的运维技术的系列难题。该项目成果在全疆24个750千伏变电站及2座特高压换流站应用后，气体绝缘设备年严重故障数从12台次/（万台·年）降至2台次/（万台·年），非计划停电时间从945小时降低为297小时，课题研究也获得了自治区科技进步奖一等奖。

在他的带领下，新疆超高压公司科研成果创下了新高。团队们一路过关斩将，取得了国网直流专业技能竞赛全网前十、直流竞赛全网第八及优秀组织奖的历史最好成绩。现在，大家都学会了程博士的口头禅："要干事，更要能成事"。

返汉后，程博士又带领团队开展了"特高压大型充油核心装备故障预警与主动阻断技术及工程应用"研究，成果荣获湖北省科技进步奖一等奖，且已应用于国网全部特高压大型充油设备，累计阻断爆燃故障 8 起，这让程博士和他的团队们无比骄傲。

04

作为国家电网公司特高压运维技术的主要支撑力量，程博士及其所在的团队几乎参与了全部的国家电网公司海外投资、建设和运营的特高压项目。目前中国的特高压技术在国际上非常有竞争力的，国外同行对他们可以说是"又爱又恨"。

比如中国承建的海外最大特高压直流输电工程——巴西美丽山送出工程，程博士及其团队承担的是其国外部分的设备咨询监理和试验调试工作。巴西的合作方为 ABB 和西门子，这两家跨国公司均配备了英语水平不错的项目经理负责沟通，但是在试验厂区里能讲英语的试验操作工则凤毛麟角了。为了保证巴西操作工的每一个工艺细节符合技术规范，中国驻厂工程师向巴西 ABB 索要了所有的葡语编写的工艺操作卡，为了不耽误时间，他们在晚上下班完成当天监造日志后，对着名目繁杂的工艺卡翻译出对应的中文信息，并将其和 IEC 标准进行对比，保证次日在生产监督中确保操作工的每一个工艺符合要求，每一个焊点、每一个线圈绕指间隔、每一个静电环的安装准确。

而在试验调试的环节，业主则强烈要求聘用当地优秀的巴西工程师，因为他们看起来更有经验，也更熟悉当地的电力标准。经过长达 3 个月反复和业主的沟通、介绍方案、核对技术条件和标准，程博士终于说服了业主认可中国工程师来完成这些工作。团队也高水平完成了工作，得到了国外业务的认可和称赞。他说：

"我记得现场有一次西门子的工程师做设备调试的时候遇到难题，特意跑来请我们给他作指导，这其实在我的职业生涯中是很少见的。"

10 年间，他先后主持了巴西美丽山±800 千伏特高压直流送出二期工程、巴基斯坦默拉直流输电工程等中国推动并参建的标志性海外工程的设备监造及试验调试工作。他和他们这一批从事特高压建设的电气人，经历了向先进学习的"跟跑"，和国际电工企业竞争合作的"并跑"，也正在经历着部分领域进入无人区探索的"领跑"。现在，他和他的团队将在中国特高压输变电运维检修技术发展道路上继续向着更大的挑战出发。

四、薪火精神：青年生力军

不让须眉的实干派

01

在领导眼里，小李工作认真仔细、高度负责，是个能挑重担、脚踏实地的实干派。

每天高强度处理各条线的工作，无论是晚上还是周末，大家总能随时找到她，并第一时间得到响应。她是众多南瑞女性中平凡的一员，做出了不平凡的事。

2024 年三八妇女节的前一天晚上，我走进一座现代化的办公大楼，上电梯到她所在的南瑞工程公司。当天晚上，挺大的一间屋子，还有不少人没有下班。

一个个子不高、笑脸盈盈的女子迎接了我。

聊起来的时候，感觉小李既淳朴热情，又坚定自信。她谈话随意自然，轻松活泼，把来南瑞 17 年的往事都抖了出来。

采访记录有五六万字，我把访谈做了一下改动，就让她直接面对读者吧——

02

我从 2007 年南京师范大学毕业后就到南瑞了。

一开始，在咱们南瑞的水电公司。来南瑞的前 7 年我都在水电专业，后 10 年在电力设计专业。

在水电公司主要是做水电厂的现场调试，出差比较多。前 5 年吧，每年出差 220 天左右。

就说第一次出差吧。

那是去浙江富春江水电厂。新员工培训刚结束，部门经理就安排了出差任务，所以我是那一批出差较早的。

那是 5 号机组改造任务，本来师傅跟我一块去，但他有其他事走不开，最后我一个人去的。师傅说，小李，你先去，我过几天就来。

一个人的战场，只能硬拼。白天先干会干的活儿，遇到棘手的问题，晚上回到住处，一边赶紧翻资料，查电脑记录，一边向师傅求助。

师傅看我越来越明白，就笑了，说没什么大不了的，只要用心，都能解决。

后来形成了一种习惯，头一天晚上盘算好第二天干啥，可能遇到什么困难，能不能解决，不会的就提前问师傅。第二天支撑着干下来，不让客户觉得你不行。到晚上再拼命梳理，看看可能又有什么问题。

应该过了一个月的时间，慢慢就撑到了最后几天，快并网了，师傅来了，活儿基本上也干完了。

师傅到现场检查了一遍，没啥大问题，但有个数据库脚本写错了，问题很隐蔽，检查了好久，当时我压力很大。后来就养成了好习惯，就是不管改啥，先把原来的备份好，万一出现问题，大不了再把它还原回去。

我最终渡过了难关。

后来还是很感慨这第一次出差，心理上经历了很大的转变。这种单打独斗真的很锻炼人，人家说"重赏之下，必有勇夫"。我这是"强压之下，必有强妹"。哈哈。

富春江水电厂 5 号机组顺利投运后，客户给了我和公司满意的好评。公司领导听说了，笑着跟我说，小李呀，出师了嘛，以后可以独自出差了。说得我很不好意思。2007 至 2011 年这 5 年里，我成了一个不折不扣的"差人"。

03

说起环境艰苦，还有在贵州思林发电厂的工作经历。这个发电厂机组规模大、工期特别紧，单机 26.25 万千瓦，总装机 105 万千瓦。

先坐飞机到贵阳，然后转汽车，全是盘山路，景色很美，要开 8 个小时才能到电厂。思林发电厂比较特殊，建在一个山洞里面，黑乎乎的。我们每天早起到里面工作，深夜才回。业主、厂家技术人员、民工都在洞里吃饭，每人拿一个铁盆，有的站着吃，有的蹲在地上吃。4 台机组几乎是同时施工，电焊的烟气弥漫在洞里，很难排出去，到处都是烟灰，有些灰就落在饭里。

开始我还戴着口罩，后来发现戴口罩没用，索性就不戴了。

最不方便的是上厕所。要走好远才有一个板房式的厕所。山洞里黑漆漆的，地上好多小水洼。

我拿着手电筒要走老远，又不好意思让同事陪我去。越往里走越黑，黑得瘆人。山洞滴水的声音显得特别响。为了壮胆，我就让自己脚步发出更大的声音。

你问我们每次出差都去做什么？主要是负责水电厂的监控系统，它就像人的大脑，现场所有的设备状态及信号都要接入这个系统中，它一方面接收所有的设备信息，另一方面向设备下达指令，从而实现自动化。

我们要跟调速器、励磁、保护、辅控等很多厂家进行现场联调，还有数据库、路由器、交换机、规约转换器需要现场配置，工作难度还是挺大的。

在那边待了两三个月，2009 年 5 月，第一台机组投产发电了，大家都很兴奋。条件虽然艰苦，但很有成就感，学到了很多，感受到自己的成长。其余三台机组分别于同年 7 月、9 月、12 月投产发电，成功实现了"一年四投"。

经历过这次之后，后来再遇到什么事儿，我就觉得没有什么过不去的。

04

2012 年，我顺利生下了一个可爱的儿子。公公婆婆很给力，都过来帮忙。

我可能多少有点工作狂特质，从来没有离开工作岗位那么长时间，我对重回单位上班充满期待，也很想念拖着行李出差的感觉。正好领导说葛洲坝项目要改造，这是个重大项目，要用到很多新产品、新技术，考虑到我在网络配置和集控调试方面的专长，希望由我牵头实施。

毕竟孩子还小，没有断奶，考虑到时间成本，在老公的支持下，直接在公司对面租了个房子，一家人都搬过去了。我们当时是一边研发、一边调试，项目组成员一起攻关，每天都要忙到晚上 10 点以后。我肯定得带头啊，所以就利用中午、晚上吃饭时间回家喂奶，其他时间都扑在项目上。功夫不负有心人，我们如期完成了开发和出厂调试，实现了既定的所有功能，客户非常满意。

公司领导说，年轻人就要多锻炼。我就是这样，在公司的培养下，在工作中得到了很好的历练。褪去了刚出校门的稚嫩，内心逐渐变得强大，可以应对很多事情。

工作 7 年之后，我调到了南瑞工程公司，我觉得已经把水电专业相关的技术都学会了，还成了技术能手，也被评为集团先进个人，正好有机会去尝试一下其他领域。我不是做研发的性格，既然不能在深度上钻研，那就去拓宽知识的广度吧。

在这边确实也经历了一个艰难的转型期，过程并不容易。

05

到工程公司之后，通过半年的考察，开始让我负责技术支持工作。

我自己要面临跨专业的转变，原来做水电，现在除了负责投标工作，还负责编写输变电、光伏、风电、微电网等 8 个领域的解决方案。当时人员还没到位，加上我一共只有两个技术人员，剩下几个同事都是做商务支持的。面对跨行业、跨专业的挑战，只能苦拼，再次进入疯狂学习新知识的状态。那一年，每天平均睡眠不到 6 个小时，精神高度紧张，经常通宵。

我在办公室放了一张行军床，搞得太晚就在公司凑合睡几个小时。

我以身作则，培养了一支能打硬仗的队伍，我负责技术支持部期间，大小数千个投标项目，一直保持废标率为零的纪录。2016 年到 2018 年，连续三年都被评为优秀班组，我也被评为优秀班组长。那时候经营压力很大，加班是常态，比如青海玛多输变配电总承包、中国移动数据中心变电站总承包等项目前期，我协同营销人员筹谋运作，进行成本分析、编写投标方案、开展标前寻源谈判，大家干劲十足，连续几天通宵达旦，中标后的喜悦又给我们提供了奋斗的动力。

我现在在设计中心工作，中心现在有 103 人，包括系统一次、电气二次、土建、线路勘测、配网、技经六个专业分部，这几年招聘的新员工占比较高。之前的技术功底和工程经验对我帮助很大，让我很快厘清工作思路，帮助大家建立工程思维，传授项目管理模式，通过项目实战锻炼新员工，通过两年的时间，设计中心的工作更加体系化、制度化、规范化，大家的能力得到了很大提升。

06

我觉得一个团队，文化氛围非常重要，这个氛围是每个人创造的，也是一个团队的带头人营造的。

要想有一个干事创业、团结奋斗的良好氛围，负责人得以身作则、率先垂范。想让员工做好，先要自己做好，对别人要宽容，对自己要狠，这样才会一点点的影响身边的人，大家服你，才会信赖你，跟着你好好干，把自身、把心交给你，交给团队。

南瑞集团始终传递的，就是这样的一种文化氛围，一种企业的传承精神。

我很感谢我的家人，他们一直对我都是理解、支持，没有抱怨，没有责怪。

结婚10周年的时候，我在朋友圈公开发布个人宣言，实际上也是心里话，那就是表扬丈夫："结婚十年，感情稳定。工作上互相支持，生活中彼此牵挂，平平淡淡，却很真实。"

我的情感发布，收到了不少小红心。

说起来也是十分平常，转眼到了四十不惑的年纪，经历了很多事情，内心也跟着变得强大，非常感谢帮助过我的领导和同事，真的很感激他们。

深怀大爱之心

01

阿贵恍恍惚惚醒来的时候，还是想不到自己会在医院里，而且已经躺了一段时间。

这些天，阿贵总觉得是处在一片白色的迷茫中，睁开眼或闭上眼睛的时候，脑子里就是一片白。

你看，阿贵的眼前又出现了一片雪白，那是2008年的冬天，大雪覆盖了大片江南。这个时候，阿贵正在湖南茶陵。茶陵属于湖南株洲，离南京远得很。

阿贵是头一年，也就是 2007 年结婚，他也刚好当主管，就离别妻子去了湖南。而且一去就是大半年。

眼看着回家的日子一天天近，却没想遭遇了一场百年不遇的冰雪。

活儿是干不成了，离春节也没有几天。阿贵和同事决定往回返。

妻子在电话里说："我第一年来南京，你常年在外出差，这次回来，结婚也没有去我家看看，怎么也得回我老家看看，妻子的老家在东北大连。和妻子认识的时候，她还在北京。"

阿贵在中国农业大学学的电力系统及其自动化，2002 年毕业后加入南瑞。

也就在那个时候，和妻子谈了对象，妻子是辽宁科技大学毕业，2003 年毕业就回大连工作。妻子说考虑在北京安家，是因为自己老家在北方回家方便。没有想到，后来还是跟着阿贵来了南京。

02

白色，还是白色，是那年西藏的雪山。那时阿贵做工程部经理，西藏几乎跑遍了。

西藏风景很美，雪山常年不化，海拔都在 4500 米以上。

阿贵经历过胸闷、头疼、睡不着觉。却没有想过打退堂鼓，一待就是十天半月，甚至是一两个月。

阿贵在那里看到走很远的路去上学的孩子，会想到自己小时候，每当要交学费时，家里都是去借钱，直到工作了，家里还在还钱。

阿贵他们做项目的地方，多是偏远的高原地区，求知的渴望与慈善的灵魂触碰到了一起。同样在大山里成长的阿贵，感同身受，于是开启了他的爱心传递之旅。

阿贵一方面践行服务好电网、维护好南瑞品牌的使命，带领变电公司华中工程部与四川共享技术经验，与西藏共建培训系统，培训学员上千人次，技术共享近万例，另一方面，不忘团队精神，组成志愿服务队，把南瑞之爱洒向雪山高原。这些年，他们为西藏林芝、拉萨、四川甘孜、阿坝、凉山、云南红河赠送学习用品和教材上千册。

不管工程在青藏高原还是在东北雪域，不论服务在川西大山还是中原腹地，工程服务到哪里，就把公益做到哪里。

让阿贵感到欣慰的是，国家为了这些藏族同胞和孩子，投入还是很大的，建设 10 公里的线路，可能就是为了一户人家。

经常会遇到大雪纷飞，但只要施工的车子还能开动，就一定会到站点去。

工期紧张，容不得一时舒缓，为了往前赶，还会不断地加夜班，反正都是单身出行，不考虑回家的事。

好在有一个十分让人感念的团队，只要是说去艰苦的西藏，都是争着报名，不用指派，到了西藏，也都是"拼命三郎"。

说不容易，真的都不容易，哪个没有家没有女朋友没有老人孩子？但都不顾了，跟着自己硬闯硬拼，打出一个个漂亮仗。

靠着这些兄弟们的努力，阿贵他们的业绩不断地往上增长。

说起来阿贵总是很自豪，因为这个团队平均年龄三十二三岁，在整个集团中，也是比较年轻的生力军。

阿贵老家属于大别山区，"黄麻起义"就发生在那里。黄麻十八寨就是他们家。这样的孩子不耍滑，肯吃苦。阿贵 2002 年参加工作，2009 年就当了部门经理。

03

阿贵从西藏出差回来，参加完体检，医生就不让他走了，说肺部好像有问题，需要做手术。

知道了阿贵住院，集团领导和同事都赶来看望。

最先掉泪的是妻子。妻子听到消息，简直惊呆了，她不敢相信这是事实。

她太了解丈夫阿贵了，这个男人，工作就是他的命，那命连着南瑞，连着变电公司。

这个大别山的汉子，他很坚强，有痛苦也不会明着说的……

妻子感怀两个人刚要了孩子。这个时候孩子还不到 1 岁。

说起来，阿贵对工作用心，对家也上心，他不光是个好丈夫，还是一个好兄长。

阿贵和妻子的老家条件都不怎么好，阿贵就把他的弟弟和妻子的妹妹都照顾起来，供他们读书，一直供到大学毕业。

04

我见到阿贵的时候，是 2024 年 3 月的一个下午。

阿贵黑黑瘦瘦的，给人一种精干、利落的感觉。我们聊到了他的工作，又聊到了他的家庭。

阿贵现在是在公司的专家岗，现在出差少了，把更多精力放在综合协调、项目统筹、人才培养这些事上面。

他是个怀有爱心和感恩之心的人。他希望在南瑞平台上更好地发挥光和热。

我问阿贵弟弟妹妹现在的情况，阿贵就欣慰地笑了。

那表情，似乎在告诉你，他的良苦用心没有白费。弟弟考上了沈阳农业大学水利专业，妻子妹妹也考上了东北一所重点大学。现在都已毕业，而且找的工作都还不错。

同阿贵聊天，阿贵总是将他的同事挂在嘴上，他称他的同事为兄弟。

你看，他还在说着：其实，我挺感谢我们公司、我们的领导和那些兄弟……

"工地上的小田"

01

小田，1992 年生，2017 年 7 月从华中科技大学研究生毕业入职。

那时在华科大上学，因为隔着单位不远，实际上就是邻居。

所以会经常在高处往"武汉南瑞"这边眺望，看高压实验区就更清楚。

后来读研，还过来做过几次实验。进到这个神秘的所在，小田心里充满了敬重。

看着里面的工作人员，想着如果自己也成为其中的一员，该有多荣耀。

没有想到，还真的就进来了，多日的梦想一朝实现。

再有的想法，就是能像那些师傅一样，独当一面。

入职的时候，真的分给自己一个师傅，也是一位女性。

师傅工作方式方法思路清晰，对工作始终抱有热情，引导小田把各个领域做深做透。无论遇到问题还是困难，总会条分缕析地提出解决方案，没有什么能难倒她。

小田提起来，佩服至极。

02

小田感到，南瑞是一个平台型企业，会给年轻人提供大展身手的工作环境，对于年轻人的成长很是重要。

到了武汉南瑞，小田发现这里的工作热情超过预期。

环境要求也好，自身要求也好，那种热情，那种信念，都会感染你奋力去工作。

所以小田会快速去适应，去调整。不管做哪个方向，都会将那个领域的基本信息快速掌握。

小田说，我师傅也面临着很多工作方向的调整，但她会在前期有一个探索研究，然后快速地认清该怎么做，这对我是一个重要引导。

小田一入职就在运检中心工作，首先做国网科技项目——现场组装封闭式气体绝缘高压试验装置关键技术研究。

2018年就去了国家电网的常州试验检测基地，那是南瑞承建的一个大型高压设备检测基地，在电气设备检测中心大容量实验室做了两年半。

一个初出茅庐的小姑娘，经过一连串的历练，很快就成熟了，成了一个能够拿得起、放得下的技术骨干。

03

2021 年，广州东莞的超导试验基地大电流实验平台项目，小田成了项目负责人，部门有 13 个人。

上半年主要是做规划设计，然后开始进入现场实施阶段。

年轻人也有年轻人的事，而这个事还是人生大事。都赶一块了。正好是 5 月，五一家里准备为小田举办婚礼，婚礼自然是以男方为主，一切都是人家安排好了的。

小田只得订票，赶回去几天。

业主就给小田打电话，说你办完婚礼会不会不干这个项目了？

小田说，哪能啊，放心，我一定尽快回来。

果然，小田在老家襄阳办完婚礼，马上就乘高铁回到了项目现场。

东莞石碣镇，变电站旁边有个园区，空地处新建了 4 个钢结构建筑，里面是试验仪器设备。小田他们每天就钻在里面。

从土建到电气设备进场安装，然后是调试，每天都会干到晚上十一二点。

超导大电流平台，是广东电科院的一个项目，主要作用相当于国内首个针对超导电缆的实验检测基地。

小田他们，一直坚持到 12 月底。

中间两个月回去一次，新娘把新郎扔在家里，家人也理解支持。如今这年轻人的观念，同以前是大不一样了。

2021 年 12 月底验收。

项目最后获得了南方电网公司科技进步奖三等奖。这个实验室一直在发挥着作用。

再回来时，站在丈夫面前的新娘子，就像丈夫说的，已经变成了一个"黑煤球"。

青春之所以宝贵，就在于青春的他们走出了一条不畏艰难、不惧风雨的长征路。

青春之所以亮丽，就在于青春的他们听从自己内心的声音，做出了对于国家和社会有意义的事。

人们常说长江后浪推前浪。我们在这里感受到的，就是那一波波强劲的后浪。

他们纯粹、果敢、坚强，用热血书写着青春，用智慧展现着自我，用责任担当着使命。以嘹亮的歌喉，唱出了时代的最强音。

第五部 | **品牌引领：**
品牌是价值和追求

品牌，是一个企业的形象。

面对经济全球化的发展机遇和挑战，南瑞以"提供高品质的产品和精细化的服务"为宗旨，以"诚信合作，实现用户理想"为己任，以"成为广大用户值得信赖的事业合作者"为目标，以"技术领先、品牌至上"为根本，发扬努力超越、追求卓越的精神，向着世界级的能源互联网高科技领军企业迈进。

有实力，有好的服务，才能有口碑。南瑞集团在国家电网公司国际化战略指引下，积极服务"一带一路"建设，在推动国际业务向高附加值自有产品输出转型中提供"中国方案"。近年来，南瑞集团国际化业务布局更加清晰，国际化步伐更为坚实、稳健，擦亮了中国制造的"南瑞"名片。

一代一代的南瑞人，始终将完美的服务与无私的奉献作为企业风格，用他们的信念和行动，维护着南瑞的良好声誉，装点着南瑞的品牌形象。

第十二章　品牌彰显价值

一、业界高端品质的象征

01

多年来，南瑞以实际行动，发展、创新、维护，致力于品牌的打造，形象的确立。

一点点地将自身的影响做强做优做大，一点点靠拿得出手、经得起检验和考验的产品占领市场，一点点靠技术、靠服务，赢得客户的认可、信任和口碑。

02

我们看到，从 1973 年开始，到 1993 年，南瑞经过 20 年奋斗，已经成为我国首批获得科技产品进出口权的科研院所。

到了 1996 年，南瑞又开始建立自己的质量体系。这是抓品牌、树品牌的自觉行动。

一年过去，1997 年 4 月 10 日，南瑞紧抓不放松，召开质量体系试运行动员大会，让全体员工将自身的行为同南瑞融合在一起，构成为之奋斗的目标。

也就在这一年，南瑞通过了 ISO 9001 质量体系标准认证。

有了这个认证，就等于有了打开中国和世界之门的通行证。2003 年，自动化设备电磁兼容实验室与美国易科国际认证公司成立联合实验室。

这对我国尤其是江苏省的出口加工产品顺利进入国际市场具有重要的意义。

03

一分汗水，一分收获。

随着南瑞的产品和技术为广大行业用户所认可，南瑞品牌，已成为业界高端品质的象征，品牌优势地位在行业领域得以稳固确立。

今天，"南瑞""NARI""NR"的标识，打在一件件产品上，打在一个个集装箱上，通过汽车、火车、轮船、飞机，运往祖国各地和世界各国。在国内，这是业内人人皆知的信得过的产品；在国外，看到这个商标，客户就知道是来自中国的大牌货。

南瑞，已成为响亮的"金字招牌"。

二、用户第一

01

小顾是 2010 年进的南瑞集团电网公司，一到这个团队，小顾就体会到薪火相传的精神。开始分在系统部，负责系统工程的运维。师傅带着，讲工作怎么做，跟用户跟同事怎么沟通，所以小顾适应得很快，慢慢从一些小的边缘的事情，做到一线核心的事情。

从 2012 年 3 月开始，小顾从师傅手里把华北调控中心的项目管理接过来，成为现场的负责人。

说白了，这个时候的小顾，刚工作还不到两年，还处于学习阶段，但工作安排就是这样。师傅说，什么不都是在摸爬滚打中进步的吗！

还真就让小顾摸爬滚打了一回。

小顾赶鸭子上架，查问题，查了很长时间也没查出来。

这套系统千万不能出差错，更不能停止运行，一旦停，极易造成较大的事故。

一天晚上，小顾做梦，梦到的都是系统问题。梦里的这套系统突然停了！

用户是华北调控中心，对方急慌慌跑来兴师问罪："你怎么回事？这个系统怎么能出问题？！"

小顾一下子醒了。一摸脑门，出了一层虚汗。

02

小顾知道，用户也面临很大压力，因为用户对整个调度中心负责，对国家电网公司负责，这套系统他们是主要责任方。

因为有压力，所以催促势必解决问题。

小顾压力更大，查不出来，就找"研发"配合。

"研发"也没有查出来。

小顾就去找部门经理，说真有点扛不住了，这个故障处理不了，可能自己真不适合这个工作。

部门经理说："遇到问题，要吹进军号，不能打退堂鼓，我们总是要想办法解决才好。"

而后又说："公司里人才有的是，只不过都在外面忙着，刚才联系了一位有经验的'研发'，他还在山东出差。已经说好，一旦那边干完，马上赶过来。你不要着急，先把所有的工作日志和有关资料准备好，再细查一遍。"

小顾被经理一阵开导，似乎有了底，立刻又回到一线岗位上去。谁想这天晚上，故障又断断续续出现了。

小顾赶忙联系在山东出差的"研发"。他一听，连夜从山东坐车往北京赶。

下车已经快半夜，直接就到了华北电网大楼。

小顾将情况一一说明，再看设备，再看日志，分析代码。时间一分一秒地过去，两个人头上都带了汗珠。

再抬头时，墙上的钟表已经接近凌晨 5 点。

03

在很多项目的在建、开发及运管过程中，小顾都经历过白天晚上连轴转，为了弄出个所以然，会从白天论证到晚上，又从晚上讨论到第二天凌晨。

一旦讨论起来，进入状态之后，就刹不住车。

有一个系统，原型刚出来的时候，跟用户有个 168 小时控制的演练。

用户也是陪着，熬着。用户在那边控制，小顾他们在这边保障。

连续 7 天，两个人两班倒，第一天晚上熬个大通宵回去，补个觉，第二天晚上接着干。

小顾说，其实说起熬夜都算不了什么，但就是这次最深刻，因为问题查不出来，天天熬出来的都是噩梦，没有比一次次做噩梦更痛苦的了。

天已经大亮，阳光投进了窗子，小顾伸开双臂，打了个哈欠，然后对着"研发"笑了。

终于把问题找了出来。

紧接着，他们便进行这个程序的完善。

有了目标，就好做了。

新程序换上去之后，问题圆满解决。再观察一段时间，一切正常。

04

小顾入职之后，有 10 年时间是在北京长期出差。每年出差都近 300 天。

调度系统比较庞大，要不断进行日常的运维，保证系统的正常运转。

另外，也在不断上新功能。这些新功能需要到现场，跟用户沟通方案。然后再回来研发。

研发的产品成形之后，还要到现场去实施，做调试。

不断有迭代的新功能，这个结束了，下一个新功能又要做。

在建设的过程中，完全没有经验可参考。与用户之间是长期磨合、沟通的过程。

比如系统把数据从低安全区送到高安全区，原来是常规的方式，评估效率还好。但是用户觉得效率不够，稳定性需要再提高。小顾他们就要和用户沟通、探索，寻找更好的方法。而后再研究、试制、实验。

2019 年，华北分部提出一个想法，叫源网荷储协同调度。

小顾说，负荷调度这两年提得比较多，用户开始有这样的想法时，这个行业还没有人做过，也就没有经验可参考。

小顾所在团队就根据用户需求，分析、探索其可能性。

事实上，社会用多少电，发电厂就发多少电，发电是跟着用电走的，但机组的开停机，会产生不必要的浪费。也就是说，为了应对用电的一个小尖峰，就要耗费很多的资源。所以要做一个源网荷储协同调度系统。

小顾说，譬如像电动汽车的充电，一般情况下，晚上七八点钟下班，就把电插上了，公交场站也一样，收车之后就插上。

这样，要让它插上之后由设备调整控制，把晚高峰的充电启动时间挪到用电低谷，也就是凌晨三四点钟。

这套系统，既能保证出车之前把电充满，又能节省能源及用电费用。包括办公楼宇的电采暖设备，都可以控制，保证上班的时候，办公室有着适宜的温度。

05

小顾打开电脑，让我看一个运行的图示。他说这是用电的曲线，黄色部分是上这套系统之前，能看到晚上七八点是一个尖峰，说明这个时候开机的比较多。用了这套系统之后，峰值就下来了。

给华北分部做这套系统，国内还是首次。

而成功之后，还要再进一步探索，看能不能好上加好。

小顾说：

"从国家层面来说，电网安全稳定是大事儿。

"上了这套系统，对电网来说，既节省了资源，又保障了安全；对用户来说，既省事又省钱。

"这样，用户满意，我们也高兴。所以研发这套系统，还是值得的。

"也就是说，客户提出需求，是有他的道理的，只要不断地根据市场，根据用户之需求，去探索去研究，就一定有出路。

"总之，我们始终遵循的宗旨，就是维护品牌，用户第一。用户的需求就是我们的需求。有技术、有恒心、有决心，就必然能够做好。"

三、最美的黄昏

01

2006 年 2 月，胡师傅走进襄阳绝缘子公司，成了一名封胶女工。

她刚过而立之年，却还是对一切都充满了希望与幻想。

当时的公司厂区在襄阳还不是太显眼，厂子有些偏，门面也不大，劳动条件也显得一般。

可是她是冲着"中国第一家复合绝缘子厂家"和"亚太最大复合绝缘子生产基地"来的，这对于一个年轻人来说，还是有些吸引力的。

那就边干边说吧。后来她知道自己来对了。

随着时光的推移，厂子在慢慢发生变化。

尤其是国家经济进入突飞猛进的快车道，产品供不应求，厂区也渐渐扩大，并且变得越来越现代化，工作条件也变得明净整洁，已不是先前的旧模样。

人们都说胡师傅不是一般的女工，她有心劲，有个性，眼里有活儿，心里有货。她肯学习，肯吃苦，知道该在什么地方用力，处处都会走在前面。

因而几年下来，她被人发现，被人肯定，成为封胶5班的班长。

02

再后来，也就是2010年，她被调任质检班班长。

谁都知道，质检员比普通的封胶工更要上心。她长期上心的结果，就是成了享誉全厂的"胡一刀"。

说起这"胡一刀"，那确实是一种扎实的"手活"，是凭借技术和经验得来的。

有些绝缘子产品，外观上可能会有这样那样的小瑕疵，当然，遇到眼明手快的质检员，当时就能动手处理。

那些铲、清、填、抹、刮的小"美容"工艺，"胡一刀"几下子就解决了。

解决过的这些产品，你根本发现不了修复痕迹。"胡一刀"的称呼，代表着认可与信任。

一晃，胡师傅来到襄阳绝缘子公司已经9年。

9年过去，她已经连续3年蝉联公司先进班组长称号。

说起自己曾经走过的路，胡师傅记忆最深刻的，就是刚当质检员时遇到的一件事。

那一次，胡师傅刚刚将一个小支柱检验完毕，站在一旁的质检部主任却将它要了过去。他拿着那个小支柱看了一下，转身交给身边的一位老质检员。

老质检员仔细在封胶处按了按，再传给另一名质检员。3名质检员都看过，产品又回到胡师傅手上。

质检员说："你再看看，这个胶封得不实，里面可能有气泡！"

"那又怎样？"胡师傅自觉脸上挂不住，而且也不是个大问题，就小声嘟囔道。

"那又怎样？南瑞的金字招牌，迟早就会毁掉！"

质检员随后就将产品解剖。大家看到，封胶处果然有蜂窝状的气泡小孔。

胡师傅的眼里挂了泪珠。她不只是感到被当面数落的难堪，更为自己不冷静的态度感到羞愧难当。

那句"南瑞的金字招牌，迟早就会毁掉"的呵斥，一直在胡师傅耳边回响。

为什么他们能一眼看出问题？

胡师傅是一个要强的女子，这么多年，什么时候受过这样的委屈？

胡师傅狠下心来，要争这口气。

她开始虚心向老师傅们学习，摸索质检的要领。胡师傅懂得，要想对产品全面了解，就得对产品的生产过程烂熟于胸。

于是她下功夫，从生产环节做起，对不同胶料的化学特性和物理特性进行学习，对每一种产品切实做到心中有数。

渐渐地，她也练就了一双火眼金睛。

03

2013 年 7 月 5 日，周五。

西北某工地突然来电，说由于施工致使一支 500 千伏的产品末端伞盘破损。没有办法，只好停工，向襄阳绝缘子公司求援。

工程师们立刻对现场发来的照片进行会诊，而后给出建议，可以直接派人到现场，削去破损的这片伞盘。那样产品的爬距仍在误差范围内，不会影响正常使用。

对方工程师经过审议，认为这个方案可行。

最后，在考虑人选时，大家想到了"胡一刀"。

领导对胡师傅说，看看这幅图片，觉得有把握修复，就尽快出发去现场。如果没有把握，可以考虑再换人。

胡师傅怎么能不知道，一旦去了工地，就会遇到这样那样不可预料的事情。而且两天后是周日，是孩子的生日，已经说好了，带孩子好好过个生日的。

想是这样想，她的头却是毅然地点了点。

当晚，胡师傅从襄阳坐火车出发。

漫长的旅途。赶到工地，已是次日黄昏。

负责接待的人看到胡师傅，就问她是否先休息，明天再说。

胡师傅想着人家的工期紧迫，就说，天快黑了，直接去工地吧。

胡师傅坐着工程车到了现场。

抬头向上看去。产品挂在高高的铁塔上。

工地上的工人们正准备下班，一看胡师傅来了，都不走了。

他们没有想到来了个弱小的女子，不免生出一种异样感，既有赞许，也有担心。

　　经过一番准备，胡师傅全副武装起来。她坐在升降设备上，一点点升到半空。

　　戈壁滩的风真猛，像刀子一样划着人的脸。

　　长期在车间工作的胡师傅不敢往下看，她只把精力集中到那件被搞得有点儿瑕疵的产品上。

　　她已经明白问题的所在，只要修理好就可以了。这对于她这位"胡一刀"来说，还真的算不上什么。

　　当然，看起来简单的事情，还是让她折腾了大半个钟头。

　　几十号人站在下面，就那么屏住呼吸，仰头望着。

　　他们完全被这个娇小的女工吸引住，没有一个人提前离开。

　　胡师傅向下挥了挥手。她顺利地完成了任务。

　　大家看着她慢慢地降到地面，不由得鼓起掌来。这掌声，也是为襄阳绝缘子公司鼓的。

　　当晚，胡师傅住在简陋的招待所里，打电话告诉孩子，说自己在戈壁的铁塔上看到了最美的夕阳。

　　是的，胡师傅完成任务，抬起头时，看到了戈壁滩上的落日。

　　落日是那么浑圆、红润，真的如同诗中所说：大漠孤烟直，长河落日圆。

　　她跟孩子说："妈妈在那一刻就想到将来有机会了，一定带你来戈壁看夕阳！"

四、心永远与 NARI 在一起

01

吴峡是武汉水利电力学院电力专业毕业，1983 年又考上了武汉高压研究所的研究生。

武汉高压研究所 1974 年成立，后来研究出了 500 千伏、750 千伏、1000 千伏的高压线路。

吴峡 1986 年研究生毕业后，入职武高所，在高压输电线路研究室工作。

吴峡说，500 千伏、750 千伏和 1000 千伏，他都经历过，估计以后没有人再有这样的经历了。

那个时候，吴峡不断去工地，进行高压电现场的调试。

吴峡在实践中感觉到，大学里的理论知识是一张纸，实际工作中的问题很复杂，但很锻炼人。

工作经验和不断提升的专业知识，使他进步很快。

吴峡还组建了污秽实验室。

为什么要建污秽实验室？还是跟电力有关。

大风、沙尘暴及其他污染，都会吸附在线路上，这些脏东西就是广义的盐。盐容易受潮吸水，也就会影响供电。

污秽实验室里，要考虑空气动力学问题、不同材质的绝缘问题、加压测耐高压情况等，实验结果报到设计院，供其做线路设计和变电站设计。

02

1991 年，成都市附近一个叫青白江的地方，发生了一次污染。

现场有农田，有化肥厂，但是没找到原因。

吴峡去后，仔细查看，走访，最终得出结论：污秽物是从空气中飘过来的。

当地人不同意这种说法，他们就认为是附近工厂的问题，怎么可能会从空中飘过来？

吴峡说，这个是可能的，有些污染物的飘落半径，能达几百公里。

后来环保部门进行了大量细致的考察，印证了吴峡的结论。他们心服口服。

我国第一条 500 千伏超高压线路，也就是元宝山—锦州—辽阳线路，线路吊串在冬天突然脱落，掉到了地上，不能再送电。

原因查不清楚。吴峡接受了任务，乘坐火车汽车前往，最后步行到达现场。

这里是一片旷野。

幸亏是一片旷野。

正是冬天，北方的荒野冷风吹彻，冰寒刺骨。

吴峡迎着大风，一步步、一点点看过去，最终发现了关键原因：隔离开关支柱绝缘子发生损坏，而后断掉了。

应该是制造厂家的质量问题。

这是吴峡以自己的经验发现的掉串原因。

正是吴峡的这一认定，使得电力公司提出了应对和解决方法，并对生产厂家进行处理，促使其他服务于电力的厂家加强质量管理，严格验收，不符合质量的产品绝对不能进入电网工程建设。

03

2008 年开始，吴峡接受内部调动，离开武汉，到南京的南瑞集团发展部工作。

他没有想到，会一直兢兢业业地干到 2022 年。

这期间他一个人就在南京租房子，上班下班，小屋到单位，单位到小屋。

14 年来，他也没想着在南京买个房子，也没有想着把爱人调过来，一起在南京养老。

吴峡的爱人也很优秀，她在武汉的"烽火科技"做光纤光缆。肯定是不大好调动，或者说吴峡不想麻烦人，爱人在武汉也干得挺好，来到南京，还得重新开辟新路。

这样，吴峡在南京坚持了 14 年后，在南瑞集团总部退休。

现在，吴峡和爱人两个人每天做做饭，散散步，看看电视，聊聊天，回忆一下各自的工作经历，感到还好。

吴峡说，退休以后，生活变得有规律了，再也没有了那种工作的压力。

当然，还是经常关心着南瑞的发展，每次听到南瑞的消息，都会很高兴。

吴峡说，现在"南瑞制造"越来越火，影响越来越大，就感觉自己那些年没有白忙活。南瑞人是一点点一代代干出来，才有了南瑞好的声誉好的品牌，所以一定要珍惜。

有时候见了南瑞的年轻人，吴峡聊起来就告诫他们，南瑞是讲传承的，新老之间，要相互学习，相互促进，发扬好南瑞精神，维护好南瑞品牌。

是啊，作为一位南瑞的老员工，吴峡那颗心，永远同南瑞连在了一起。

五、全心全意的服务

01

2023 年 4 月，四川甘孜。

早晨或黄昏，阳光从高山上倾泻而下，为高低错落的藏房镀上一层金黄的颜色，白亮而透明的炊烟，从那些藏房上袅袅升起，渐渐融进云霞之中。

许工每天出门，坐车摇摇晃晃地爬上山腰，就能看到这美妙的景象。

许工想，这绝对是一首美妙的诗篇！可惜我不是诗人。

许工用手机拍下来。车子越爬越高，已经能够看到整片的山顶，到处都是光伏板。许工拍下了层层分布的闪着阳光的光伏板。那是另一道风光，同样是诗一样的风光。

只是越往上，越冷。

风显得格外强劲，透过车子的任何缝隙钻进来，身上立刻就感到了凛冽的寒。

马上进入 5 月了，南京有些姑娘都穿起了裙子，许工也会穿一件单衬衫。

在这里，却还要裹着厚厚的羽绒衣。

02

理塘属于真正的高原气候，气温低、冬季长、风力大，平均气温只有 3 摄氏度，最低气温能达到零下 30 摄氏度。

但这个地方日照多，辐射强。能够看到高高的格聂山。它的顶峰，达到了海拔 6174.5 米，那可真是高耸入云，常年白雪皑皑。

它像是被一道道山峡簇拥着，地势起伏非常大，很多山谷都是直立而上。

许工坐的车子，就是在这样的地形间迂回盘旋。

没有人能够想到，在山地窄谷、宽谷和高山顶部，还会出现阔大的台地和平坝。

为了迎合光照，理塘的太阳能电站，便是建在这些台地和平坝上。

许工家是湖南湘潭的，没有上过海拔这么高的山。

他今年 40 岁，给人的感觉就是阳光和实在。

他从东南大学研究生毕业后就到了南瑞集团的稳定公司。

稳定公司突出的是"稳定"二字。这个稳定，对电力系统而言，电力系统稳定性的破坏，将造成大量用户供电中断，甚至导致整个系统的瓦解。因此，保持电力系统运行的稳定性，对于电力系统安全可靠运行，具有非常重要的意义。

03

南瑞集团的稳定公司，就是专门从事电网安全稳定分析与控制的高科技企业。

所以能够在四川理塘新能源电站的招标中一举中标。

理塘这里，从稳控系统建设到维护，稳定公司都要负责到底。

运行过程中，主要还是调节电站的储能，跟大电网之间的协调。无论是储是输，都需要稳定。为了保持这种稳定，会有一个长期的管理。

前几天，光伏站报出有时候电压不是很稳定。

站里有个集中管理系统，但它总是断开，过一会儿又连上了。操控大厅可以看到整个现场，但是有时候就监视不到这个装置。

稳定公司领导即刻安排技术过硬的许工带人前去。

许工作为南瑞集团的稳定专家，回家收拾一下行李就出发了。

这也就相当于一次专家出诊，普通门诊解决不了的问题，必须要专家出马。

许工从南京飞到成都，然后从成都坐上到甘孜理塘的长途车。

车子基本上是在群山中行驶。有时会看到一条河，河水势不可挡，汹涌奔腾，那就是大渡河。

早晨很早出发，直到晚上才到，整整 12 个小时。

04

理塘属于甘孜州，在四川省西部，离雅江、木里、稻城、巴塘都比较近。

这些地方，有的听说过，有的还真不知道。

理塘距离甘孜州的州府康定还有 285 公里。一个理塘，全县的人口才有 6 万多。县政府在高城镇。

要去理塘光伏电站进行监测排查，在保证光伏电站安全的同时还要保证大电网的安全。许工想，这个稳定装置还没有上过这么高的地方，可能有些不适应。

云雾越发多了起来，有时候也闹不清是云还是雾，全都是一团团、一片片地升腾着，飞奔着，将这里那里笼罩住，然后又一甩袖子，跑到山下去。

变电站这里基本上停电了，相当于刚刚建设的时候。电站里有一点儿电，也是为了照明发的。

事实上，电站停了电，下面也没电了，许工住在藏族同胞家里，到处黑黑的，什么都不方便。

听完电站工作人员的介绍，许工立刻投入了工作。

05

许工的工作主要就是服务客户，搞产品后期维护。

这样，出差就成了常事，黑龙江、甘肃、新疆都去过。

幸亏爱人在家多一些。爱人比他小 5 岁，2013 年从南京大学研究生毕业留在了学校，能够照顾孩子。

两个人认识不晚，结婚稍晚，要孩子更晚。孩子现在快 6 岁了，上着幼儿园大班。

来了以后，他和同事整天都在忙碌，查看设备，调阅日志，包括从投运到故障的所有记录。

一天过去了，终于找到了装置板件存在的问题，而且是现场不能解决的问题。

按照运管规定，也不能在电站里面做各种调试实验。只能把板件卸下来，回去做特殊的处理。

又是 12 个小时的长途旅行，一路颠簸，昏天黑地，群山盘旋，流水磅礴，一忽是雨，一忽是雪。

车上的人开始还聊来聊去，到后来东摇西晃，个个无语。

许工只是担心，这车子千万顺利，让我平安回去，这边还等着呢。

天黑时分，终于到达成都，抓紧奔机场，坐飞机回南京。

然后再研究，做处理，以使得板件能够适应高原高寒的特殊环境。

然后再带过去，安装调试，接受检验。

许工说，对于客户，没说的，就四个字：全心全意。

六、抱歉的电话

01

在儿子的记忆里，是爸爸看到他的那种亲切而愧疚的眼神，还有爸爸提到工作时熠熠生辉的眼神。

渐渐长大的儿子渐渐懂得了爸爸，也理解了爸爸。

南瑞置信电气的王师傅和爱人离家去上海的时候，儿子只有 8 岁。

8 岁的儿子舍不得爸妈走，哭得满脸是泪。王师傅和爱人不想给老人添麻烦，忍痛把儿子送到了寄宿学校。

儿子更感到孤单了，可他知道爸爸妈妈也是为这个家，就此父子双方开始了绵长的思念。

那些年里，王师傅只有过年的时候，才能赶回安徽老家探望儿子。

那次临别，儿子送了他们一个相框，里面镶着自己照片。相框背面，是一串歪歪扭扭的字：我爱爸爸妈妈，在上海别太辛苦。

02

终于等到了春节，可以回家和儿子团聚了。

2008 年春节前一天，临近下班了，王师傅已经做好了回家的准备。

车间却突然接到生产调度下达的紧急任务。

南方普降大雪，导致电网、公路、铁路部分瘫痪。

为支援南方电网，上海电力公司急需置信电气紧急配送一大批配电变压器至灾区。

可在这个非常时刻，大部分班组成员已经回老家过春节去了，王师傅身边只有五六名留守值班人员，且王师傅也是要回家的。

能回吗？千斤重担压在王师傅的身上，他眼前一忽是儿子渴盼的眼睛，一忽是灾区渴盼的眼睛。

在二选一的天平上，王师傅没有犹豫，给妻子打了个电话，狠心将火车票退掉，留在车间大干起来。

03

三天三夜过去，王师傅和他的同伴们赶制出上百台变压器器身，终于在规定时间内将变压器运送出厂。

望着最后一辆车子发动起运，王师傅这才感到浑身像抽空了，腰也直不起来了。

他慢慢倚着墙角，坐在地上，摸出了手机，他要给儿子打一个抱歉的电话。

事实上，这种抱歉的电话儿子常常都会接到，儿子已经习惯了。

"儿子呀，爸爸对不住你……"

在上海的地铁车厢，几乎每天早晚，都会看到一位捧着书或拿着笔记本的人，他那种如饥似渴的专注神情，成了这趟市区连通郊外地铁上的一道风景。

2000 年的一个夏天，王师傅和爱人从安徽农村来到了大上海。

他凭着熟练的变压器绕线技术，顺利地成了南瑞置信电气非晶公司的一名变压器绕线工。

为了节省开支，他在距离公司 40 多公里的地方，和爱人租了个不到 20 平方米的小房子，每天两个多小时都要扔到路上。

为此他想到了一个方法，就是利用这个时间，好好地读读书，并且静下心来，理一理工作中的事情。

他一边读书，一边把有用的东西记在本子上。

时间久了，他不知读了多少本专业书籍，记了多少本工作笔记，这对于他解决工作中的问题很有帮助。譬如生产时出现的问题，怎么解决，如何对症下药。

有人歪着头看他读的书，看他写的密密麻麻的小本子，还以为这是一位孜孜不倦的科研专家。

事实上，在他的岗位，他已经是一位专家了。基本上没有他解决不了的"疑难杂症"。

就这样，他所带的班组，仅在 2014 年，就有 26 项创新发明，其中几项还申报了国家专利。

04

在车间里，人们总是见到身躯魁梧的王师傅手拿电焊枪，眼戴黑墨镜，在不足 1 米的操作台上忙碌，在 300 米长的流水线上巡查。

已经是非晶公司器身引线组组长的王师傅，每天都要这样走上 30 个来回。这么多年算下来，他已经绕地球几圈了。

在这些年的变压器生产加工工作中，他经手的零件超过了上千万，没有出过一次质量问题。

王师傅说，一个企业的品牌，全在质量上，在用户的口碑上，千万不能让一时的马虎给砸了。

王师傅的班组有员工近 50 人，承担着公司 3 大类、10 个品种、249 个规格的器身装配，是整个生产线承上启下的重要环节。

作为组长，王师傅总是认为"喊破嗓子，不如干出样子"。

随着置信电气的迅速发展，订单数量激增，王师傅更是时刻提醒自己和员工，狠抓质量不放松，事前要认真核校图纸，事中操作谨慎细微，事后反复检查，万不可松懈，在产品质量上掉链子。

这位普通的王师傅，凭着他对自己岗位的深爱及热情，获得了集团级"最美国网人"、集团十佳"身边的榜样"及集团"劳动模范"称号。

七、高原升起了红月亮

01

高原的夜，一片青蓝的沃野上升起了红月亮。

月亮在云间钻来钻去，将一片片辉光洒落下来。

王工顾不上看这个高原的美景，他正在为国网西藏电力信通公司开展综合计划系统、信息通信业务管理系统等信息化专项建设应用理论和协议库存采购实操相关的培训。

他不断地张着干裂的嘴唇讲话。正讲着，一股热流从鼻腔涌出来，用纸巾一擦，又流鼻血了。

2012 年 10 月，时任南瑞集成公司华北区域工程项目负责人的王工来到拉萨，开启了自己全新的国家电网公司援藏生活。

为提升西藏电力信息通信运维能力，西藏电力信通公司正备战信息通信运维普考。

他们听说南瑞来了个信通专业的援藏专家，都高兴异常。南瑞可是国家电网公司的王牌，这个援藏专家一定有着不凡的经验和能力。

说起来，他们热情高涨，激动万分，希望这位援藏同志能帮他们解惑答疑，闯关夺隘。

他们立刻就向王工发出邀请，希望他能利用空闲时间，做一回他们的老师。

王工知道，他来援藏，不是代表自己，而是代表南瑞。南瑞的人出来，举手投足，都是南瑞的形象。所以他立刻就笑着点头，不顾胸闷、头疼等高原反应，发挥自己的强项，为边疆的同行送去南瑞的热情，在晚间和周末为信息通信运维的全体人员开展培训。

02

教室里，王工讲完后，鼓励大家提问，而后就所提问题再细致回答。

诸多问题一一解答，许多疙瘩也就一点点解开。

这是王工学习的窍门，用在这里，让大家感觉十分实用。课堂上气氛活跃，互动互学，提高很快。

王工也收获了友情。有人给他送上红景天，有人带来了家里好吃的酥油茶和牦牛肉。

王工打电话把这一切告诉爱人，让她在家放心，照顾好女儿。

爱人支持他，理解他，把家里的一切承担起来。让他有了无穷的力量，用在援藏的任务上。

女儿在电话里问他什么叫高原，他说有很多很多的高山，高山上都戴着白白的雪帽子。而且还有大大的红月亮。

他对女儿说，等女儿再大一些，就带着她来高原，来看红月亮。女儿高兴地笑起来。

03

令人欣喜的是，39 名参考人员中，27 名顺利通过考试，通过率大大超过往年水平。

而且，在他和同事的共同努力下，2012 年顺利完成了国网西藏电力共 20 个信息化专项项目建设，节约预算 100 万元，年度综合计划任务 100%完成。

他们还完成了 2013 年信息化专项 27 个项目投资计划上报、依法治企项目监督整改和遗留结转项目签报申办等一系列攻坚目标。

南瑞人把南瑞的品牌形象做到了最好。

八、南瑞营销的"老西藏"

01

2023 年春节刚过，一架飞往拉萨的航班腾空而起，转眼就进入了白云蓝天之中。

引擎的轰鸣声不断传来，飞机越飞越高了，很快就进入了万米高空。

此时，很多人都眯起了眼睛，准备好好休息一下。

旅途漫漫，南瑞集团营销服务中心罗经理，却大睁着眼睛在想事。

是的，他满脑子都是技术交流、工程推进和新项目策划。

由于疫情的影响，这次是离开西藏最长的一次，他的心里有些着急，很多项目的进度都受到了影响，必须要尽快地补回来。

02

这个戴着眼镜的憨憨厚厚的小伙子，他要是告诉你他已经在西藏待了 11 年，你肯定会瞪大眼睛。

一个人的青春，如何会在雪域高原生根开花？就像冰山雪莲，那般坚毅，那般执着。

罗经理会说，这都是工作，当然也是热爱，也是习惯。

因为工作而热爱，因为热爱而习惯。

11 个年头，把一个江南人历练成了半个本地人。他的皮肤黑了，熟悉了简单的藏语，熟悉了奶茶和糌粑，熟悉了西藏电网的网架和各个电站。

有不熟悉的吗？那就是西藏的各种风景名胜。说起来，还没有你熟悉。

一般人奔西藏，都是冲着美景去的。而罗经理去的地方，都是枯燥乏味之地，因为这些地方，才不会影响那些风景，才更适合架线，安排站点。

说起来，罗经理不遗憾。因为他还是能够在那曲海拔 4600 米的项目现场，看到雪域高原巍峨的冰山，看到迎风飞舞的雄鹰，看到成群的牛羊。

那里的人们熟悉罗经理，也熟悉了南瑞，熟悉了营销服务中心。

03

2012 年 2 月，罗经理这位在零海拔地区土生土长的江苏小伙，第一次踏上了飞往拉萨的航班。

说真的，他是带着对雪域高原的向往去的，是带着对项目的极大信心去的。

谁知一下飞机，立刻就有了头疼、恶心、胸闷等各种高原反应。

毕竟是年轻，抗摔打能力强。好几天的高反、缺氧都没能让罗经理趴下，他强忍着强烈的身体不适。面对项目工期紧、西藏电网基础数据和技术力量薄弱的情况，立刻带领团队投入到西藏电网 D5000 调度系统的调试中。

那是怎样的攻坚，怎样的战斗，怎样的付出！短时间内，保质保量地完成系统建设，并顺利通过了验收。

04

2013 年底，公司看好了这个踏实的小伙子，让他从工程服务岗位转到了营销岗位。

因为他们知道，营销岗位从某种程度上来说，比工程服务还要重要一些。

从技术转战市场，很多事情罗经理要从头开始，他购买了很多营销方面的书籍，他懂得了营销也是一门学问，是讲策略、讲攻略、讲技能的。

为了更好地应答客户，他抓紧掌握南瑞各类产品和技术，把新项目、新设备及时记在心里，说起来头头是道，问起来对答如流。

就这样，凭着原先从事工程服务时积累的良好口碑，凭着自己的热情与友善，凭着对产品的把握和信心，罗经理一点一点打开了市场。

05

谁说起来，难道罗经理没有家庭吗？有的，罗经理有懂他的爱人，有可爱的孩子，还有双方慈爱的老人。

在常年出差的时候，大家都是全力支持他的工作，把家里的事情分担起来。

孩子就这样一天天长大，从幼儿园的孩童变成了初中生。

单位的领导说："怎么样，光是工作，顾家太少了，要么回来换别人去？"

他笑着说："没事，孩子渐渐大了，家里也都理解，我还能再干几年。"

朴实的话语，让人觉得真实，亲切。

从 2012 年担任西藏地区 D5000 项目经理开始，他每年平均在西藏出差 260 天左右。就如他自己说的，西藏可以算作他的第二故乡了。他也就被大家亲切地称呼为"老西藏"。

由于辛勤而刻苦地工作，2022 年，他被评为南瑞集团第八届"身边的榜样"。

大家都知道，南瑞有个罗经理，坚守西藏 11 年，踏踏实实地干出了自己的成绩。

06

2019 年 3 月，罗经理和用户加班讨论西藏电网"四线一库"项目技术方案，回住所时已是深夜。

一天的高强度工作，加上高原反应，上楼时，不小心一脚踩空，摔了下去。右腿重重地压在身下，摔伤了。

回到南京治疗休养，妻子悉心地照顾着。

躺在床上，那个"四线一库"项目总是在心里悬着。他放心不下啊。

他试着拄着拐杖在屋子里走，还行。

一周后，人们看到拄着拐杖的罗经理在往机场赶，看到他登上飞往拉萨的飞机。

这个一瘸一拐的人，肯定不是去旅游。那么是去工作？还是回家？人们猜不透了。

只有当西藏的用户看到罗经理，才会明白他千辛万苦的含义。这就是南瑞，南瑞的人。而南瑞的产品，同样是好样的。

近年来，由于他的努力和人们对南瑞的信任，业务量逐年攀升。

比如陆续中标川藏及藏中联网配套、阿里联网配套、调度系统全覆盖及调控云、拉萨换流站调相机等重点项目。

现在，你去西藏，说不定会在哪里见到这位南瑞营销的"老西藏"。

第十三章　产业聚集成链

一、核心产业转型升级

作为国家电网公司科技创新主力军，南瑞承担了一系列课题，全力支撑新型电力系统建设和能源转型。这些课题都属于电力的尖端课题，所涉项目也都是国家重点项目。

你看，南瑞研发的不受谐波特性影响的差动保护和基于励磁电感参数识别的变压器保护装置，在江苏 500 千伏骥能变电站挂网运行。

还有，南瑞牵头的"新型电力系统继电保护体系架构与关键技术研究"通过验收，并获评国家电网公司 2023 年度验收评价优秀项目。

还有，南瑞研制的抽水蓄能静止变频启动系统（SFC）4000A 高功率密度风冷阀组通过测试。由此，为 400 兆瓦级抽水蓄能机组的快速启动及水冷 SFC 风冷改造，提供了强力技术支撑。

一个个国家电网公司新型电力系统的科技攻关计划，都在快速有序地落实中。显现出南瑞集团锐意进取、扎实有效地融入新型电力系统技术创新联盟。

不仅如此，他们还让科研成果走出实验室，以新产品、新标准赢得新市场，让科技之花结出产业硕果。

二、为了那个电力梦

01

中国已经成为全球第一大汽车市场。渐渐地，人们有了一个共识：要使我国在世界汽车工业之林占据汽车大国的重要位置，就必须加快推动电动汽车产业的发展。

可以想见，未来的电动汽车将会更加智能化和自动化，将会具备更长的续航里程和更短的充电时间。

那么，电动汽车的普及，必将推动充电站和换电站等新能源基础设施建设。

这个故事，还是从那场雪开始吧。

02

雪，覆盖了整个东北大地。

真的是千里冰封、万里雪飘。山原白了，沟壑白了，连一道道河流也白了。

河的厚厚的冰面上，风卷起一层层的雪花，在四处飞扬。

树结成了雾凇，一棵棵的像白头翁，站成了壮观的形象。

远远地出现了一行人。

他们冒着风雪，正穿行在吉林农村的山野间。

一般到了这个时候，很少有人出门。一个个地都缩在生着火炉的大炕上，喝茶、聊天。

但是朱金大不能闲着，如果闲下来，整个冬天就什么也干不成了。

东北的冬天来得早，走得晚，一年的时间，轻易地就溜走了。

朱金大时任国电自动化研究院农村电气化研究所副所长。

他带领技术团队，已经越过了一条冰河，来到附近的一个村镇。

03

这一年，吉林省农网自动化建设与改造项目，被列为国家电网公司农网改造试点项目，项目的成功与否，关系到整个公司范围内农网自动化建设与改造的成败。

就这样，朱金大带队进驻吉林，直接住进了吉林省农村电网建设的工程现场。

他们进行农村项目建设走访调研，研究分析农网现状和需求。

走访中发现，当时的农村电网调度，还停留在"一张桌子，一部电话，一个调度人员"的时代，那些农村电网的调度人员，很多人还不会使用计算机。工作仍然是动手动口动腿，远远跟不上社会发展对电力的需求。

因而，对电网自动化系统的引入迫在眉睫。

气温多在零下30多摄氏度，南方来的这些人，开始是多么不适应。

他们的手脚冻肿了，嘴唇干裂，脸上起了红斑。尽管穿着厚厚的工装，依然会有时刻被冻透的感觉。

眉毛上总是结着一层霜，呼出的气体，像是蒸汽机车喷出的烟雾。

顶风冒雪地走访，除了本子和电脑上的一条条记录，他们的大脑已经记不清都去了哪些地方。

那些地方差不多都一样，一样的白，一样的被厚厚的雪覆盖的屋顶，一样的屋檐挂着长长的冰溜子。

当然，老百姓都是一样的热情。

听说他们是为东北的农村电网建设而来，都伸出了热情的手。

镇上和村上的干部也都积极配合，让干啥干啥，问什么答什么。他们知道这些南方来的电力人不容易，他们理解他们，心疼他们，要他们留下来吃一口热饭、喝一口老酒。

但是任务在身，责任在肩，他们只是感动地一一表示感谢，还是马不停蹄地奔走于白茫茫的山野间。

饿了，从怀里掏出馒头啃一口，渴了，从兜里摸出瓶子喝一口凉水，凉水没有了就抓一把雪，东北大地上的雪还是很干净的。

谁都不会想到，这帮来自大城市的电网专家，在外边闯荡两个星期，才会回到大本营洗一回热水澡。

04

条件尽管艰苦，但妨碍不了他们加快农村电网建设的决心和信心。

雪路漫漫，他们在地上踏出一行行坚实的脚印。他们探索出的，就是一条适合我国农网建设的大道。

就这样，寒来暑往，暑去寒来，在东北的黑土地上，一晃 2 年过去了。

2 年多的时间，朱金大和他的团队走访了吉林全省 42 个县中的 35 个，完成了这 35 个县级电网调度自动化系统和 100 多座农网变电站的改造。

不仅如此，还为农村电网调度人员开展了计算机操作培训，手把手地让他们从头儿做起。那些当时连鼠标都不会握的技术人员，最后都成了省里农网自动化领域的带头人。

说起来，他们都由衷地感谢这些来自农村电气化研究所的专家。

走访调研中，朱金大对工作越来越熟悉，越来越顺手，根据经验，他总结出了"统一规划、统一设计、统一招标、统一建设、统一验收"的农网建设管理模式。

这种模式能够极大地节省人力、物力和精力，提高农网自动化建设和改造效率，被业内称为"吉林模式"。

此后，随着国家农村电网建设的进行及公司业务的发展，他们又转战云南、海南、广西、安徽、湖南、山西、宁夏、青海、内蒙古等几乎大半个中国，涉及几百个县。

那成熟的"吉林模式"，已经成为我国广大地区农网建设与改造的指导和借鉴。

当他们在挥汗如雨的南方或风沙漫卷的西部赶路的时候，他们还会想到白雪皑皑的大东北，想到最开始摸索时所遇到的各种困难。

这一步步的路，都是这些年经风历雪走出来的。他们已经走得很顺，往后再遇到什么艰难险阻，也全不在话下。

2009 年，朱金大参与的"社会主义新农村供电模式研究及示范工程建设"项目，获得了国家电网公司科技进步一等奖和中国电力科技进步二等奖。

由他引领开发的县调自动化系统和CAS2000整合型变电站自动化系统，在全国31个省（市、自治区）得到广泛应用，为我国农村"户户通电"工程，做出卓越贡献。

这件事，看起来是个粗活儿，实则是个细致活儿，显现出朱金大他们善于用脑的灵活性和不达目的不罢休的持久性。干事业，就得有这种韧劲和精神。

这也是朱金大的个性。

05

为了推动电动汽车产业发展、实现国家能源战略，2009年，国家电网公司将电动汽车充电站建设作为智能电网建设试点工程，加快建设布局，要求尽快建设一批电动汽车充电示范站。

电动汽车充电设施，是电动汽车产业发展的基础。

朱金大参加这项研发的时候，我国电动汽车充电设施技术领域基本上还是一片空白。没有技术参照，没有行业标准。

怎么办？不能向谁伸手要，也要不到。只能靠自己。

朱金大还是那个性子，他一拍桌子，"没有标准，我们自己建立标准！没有先例，我们就创造个先例！"

朱金大从接受任务的那一刻，就铁定一颗心，没有上不去的山，过不去的河。

他立刻就召集起各个专业的技术人员，组成强有力的团队，开始闯关夺隘。

攻关团队的成员，不少是二三十岁的年轻人。朱金大身上的特性，早已传染给了这些年轻人。年轻人本来就有一股子朝气，一股子拼劲和闯劲，他们敢想敢干，就怕遇不到好任务，更怕遇不到好领导。

现在看到朱金大横下一条心，他们也来了劲头。跟着这样的带头人，不怕闯不出一条路。

何况他们都知道，朱金大还有一套技术的硬功夫，不光是阅历深，经验丰富，关键是脑子活，点子多，业内都称他是"活诸葛"。

06

就这样，这个新组建的研究团队，跟电动汽车充电设施摽上了劲。

团队成员说起来，那叫一个没日没夜，那叫一个昏天黑地。

朱金大怎么干他们怎么干，朱金大趴在桌子上，他们也趴在桌子上，朱金大拿着图纸，他们也围着看，朱金大下车间，他们也跟在一旁。

探讨、钻研、设计、模拟，哪个也不闲着。

脑子不闲着，手也不闲着，就是嘴忘了吃，忘了喝。有时候胡子都忘了刮，头发都不顾上理。

等研究有了眉目，一个个的，就像从深山老林走出来，看到太阳都两眼放光。看到树叶子都绿了，才知道又一年的春天都结束了。

2010 年的春节，到处都是鞭炮声。

天空中，时而响着钻天眼的二踢脚。尤其是晚上，五彩缤纷的烟花漫空里开。喜庆的气氛弥漫着整个城市。

公司也已放假，人人都为一年的忙碌而有了些许的放松，该好好玩一玩，乐一乐。

谁都不知道，朱金大和他的团队，还是外甥打灯笼——照旧，没有放松一丝一毫的紧张情绪。

那些花炮，倒好像是催征的信号。眼看着年关又到，眼看着任务难关还没有攻破。怎么能放假收兵，怎么能放松拉紧的那根弦！

07

2010 年春节过后不久，朱金大他们的研发团队，终于攻破了电动汽车充电设施关键技术难关。

完成了从交流充电桩、直流充电机、保护测控设备、安防系统、计量计费系统，到充电站监控系统等电动汽车充电设施建设的完整解决方案。

这在当时，不亚于一颗重型深水炸弹，将平静的海面掀起了一阵狂潮。

有人断言，这无疑将我国的电动汽车事业向前推进了大大的一步。

这项发明，填补了我国电动汽车产业的技术空白，其核心技术获得 5 项国家专利。

不仅如此，还即刻显现出成效：研究成果很快形成了产业化，销售合同当年就达到了 2 亿元，国内市场占有率达 50% 以上。

成绩是喜人的。朱金大却没有躺在功劳簿上睡大觉，累倒的他只是在医院的病床上躺了几天，就又投入到充换电服务网络运营管理系统的研发中。

作为国家电动汽车充换电技术学科带头人、国家"863"电动汽车产业领域评审专家，朱金大积极参与了电动汽车行业标准的制定。

朱金大说："在电动汽车充换电技术领域的国际舞台上，应该有中国的声音，有国家电网公司的声音。"正是这样的拳拳报国心，激励着朱金大带领团队攻克一个又一个的技术难关。

你看，他们又成功研发出 CEV3000 智能充换电服务网络运营管理系统，进一步完善了电动汽车充换电设施建设一体化解决方案。

他还主持编写了电动汽车充换电领域相关技术标准，在国内外产生了重大影响，成为世界各国电动汽车充换电技术研究的风向标。

那次，扬州吴州路充电站安装调试，朱金大感到责任重大，意义更大，这可是江苏全省第一个电动汽车充电站。运行良好，会带来一系列影响。

也就是说，会直接影响到这么多天来，南瑞集团关于电动汽车配套设施的整体效果，影响到企业品牌和后续的用户订单。

连续 5 天，朱金大都守在工程现场，参与和检查扎线、放线、实验，排除设备故障。

这 5 天，不分白天还是黑夜，天黑了照样连轴转。早一天完工，早一天传喜讯。

5 个日夜过去了，项目成功投运。

08

朱金大，1989 年从哈尔滨工业大学硕士毕业，来到南京自动化研究所报到时，还不满 25 周岁。他将全部的青春、智慧与汗水奉献给了国家电力科研事业。

数十年来，作为"中央企业优秀共产党员"的朱金大带领着

团队，在电网调度自动化、变电站自动化、配网自动化、农村电
网建设与改造、用电信息采集和电动汽车充换电技术等众多领域，
取得了一项项填补国内外电力科研空白的技术成果，这些成果几
乎覆盖了发电、输电、调度、变电、配电、用电等电力运行的全
部环节。

朱金大还经常走入各个重点高校。

他在校园招聘会上宣讲国家电网，宣讲南瑞，宣讲对于人才
的需求：说白了，技术的竞争就是人才的竞争！

朱金大在为新员工讲课。他总是这样，对于新加入的员工，不
断地把自己的经历和认知讲给他们，把南瑞的品牌意识讲给他们：

"你们是企业的未来，是科学的未来。南瑞的品牌保证在你们
手上，南瑞的品牌辉光在每个人身上。所以我们要从自身做起，
从一点一滴做起。

"南瑞是一片广阔天地，在这个天地里，你们是大有作为的。
你们要积极勇敢地多参与项目，多实践，多积累，不要怕摔跟头，
经验都是摸爬滚打出来的。"

朱金大和他的同事刚刚从外地出差回来，到单位交代完事情，
便叮嘱他们赶紧回家："你们要懂得珍惜，咱们在外面忙，家人在家
里也不容易，甚至忙得比我们更杂乱。回去吧，多陪陪家人！"

同事们各自往回走，却看着朱总转身又去了办公室。

……

09

我在南瑞集团走访时，看到电动汽车的配套工程已经十分完

善，尤其是充电设备的研制、使用和检验，每一个车间，每一个环节，全都是一流设备，一流水准。

近年来，南瑞围绕创新链、产业链整合资源，将标准打造成创新成果产业化、国际化的孵化器和助推器，提升技术标准对产业发展的贡献度。南瑞深知，只有把技术优势转化为标准，才能获得更多话语权。

南瑞在电动汽车充换电领域的探索实践有力证明了这一点。

2021 年 8 月 22 日，南瑞主导发起的 IEC TS 62196-7 电动汽车传导式充电车辆适配器国际标准立项成功，标志着中国提出的 ChaoJi 充电技术迈入了国际标准制定与全球产业应用新阶段，对新能源汽车发展具有里程碑意义。由此，主导了相关国际标准的制定。

这个标准制定了之后，就相当于大家都说同一种语言。如果全社会生产充电桩的企业都按照这个标准来生产的话，它对电动汽车市场就有很大贡献。往长远了看，它对构建新型电力系统、实现多能互补和时空互济也有深远意义。

如今，在天津市武清区京沪高速泗村店服务区（北京方向）的 ChaoJi 充电站，新能源车主就可以体验到 ChaoJi 充电技术带来的"超级快感"——充满一辆 60 千瓦时新能源汽车仅需 10 分钟，耗时为传统充电桩的五分之一，而且可续航 400 公里。

三、绿叶丛中的铿锵玫瑰

01

"张工，通信状态又不对了。"

"张工，保护信号怎么多了这么多？"

"张工，CPU 负荷冲 200 多了，怎么办？"

"张工，内存也在往上顶，怎么办？"

随着接入设备的不断增加，CPU 负荷快速增长，通信状态变得很不稳定。

明天就要开始系统验证了，今晚如果不把这些问题解决，可就要耽误大事了。

大家都在看墙上的钟表，那钟表已经和月亮指向了一处。

02

2020 年 1 月，变电公司的"新一代自主可控变电站"系统的研发迫在眉睫，很多问题都还悬着。而"通信协议"，是最核心的环节之一，关系着电网安全和信息安全。

大家把目光都投到张工身上。因为他们知道，整个部门，只有张工有广域运维系统通信协议的研发经验。现在她就是紧急西征的穆桂英，再没有他人能够担此重任。

领导对张工带有希望和信任地说："怎么样张工？就看你了。"

她笑着说："只要大家看得起我，我就接了。"

"好！太好了。"

张工知道，或不知道，她勇敢承担起的开发通信协议的重任，是多么重。

这可不是以前蹚过的河，尽管她搞过自动化广域运维系统开发，但这可是全国首套自主可控新一代 220 千伏智能变电站系统。虽然组织了团队，主要的开发，还是全在自己一个人身上。

03

面对全新的研究方向，张工摸着石头过河，那河既宽又大，河水还不清澈，仿佛正遇到秋汛，浑浑浊浊地漫漶成一片。

张工从程序设计到数据适应性转换，再到站内数据流转，一步步打通调度数据通道，每一步都困难重重，往往是数十小时过去，才往前走了一步。

摸着石头过河，有时候连那块石头都找不到。

不断地加班加点，到家了，孩子早就睡着了。第二天离开家的时候，孩子还没有起床。

难怪孩子给妈妈打电话："妈妈你去了哪里呀？好多天都不见你了。今天是星期天，你不带我去玩吗？"

她就笑，说："妈妈每天都能看到你，只是妈妈回去时你已经睡着了。今天让爸爸带你去玩吧，等再过一段时间，妈妈就好好带你去玩。"

6岁的女儿已经渐渐变得懂事了，而且慢慢能够自理，自己穿衣服、自己洗澡洗头发、自己收拾玩具、自己整理床铺。每次发现女儿自己做得都很好，张工就会有一种暗暗的惊喜，同时也会有一丝隐隐的内疚。

她知道，这都是自己的缘故。当妈妈的不能在女儿身边照看，孩子就只能自己动手，尽管这也是孩子的一个早早的能力提升，却让自己感到既欣慰又心酸。

那次，她发现，自己换下来的衣服竟然晾在了衣架上。还以为是丈夫帮助洗的。可丈夫说是孩子帮助妈妈洗的衣服。她眼里立时就蒙上了一层泪花。

04

没说的，张工只有把对这个家的爱和对女儿的爱转移到工作中。只有加快研究的步伐，早日完成实验，才能为女儿多献上一点爱。

转眼到了 2020 年底，张工却在着急上班的途中摔倒了，摔得很严重，造成了腰椎骨折，医生说，必须卧床休息三个月。

这可正是项目攻坚的关键时刻，马上要进入全面联调阶段。

躺在床上怎么能行？刚在家躺了两天，她就戴着护腰来了。拖着缓慢的步子，一手扶着僵直的腰，一手扶着可以扶着的东西。同事们很快就发现了她疼痛难忍的表情。

这才知道她摔伤了。"都骨折了，怎么能上班，快点回家休息，别落下病根。"

她勉强笑着："没事，没事，大家快忙吧。"

团队负责人却以强硬的口气，让她休养，并开车把她送回了家。

女儿放学回来，看到妈妈躺在床上，高兴地叫起来。这是多么稀罕的事情。女儿就要爬到床上来。

可一听说妈妈摔伤了，她就立刻换了一副表情，问妈妈摔到了哪里，疼不疼。扭脸的工夫，只见女儿端着一杯水过来。

妈妈立时说："好孩子，别烫着你。"

女儿说："妈妈，没事的，我经常自己倒水的。"

她觉得女儿真的长大了。

05

连同周末休养了 5 天，5 天里，张工坐立不安，不时地看工作群。

这天看到群里自己负责的国家电网公司试点项目，10 天以后要送电试验。只剩下短短的 10 天了！

她如何能躺得住？不顾家人的反对，她坚持赶到单位投入到紧张的研发中，向着最后的终点冲刺。

送电前，各个厂家对协议的理解不同造成现场通信出现问题，她又顶着腰伤主动请战，直接奔赴现场，连续通宵加班解决问题直到顺利送电。

送电之后还有联调。与集控站联调的时间定在了 2021 年 3 月。

时间已经很紧了。2 月 12 日正是春节，而这一天，张工却还在坚守着岗位。直到 2 月 26 日元宵节，都没有在家。

一向懂事的女儿不断地给妈妈打电话，问妈妈怎么总是加班，春节也不在家。

妈妈告诉女儿，妈妈是在搞一个很重要的事情，等这个事情完了，就带她去公园好好玩一次。

女儿还是懂事的，她从妈妈的讲述中，知道妈妈所在的南瑞是一家什么样的单位，那个单位有很多很多人，都是名牌大学里出来的，将来自己也要上名牌大学，然后和妈妈一样，进入妈妈所在的南瑞搞科研，为国家作贡献。

06

2021 年 3 月，各个厂家齐赴北京开展联调。

不大的机房里挤满了开发调试人员。在这样的环境里，张工戴着护腰一坐就是一整天，和同事一样，经常工作到深夜，到最后，起都起不来，由同事们搀扶着，一点点迈步。

就这样，忍着腰伤，她在北京硬是坚持了 20 多天。

北京联调结束，她又马不停蹄地坐高铁赶往济南新一代自主可控系统与集控主站调试现场。

测试验证工作又是新一轮会战。

从 3 月底一直持续到 6 月。

张工实在是感到坚持不住了。但是在一群小伙子堆里，一个女同志，能显得那么娇柔不堪吗？不，她还是咬咬牙，坚持着，坚持着。

哪里想到，越是紧急时刻，越是有事。于是就有了开头的一幕。

联调的几个小伙有点焦躁起来，查问题越来越显得没有章法。也难怪，重压之下久了，引起了条件反射，不能出现情况，出现情况就发蒙。

没有办法，只有不断地向这位"穆桂英"发出自己的疑问，都是平时没有遇到的难题，想不通，整不明白，不问张工问谁？

她也就越发离不开了，只能抖擞起精神。

在一片绿叶丛中，一枝玫瑰尤为出彩。

07

张工显示出了女性特有的耐心和细致。

她轻声细气，不急不躁："别慌，我来看看。"

她领着大家一起查找，讨论分析，不断调整和优化程序，在多台机器上同时测试验证。

她说："我们前面的工作已经做得很好，不怕在哪里出现什么问题。即使出现，只要用心，也都能够解决！"

别看是一位柔弱女子，却一下镇住了有些混乱的场面。

渐渐地，大家发现，在张工的指导和操作下，CPU 负荷和内存同步降了下来，此时，时针已经指向了凌晨 1 点。

08

钟表没有等待这群人，继续向前走去。此刻，即使窗外有春雷响动，他们也是全然不知。

经过两台远动装置和一台服务器的反复测试、推敲和重演，终于定位到了问题源头，并切实从根本上解决了问题。

此刻他们才知道抬起头来，再次看那墙上的钟表，已经指向了凌晨 3 点。

电力自动化行业的人说，因为他们工作负荷重、责任压力大，往往把此行业称为"男性的行业"，而搞通信研发的女性，更是凤毛麟角。

所以他们将张工称作"绿叶丛中顽强生长的铿锵玫瑰"。

那精神有光，灵魂有香，坚强自信，美丽感性的铿锵玫瑰，将永远在瑞园中怒放。

四、"智能运检"的种子

01

初出茅庐，埋下"智能运检"的种子，是 2018 年。

刚入职一年多，小童满怀兴奋又紧张的心情，第一次到变电站现场进行系统调试。

这是南瑞集团承担国家电网公司的科技项目任务之一，也是首次探索图像识别技术在变电站运行维护中的应用。

真可说是一次艰难而漫长的旅途。先坐绿皮火车，再换乘长途车，长途尽头是大雪弥漫的荒野。

雪地中艰难跋涉了 40 分钟，终于到达了目的地：一座无人值守的变电站。

除了设备发出的电流声，周围一片白茫茫，他和同事两个人四目相对，目光中既有惶恐，又有担忧，同事显得要老练一点，先行干了起来。他也缓过神来，投入到紧张的系统调试中。

也许领导派他来，就是要"是骡子是马拉出来遛遛"，他这一遛，就遛出个缺乏现场调试经验的新手。

调试第一步就卡壳了。

小童更新好了算法程序，一运行就直接报错。再试，还是同样。小童的汗立刻就出来了。

同事看到了他慌张的样子，也疑惑地说："怎么会呢？明明在测试环境测试过了，怎么到了现场会报错呢？"

小童尽量使自己冷静下来，这个时候不能惊慌失措。越慌乱，越是解决不了问题。而且这是自己第一次现场调试，绝对不能马失前蹄。

他沉下心来，仔细排查分析，终于发现动态库路径无法寻址。

找出症结，便好下手解决。小童修改了环境变量，程序终于恢复运行。

这只是调试中的小插曲，还需要解决一个又一个问题，闯过一个又一个关口。

吃饭已经成为小事，用从酒店借来的热水壶，泡一碗方便面随便解决。

两个人干起活来，没有了什么话语，设备程序成了每天唯一的语言。

没有人监督，没有人指挥。

几乎都是从早晨调试到深夜，才会踏着漫漫白雪回到驻地。

02

就这样，时间不知道怎么过去了。

一天天地，有时会飘雪，有时会升起太阳。而那个变电站始终如一，默默地看着他们的到来和离去。

有时，他们会在经过的路上，看到一只野物快速跑过。虽然猛然一惊，却也感到意外的惊喜。毕竟改变了一下单调的场景。

有时风大起来，会扬起阵阵雪尘，让他们辨不清方向。

都挺过来了，小童想不到，他和同事在这里，竟然坚持了1个月。

1个月的现场调试，系统终于投运上线了，通过接入变电站的摄像机结合后台的图像识别算法，可以精准识别到隔离开关位置状态和表计读数。

为了对现场安全帽识别算法技术进行验证，他们踏着厚厚的积雪，在变电站设备区行走。

然后模拟工作人员，在作业过程中违章摘下安全帽。

这个时候，系统自动识别即刻触发告警。

在这样一个地处偏僻、无人值守的变电站，已经可以通过现场视频和图像识别算法，实现隔离开关状态远程复核及设备远程自动巡视等设备运维工作。如此，将对今后电网设备运维质效，有一个很大的提升。

这么多天的辛苦付出，终于有了满意的结果。

小童和同事激动相拥，流下热泪。

这是小童第一次攻坚变电运检数智化，圆满完成了国家电网公司科技项目成果的试点应用，也让他坚定了信心，继续扎根变电智能运检技术攻坚一线。2019 年，国家电网公司推出"变电站高清视频与机器人联合巡检"建设项目，重点探索设备巡视工作由机器人替代，这对今后变电运维模式的发展转型，具有重大意义。

南瑞继远公司主动承担起首批试点项目，这次试点项目也是智能运检技术应用最好的实践。

小童被委以重任成为试点项目的研发负责人。

这对他来说是一次重大考验和历练，更是体现了南瑞集团对青年员工的培养和信任，南瑞这个大舞台可以让每一个年轻人实现他们的梦想。

小童迅速组建团队，开展巡视数据建模、视频流媒体转分发、红外测温智能诊断、设备外观缺陷识别等一系列关键技术的攻坚。

03

历经 3 个月，他带领团队日夜奋战终于完成了系统研发，然而这时大家却兴奋不起来。

因为距离系统投运到 220 千伏无为变电站试点和专家组现场验收仅 1 个月时间。

对于这样一个新产品，大家的心里有些底气不足，因为没有经过实践检验。

"如果通不过专家组的验收，我们可就白干了一场。"

小童说："咱们做的产品，就要自己当第一个用户。我们现在就去现场调试。"

小童便带人进入了 220 千伏无为变电站调试现场。

调试复杂而艰巨。

1 个月内，接入了 100 多台摄像机、十几台红外热像仪、2 台室内外机器人以及大量辅控、在线监测设备。同时进行上万个巡视点位配置和算法验证工作。

小童开启多线程并发的工作模式，边对接、边调试、边确认，将调试遇到的问题一项项总结，校正，处理，做到细致入微，有条不紊。

关键时刻终于到来。

1 个月的奋战过后，2021 年 9 月，正是果实丰收的时节，迎来了国网设备部组织的专家组。

无为变电站试点验收现场。

联合巡视技术架构、业务流程、数据融合、算法应用……小童向专家组进行了详细讲解和系统演示。同时汇报了系统运行期间，成功发现了锈蚀、鸟巢、渗漏油、发热等设备隐患，保障设备安全运行。

系统建设成效，得到了专家组的一致肯定。

无为变电站试点，由此成为国家电网公司首批试点建设的优秀成果案例。

试点应用的成功，让小童有了坚实的经验积累，也更加坚定了信心。

2020 年开始，到 2023 年的 3 年中，他又带领团队，先后完成了单站型、区域型和集控型智能巡视系统新产品的研制，顺利通过国家电网公司集中检测，实现了规模化应用。

2023 年，南瑞继远积极响应集团号召，成立"行稳致远"科技攻关青年突击队。小童再次被委以重任，为突击队队长。

这支队伍可谓青春勃发，活力十足，因为多是以"90 后"为主的生力军。

这支生力军积极推进应用状态智能感知、设备状态评价及预警、能源数字化运检的一系列技术应用，为新型电力系统数字化转型，提供着技术保障。

04

2023 年，小童升级成了一名父亲。

然而不久，小童便接到广州供电局变电运行支持系统建设的任务，他暂时告别了家人，转身带领突击队核心骨干踏上征程，驻点广州，开展系统攻坚研发。

尽管来时就有了心理准备，到了现场还是感受到了前所未有的压力和困难，建设广州这样一个全国特大型重点城市数字生产准实时系统，同时满足 400 座变电站智能网关接入，从生产业务功能、数据接入规模、系统并发性能到安全防护，各方面的要求标准和规格，都要达到从未有过的高度。

而且系统建设的时间，极为紧迫。

这可是突击队建立以来接受的第一项大任务，说什么也要扛下来。

在和用户讨论时，他们倾向于对原来巡维中心主站系统进行改造，说这样系统开发周期最短。

然而，巡维中心主站系统的接入规模，不到边侧系统的四十分之一。如果直接改造升级，后期系统应用可能会有风险。这个风险不能不考虑到。

经过对数据规模、并发性能、算力资源调度，所有存在的风险点都细致梳理，小童和团队沟通想法，确定方向，认真对待。

不愧是一个优秀的团队，各个精明强干、生龙活虎。他们从国产数据库适配、平台底座搭建和业务应用重构几个方面，进行了分工协作。

雄关漫道真如铁，而今迈步从头越。从头开始，也是从难处开始。

这个团队，先后开展了无数次攻坚。对技术架构、系统性能、功能应用、安全防护进行了无数优化改进。

每次攻坚都是对团队成员意志极大的磨炼和考验。

每天日报发出都基本上在凌晨时分。小童笑着说："我们发的，就像是工作早报。"凌晨 3 点的广州也成为他们熟悉的风景。

每一次攻坚，都是系统的一次蜕变和一次提升。

团队奋斗的精神也让用户对这个团队感到由衷地信服。

05

一晃半年过去，小童的小宝宝已经半岁多了。爱人的微信视频里，那个胖乎乎的小人儿，还不认识这个不常露面的爸爸。

项目攻坚期间有了家人的支持和理解，尤其是看到可爱健康的小宝宝，也让他没有后顾之忧。和团队一起扎根在项目攻坚一线，大家只有一个念头，干好这个主站系统，为南网变电生产数字化贡献南瑞力量。

2023 年 12 月，系统正式上线运行，并且通过院士专家组的鉴定，达到了国际领先水平，由此成为南网数字生产的一张亮丽名片。

2024 年，是小童进入南瑞继远公司工作的第 8 个年头。

他继续满怀信心地带领团队工作在第一线。小童十分感怀这个团队，每项技术攻坚和一次次突破，都离不开团队的力量。

这个团队研制完成的变电站智能巡视系统等 6 项新产品，已经在全国 600 余座变电站和 50 余座集控站规模化应用。

一群人团结互助，相向而行，才能行稳致远，这群"90 后"已经成为南瑞继远变电智能运检技术主力军，他们将继续扎根智能运检技术领域，为电网数智化转型贡献智慧和力量。

五、国产化的信念

01

高铁列车以每小时 305 公里的速度，穿行在华北平原。

李工还是感觉不快，他是心里着急。他不能逢到事，一有事就上心。

在南瑞集成公司做工程项目管理的李工，一直从事电力行业信息技术应用创新，也就是电力系统国产化建设的相关工作。

随着时代的发展，科技的进步，国家电网公司需要国产化改造的系统繁多、逻辑关系复杂，IT 基础设施和专用设备都要进行自主化改造，而国内自主可控产品与国外产品技术存在明显差异，很多都需要科研攻关，研制重组。

李工主动承担了信创支撑工作的重任，他是明知山有虎，偏向虎山行。集成公司要在该领域立足，就必须进行技术创新。

任务再重也要挺胸挑起，难度再大，也要奋力排除。在领导的支持下，李工组建起技术团队，几个人挤在一间窄小的办公室里，按照国家及公司的相关要求，一门心思，扎根一线，希望攻关出先进、可靠、实用的国产化桌面终端产品。

从了解零部件核心技术和品类开始，到将方案设计、技术支持、生态合作、产品研发、技能培训等信创全环节的落实，梳理了整个供应链体系。

这之中，李工和他的团队不知放弃了多少休息日和假期，不知有多少天顶着星星月亮回家。

换来的，是高效、新颖、完备的成果，有力地支撑了南瑞集团及集成公司信创工作高质量推进。

02

除了技术攻关，李工也注重团队协作和人才培养。

团队成员互相学习、互相帮助、互相支持，共同推动着南瑞集成公司在专业领域的发展。

这次集团紧急要求集成公司技术团队前往国网技术学院，给国家电网公司50多家单位的运维人员开展信创相关政策宣贯和技术培训。

国网技术学院在山东济南。

远在北京的李工接到任务，立刻连夜带领他的团队赶往北京南站，抓紧登上高铁前往山东。

列车驶出沧州站的时候，李工突然感到胃部不适，继而出现了疼痛。

难忍着的疼痛。

他把手紧紧地按在腹部，额头上却渗出了豆大的汗珠。

同事发现了，知道他的胃病又犯了。

这些年轻人，多有此通病，光顾着钻研，忘了喝水、忘了吃饭、忘了休息，饥一顿饱一顿，钻研正用心时顾不上吃，猛然得出一个结果又欣喜地猛吃，无非是方便面、火腿肠之类的方便食品，还不把胃整坏？不是有胃炎，就是有胃溃疡，所以几乎人人都有这种那种的胃药。

有人赶紧把温胃暖胃的药送过来。有人就说，李工一天都没有怎么吃东西。有人又拿来了蛋糕、面包之类。

李工为同事们的热情感动不已。都是些好哥们啊！

平时工作一个个都是没说的，都是使出十二分力气。真的是心往一处想，劲往一处使。哪怕把自己搭上，也在所不惜。

自己是这样，大家也是如此，所以才铸就了一个好团队，才拿下一个个山头，打出一个个胜仗。

到了济南，李工仍然没有休息，他忍着疼痛，抓紧为第二天的培训汇报做最后准备。

李工知道，这次参加培训的人员，都是精心挑选出来的，既有理论知识，也有实践经验，万不可掉以轻心，让人家看了笑话。

要让他们明白，南瑞出来的团队，是千锤百炼的，是响当当的、令人信服的。

03

第二天，李工他们穿着整齐的工装，透出一种热情而自信的气质，一出场就征服了在场的人员。

在培训过程中他们展现出来的专业素养和过硬的技术能力，让学员们铭记于心，也深刻明白，一个优秀的团队，只有团结一心、互相扶持、互相激励，才有无所不能的智慧、无所不破的力量。

此后，李工又主动承担申报国家电网公司信创实验室的工作。

这可是南瑞集团信息技术应用创新重点实验室，是公司科技创新的排头兵，也是信创产业发展的核心基座。

为了这个集团重点实验室申报，李工再次展现出超人的毅力，连续奋战6天5夜，每天只睡两三个小时。

说是睡，实则是困得再也睁不开眼睛，或趴在桌前，或歪在椅上，或随便躺倒在哪里。

他的行为，影响着整个团队，大家也都如他一样，不仅刻苦，而且一丝不苟。

最终，实验室通过评审并顺利挂牌。

顺利闯过一大关隘，也便奠定了南瑞集团在国家电网公司信创工作中的重要地位，为集团在未来核心产业的发展，建立了桥头堡，垒就了强柱石。

俗话说，有所得必有所失，李工在事业上得到了很多，身体却透支不少。

年纪轻轻，却落下不少毛病。尤其是胃，这个支撑整个消化系统的主要器官，出现了严重的病症。需要调养、需要料理、需要受到关爱。他早就不能吃辣，这个以前无辣不欢的人，似乎与辣绝缘了。

这且不说，医生告诫，如果再不注意，会给他带来不可预料的伤害。

家人也是嘱咐了又嘱咐，交代了又交代，把药一盒盒一包包地装在他的挎包里。

实际上，医生给开出了汤药，汤药调养最容易见效，但是汤药他有时间喝吗？

就是药片、药丸他也顾不上。

你看，常驻测试时发现了问题，而且是十分棘手的问题，李工必须正视这个问题。

他把技术团队召集起来，把整个终端产品大卸八块，从硬件到软件，一件件追根溯源，不信找不到根源所在。

不仅药忘了吃，连饭都忘了吃。有同事拿来了方便面，打开了盒子，却顾不上泡。

每个人的专注点，都成了兴奋点，饥饿的神经已经麻木。

04

太阳在窗前露了最后一面，看这些年轻人根本就没有在意，便带着粉红的羞赧离去了。

夜幕一点点笼罩了园区，室内的灯火却越发明亮。

通勤车一辆辆开来，又一辆辆地开走。驶来的最后一批，也开走了。最后，连等在大门口的出租车，也支撑不住，悄然离去。

李工他们还在那里，面对一堆的零件和线头忙碌着。

这些都是细致活，抢不得锤，也挥不得镐，有再大的劲，也使不出，那股子劲，只能使在心里。

所以让人憋屈，使人闹心，却又急不得、怒不得。只能如巧媳妇织锦绣花，平心静气，细致入微。

时间分分秒秒地过去，夜幕又一点点地拉开了。

太阳露着惺忪的睡眼再次来到窗前，来看这群忙了一夜，睡意全无的年轻人，到底是被施了什么魔法。

这个时候，它看到李工猛然挥了一下拳头，凝重的气氛忽而变得轻松起来。

大家抬起头，这才望向了窗子，发现了太阳那羞红的笑脸。

问题根源终于找到。

找到了，也就解决了。解决了也便有了一个教训、一个经验。

这经验教训让每一个人都体会到，技术攻关，不是儿戏，必须珍视每一个节点，也必须珍惜每一滴汗水。

然而，任何成果，不都是在失败和尝试中得来，在经验教训中得来？！

所以他们会很好地保存这些财富，这带有着无数痛感的财富。

05

李工这时打开了手机，多长时间没看手机了，早把手机设置在静音状态，有什么事情比技术攻关还大吗？

看着看着，李工露出了微笑。

大家都很奇怪，这干起活来严肃认真的李工，如何发出了一阵天真的孩童般的傻笑。

李工确实忍不住了。他开心地把手机画面转向大家："嗨，我这孩子，前几周还只有小小的一点，今天怎么突然变得好大的一只了。"

同事都被他的话语逗笑了。

确实啊，说明这位不称职的父亲，长久地把那些软硬件当孩子般对待，却忘了自己的孩子什么样子。

这个时候，也有员工打开了手机，去看自己的家人，他们也是忽略了自己的亲人。

在他们的生命中，只有两个最爱，工作和家庭，当一个成为重心的时候，另一个必然让位于前。

于是，早晨的光线中，同事们展示着自己的手机，展示着自己的所爱。

这充满温情和温暖的一幕，被爬到窗子高处的太阳，看了个一清二楚。

六、电力新材料中的舞者

01

还在上学时，赵博士就是一个学霸。攻读博士学位期间，她作为第一作者发表了 8 篇 SCI 文章，此外还合作发表了 10 篇文章。

工作以后，赵博士很快成为国电富通电力新材料专业的学术带头人。国电富通 2002 年由电力建设研究院成立，2009 年成为中国电科院所属企业，2012 年划转到南瑞集团旗下，以高温高压管件、干排渣、气力除灰、水处理系统、密闭式循环水冷系统、电力新材料产品等为主要业务，部分产品已达到国际先进、国内领先水平。

在赵博士的带领下，先后开发了 20 余种电力新材料产品。"其实每一种新材料产品的研发都挺难的，但我们迎难而上，在荆棘丛生中找到了突破。"

赵博士并不想让研究成果睡在"保险柜"中,她深知,将有关研发成果产业化是最为重要的事情。因此,在她和团队的共同努力下,将开发的系列材料产品应用于各种电力设备上,有效提升了电力设备的安全可靠性。

2017年起,她承担高性能外绝缘材料开发并参与配网带电作业机器人绝缘衣的开发研究。在没有任何研究先例的前提下,她带领项目团队攻坚克难,首次开发出了绝缘性能高、结构紧凑、外表美观的带电作业机器人机械臂绝缘衣,为机器人带电作业提供了有力的保证。

2022年,赵博士获评集团"身边的榜样"。

正是有了像赵博士和她的团队成员这样的科技工作者的不懈努力,我国在电力设备新材料领域的发展才成功进入国际前沿水平。

02

电力行业中电力设备防护新材料的使用变得非常重要。

"我们开发的绝缘、腐蚀、电接触防护新材料具有更为优异的防护性能,可以用于电力设备的外绝缘防护、污闪防护、腐蚀防护等方面。"赵博士说。

这些年,她和团队已经先后开发了系列化新型防污闪涂料、石墨烯电力脂、石墨烯防腐涂料、硅橡胶清洗修复产品、配网裸导线绝缘涂覆料等20余种新材料产品,为输配电网的安全运行提供了坚强保障,也为公司带来了较大的利润增长。

采用新材料是节能环保的重要方式,现在赵博士就站在这个领域的浪尖之上。

石墨烯材料的研发就是一个典型的例子。她一头扎进这个领域，并且已经取得了一系列成果。这不，石墨烯腐蚀防护技术服务在风电场景应用取得突破。

03

为了抢占行业发展的先机或者是制高点，赵博士经常带领团队冲在一线，一心扑在技术攻关上。

她已经不记得自己错过了与家人的多少次团聚、缺席了孩子的多少次重要时刻。在她自己看来，科研是使命，创新是担当。

她也相信，所有的成就都是智慧加汗水的结晶，只要努力耕耘，她就会收获丰硕的果实。

"我将持续深化电力新材料产品的开发及应用研究，以十年磨一剑的韧劲，以'一辈子办成一件事'的执著，深挖深耕电力新材料技术。"赵博士说。

七、海上的风

01

今天是出海调试的日子。

何经理像往常一样，凌晨 1 点多就到了港口，那里有一只小船在等待着他和他的队友。

按照计划，小船要在凌晨 2 点出发。这次去的是远海，要到南瑞中德公司参建的国家电投滨海北 H2#400 兆瓦海上风电现场去进行调试，统筹多个重大海上风电工程现场的施工调试进度，包括海上升压站平台、陆上集控中心和风机塔筒内电气二次设备。

这是当时亚洲已投运规模最大的海上风电场，那个地方位于江苏盐城滨海北部的中山河口至滨海港之间的海域。

交通船要在海浪中穿行 4 个小时，才能到达海上平台。

何经理他们要在那里开展一个星期的调试工作。何经理带足了一个星期的衣物和生活用品。

每出去一趟，都是打一次持久战，这样，一个月很快就过去了。

而后是一年。

02

时间对于何经理，感觉过得很快，一年 365 天，有近 260 天都是这样过去。而有时又感觉十分漫长，长期坚守在海上的风电工程现场，工作艰苦而单调，看不到什么人，也看不到什么船，整天面对着的，就是眼前的设备，再就是一片汪洋。

凌晨 2 点，船开了，海浪翻涌，小船劈波斩浪，摇晃得厉害。

第一次坐这样船体很轻的交通船，出去没多远，他就有了剧烈的反应，头昏脑涨。感觉那船是被浪扔到了半空里，又被风从半空里抛下来。

海和风同小船不断地开着玩笑，最终他们肠胃翻卷，吐得一塌糊涂。

三四个小时过去，到了地方，他们连下船的力气都没有了。

再见到交通船，就有了条件反射，赶忙先吃了晕船药，而后趴在那里，一动也不敢动。这样经过了四五次以后，何经理就再也不怕了。

他开始在暗夜里感受大海的起伏，感受星斗和明月的跳动，渐渐地进入梦乡。

他要趁这个工夫，抓紧睡一觉，天亮好干活。

现在，交通船在海上颠簸着，他们已经打起了呼噜，他们已经完全习惯了。

前方，大海渐渐出现了一道深蓝的色光。

色光在变浅，变浅，而后又出现了红色的光带，蓝与红交汇在一起，使得大海也染上了好看的光纹。

何经理知道，黎明已经来临，太阳要出来了。

果然，不久就看到红光逐渐扩大，像是大海在吞云吐雾，将那太阳一点点像吐明珠似的吐了出来。

立时，整个海面和天空都亮了。

远远地，看到了海上风电风机。那就是他们要去的地方。

03

何经理说，一年里，很多次都能看到海上日出，开始的时候度过了晕船期，看到日出就显得激动万分，拍下来发给家人，后来就习以为常了。

人就是这样，喜欢新鲜，可生活就是这样，新鲜只是暂时的，不能总图那个新鲜。

有时还会遇到船体搁浅，那样，天亮的时候就赶不到作业点了，心里反而会焦急。

这里的水深有 11 米到 15 米。小船抵达了海上升压站，也就是一座孤独的插入大海的钢铁架子。不是什么港湾，没有那种熙攘和喧闹。

到了跟前，他开始熟练地顺着垂直的爬梯往上爬去，黄色的架子上面才是工作台面。差不多爬了 10 多米，登上海上升压站平台，就开始了一天紧张的工作。

遇到海风和海浪特别大的时候，小船根本靠不到架子跟前，人也不好上去，就只能借助吊笼。

吊笼十分简单，人不是站在里边，而是扶着缆绳站在笼子外面。

3 个人一人把着一个方位，构成三角形的稳定。站在渐渐被搅链提升的吊笼上，差不多就如荡秋千一般，好在有一根绳子拉着。

他们穿着救生衣，像是一个个被救援者。

在平台上作业，要是一时半会儿，就下来走人，也就觉得没有什么，可这是一个常态，没有一时，也没有半会儿，成年累月都是如此，对于一个朝气蓬勃的汉子来说，实在是一种折磨。

但是，你不接受这种折磨，又由谁来接受呢？认的就是这个命，而且还要干好，干不好不算数，这就是毅力，这就是精神，这也是能力，也是责任。

作为南瑞人，他们所付出的一切，都不仅是代表自己，所以每一项操作，都慎之又慎。

04

忙了一天，才完成了一条集电线路的调试，事实上，有时候还会忙到晚上，忙到半夜。这个时候星星都隐匿云中去睡觉了，只有大海的波涛，还在一波波地翻涌。

下风机时，会感到夜里的风比白天更大，而且什么都看不大清楚，无疑增大了危险系数。何经理抓紧栏杆，一步步地往下挪。

这个时候，妻子应该早就睡了，如果她能看到这种工作状态，心里不知道是什么滋味。

从 2015 年 11 月第一个海上风电开工到现在，一个又一个重大海上风电项目落地，何经理带领着团队，与海上风电现场结下了不解之缘。

辛苦付出，终有收获，国家电投滨海北 H1#100 兆瓦海上风电项目，荣获了 2016—2017 年度国家优质工程金质奖；鲁能江苏东台 200 兆瓦海上风电项目，荣获了 2018—2019 年度国家优质工程奖；国华东台四期（H2）300 兆瓦海上风电项目，获得了 2019 年度中电建科技进步一等奖、2020—2021 年度国家优质工程金质奖。

站在高高的平台上，看着一个个海上风电项目的实施，何经理内心是满足的，这时，他才想起，新年又快到了。

八、阳光收益

01

2016 年 11 月，韦博士第一次到张北国家风光储输示范基地去做实验。

张北县之所以被称为"张北"，是因为它位于河北省张家口市北部。这里山峦起伏，平均海拔 1400 多米，曾经是游牧民族的聚居地。有赵长城、燕长城、秦长城、汉长城、北魏长城和明长城。自古以来一直为兵家必争之地。

由于地处内蒙古高原南缘的坝上，张北的平均气温只有 3 摄氏度左右。常年万里无云，风大，日照时间长，是国家 2 类优质光伏资源区。在这片区域内，已建成的光伏项目就有 200 多万千瓦。一排排光伏板，迎着太阳闪着蓝光。丰富的太阳能资源，带来了"阳光收益"，成为张北地区经济增收的持续动能。

韦博士曾在南京航空航天大学读博，2014 年毕业，就义无反顾地选择了南瑞集团。南瑞集团有着令人艳羡的硬件平台条件，无论是大功率实验室，还是实时数字仿真（RTDS）实验室，在全亚洲都是首屈一指，加上国家电网公司系统的支撑，绝对是搞科研的好战场。

韦博士来张北接触现场实验时，到南瑞才两年多一点。

这个南方小伙子一到张北便感觉像到了冰窟一般，从来就没有经历过如此的寒冷。

现场实验地在山顶上，零下 20 多摄氏度的严寒，让初来的他们不知所措，或者说，打了个措手不及。

韦博士和几个同事，都是第一次去，没有经验，车子越往上盘旋越冷，无拘无束的野风嘶鸣着，四处乱跑。

到了地点，韦博士感到有些干渴，便从包里掏出带着的矿泉水，拿出来却发现，矿泉水已经冻成了冰棍。

同事还笑他，掏出自己的矿泉水来看，同样是硬硬的一棒子冰。有同事掏出手机看时间，发现手机电池已经受不了低温，自动关机了。

调试的地点在逆变器房里，空荡荡的一个房间只安装了两台大功率并网逆变器，没有给人坐的地方。只能站着，从早上站到下午，又从下午站到晚上。

晚上更冷，身上穿的厚厚的羽绒服，早被风吹透。连牙都感觉不是自己的了，噼噼啪啪地打架。

第二天实验有了前一天的经验，韦博士和同事就从驻地带上了电茶壶，到了逆变器房的第一件事，就是把紧紧包裹的还没来得及冻成冰块的矿泉水拿出来，倒进水壶反复烧，有了热水，就感觉暖和一点。他们还带了方便面，冷了容易饿，什么时候饿了，就泡一包。

02

韦博士还为了项目推进去了次西藏。

当天晚上就发低烧，耳鸣，手指甲发紫。他是从南京过去，给在那里的西藏电科院做技术交流。在剧烈的高原反应中，韦博士硬撑着把交流汇报作完。

后来，韦博士调入了南瑞研究院工作。10 年过去，他已成长为团队中的科研技术骨干，参与了光伏逆变器、储能虚拟同步机等电网关键电能变换装置的研发工作。

现在韦博士在研究院（全重实验室）新能源主动支撑技术团队从事研发工作。

韦博士说，我们做的很多工作是有连续性的，我还没来，我们领导二零零几年就开始搞新能源并网这个方向了，这个方向一步步发展到现在。

这些年，基本上每年都能争取一到两个国网总部的科技项目。2022 年，韦博士所在团队牵头了一个国家重点研发计划。

实际上，从 2014 年刚毕业，韦博士就开始做一些偏前沿的技术研发。开发与光伏并网相关的项目，之后就承担了科技部的光伏微电网863项目。经过三四年的研究与开发，到2018年有了结果。

结题实验是在天津中新生态城做的。一群国内知名专家被请到现场做见证，也就是看着你做实验，看实验的结果有没有达到预期。

实验开始！现场指挥员发出了指令。

做的是微电网的实验，包括微电网的独立运行、微电网与大电网的离/并网等。微电网内部的各个微源装置（储能PCS、光伏并网逆变器）的控制算法到参数计算，基本都是韦博士牵头完成的，韦博士也就成了主要操作手。

特别在微电网和大电网进行并/离网切换时，韦博士的心弦紧绷起来，他担心并/离网切换的一瞬间，万一机器参数控制没调好，整个微电网系统就会产生失稳问题，那样就不知道怎么收场。

事实上，在此之前，他们已经不知做了多少次实验了，只是韦博士第一次遇到这种阵势，手心早就出了一把汗。

03

结果非常顺利，得到了专家的一致认可。这个成果，最后还获得了2019年和2020年的国家电网公司科技进步奖与中国电力科技进步奖。想起当时，韦博士虽然紧张，感到收获还是很多的，起码变得更成熟了。

"不怕搞攻关，就怕没项目。"韦博士说，搞科研最难的是"从0到1"的突破。

谈到新能源，韦博士说有研究新能源并网控制的，有研究储能电池本体的，有研究光伏电池板或者光伏电池本体的，还有研究风电机组的，等等。而他们的主要工作是为电网系统服务，更关心新能源接入电网后对电网稳定运行能起到什么作用，或者说，新能源采用何种控制方式实现友好并网。

韦博士他们研究的，就是通过一个电能转换装置，一方面能够把电百分百送到电网去，另一方面保证送上来的电对电网没有起坏作用而是有积极作用。

韦博士说，一个企业的牌子，就是要不断创新，只有创新，企业品牌才会越响，越能得到用户的追捧。新能源的前景是无量的，我们的研究，虽然成功了，在成功的基础上还要再研究。

韦博士说，作为一名科研工作者，要做偏前沿、偏前瞻性的东西，就要坐下来，沉淀下来，潜心研究。还要经常学习，不停更新，紧跟技术潮流。

产业的发展靠什么？首先是靠科研，靠创新。这是推动产业发展的核心动力。通过持续创新，才能提升产业的竞争力，开拓市场空间，实现可持续发展。

当然，还要靠人才，人才是产业发展的关键因素。只有建立完善的人才培养机制，提高人才素质和能力，才能为产业发展提供保障。

当然，还需要有政策、有资金。南瑞在这些方面，做得始终都很扎实。尤其是紧抓科研和人才。"不怕搞攻关，就怕没项目"是这些南瑞人的内心独白。

项目从哪里来？从市场上来，从服务中来。只有抓住市场，搞好服务，才能不断地有项目可做，有科研可搞。

所以南瑞人在第一线，总是那么专注，那么投入，那么用心。

第十四章　南瑞走向世界

一、18 位勇士包机出征

01

2020 年 6 月。

武汉南瑞运检中心杜工和 17 位同事从武汉赶赴成都，那里有一架国家电网公司的包机，将飞赴巴基斯坦。

正是疫情期间。但有些事情还是等不得，国家电网公司对海外输出的 ±660 千伏默拉直流输电工程，需要开展交接试验和交流站系统调试。

巴基斯坦的默蒂亚里到拉合尔的直流输电工程，是国际关注的重要工程。根据原来签订的协议，2020 年 6 月 30 日，必须完成交流系统带电。

武汉南瑞运检中心需要去做特殊交接试验和交流系统调试，还有换流变压器的降噪工程安装。

在这个非同寻常的时刻，国家电网公司申请包机，专送默拉直流输电工程参建队伍，直飞巴基斯坦。

出发前，湖北省总工会的领导来慰问送行。国家电网公司领导在成都组织送行会，集团领导专程在成都机场送行。

那个场面，真有些壮士出征的感觉。

没有女同志，18 位清一色的男子汉，雄心勃勃、气势威武地站成两排，带队的杜工站在最前面左首。

他们向祖国宣誓，向亲人告别，踏上了漫长而艰难的征途。

人员都是挑了又挑、选了又选，有的是身体不舒服，有的是家里有事，只要不是大事，都是主动报名，接受审批。

杜工跟妻子说，1 个月，顶多也就 3 个月，中间还会回来看看。

家在襄阳的丈母娘过来照顾孩子，孩子还都太小，一个 7 岁，一个 2 岁。

杜工第六感告诉他，这一去，一时半会儿，回不来了。

02

下飞机的时候，机场密密麻麻排满了穿防护服的人，航班已经停运很久，包机要捎回一批中国人。那些人，不知道等了多少时日。

他们上了小型军车，一路全程武装押运，像是开赴不可预知的战场。

默蒂亚里算是大城市，从默蒂亚里机场到工地，要走几个小时。一路上，有散落的带篱笆墙院的房子，有各种不认识的植物。

整个换流站现场被不规则的围墙围起来，围墙往外扩了 100～500 米。

5 米高的围墙，每隔 50 米一个机枪堡。可谓壁垒森严。

一般不会出来，如果四五个人外出工作，就会有二三十人武装保护。因为经常会有恐怖袭击。

南瑞集团对海外工作人员的安全，要做到最大程度的保障。

杜工他们 6 月 10 日进入，6 月 30 日之前要把活干完，20 天时间，很紧张了。

他们信心十足，拿下来没问题。只要花力气，加班加点。

巴基斯坦正是夏季，白天气温高达 45 摄氏度。

有一阵闹蝗虫，铺天盖地的蝗虫，像沙尘暴。风也很大，昏天黑地，眼睛都睁不开。

没有什么能难倒南瑞的年轻人。他们早上 5 点半起床，6 点开工，11 点停工，下午 3 点再干。

有一些高空作业，作业车把人升上去，在大设备上接导线、安装仪器、做检测。

一切顺利。

6 月 30 日，按预定计划，交流场设备该带电了。按照协议，完成带电调试验收，就可以回家。

但是巴方一直没有组织验收，4 个多月里，调试方案改来改去。

杜工他们就配合着多次修改调试方案。一直到 11 月底，巴方电力公司才允许交流场带电调试。杜工他们早就开始订票，只是一票难求。抢不到也要努力，白天抢不到就晚上抢，反正提前做准备。

他们还是滞留在巴基斯坦。

03

杜工是湖北仙桃人，2007 年从华中科技大学电气工程系研究生毕业，入职武汉高压研究院。

当时我国准备上马交流特高压，武汉高压研究院去学校分享，杜工一听介绍，就特别感兴趣。

投档，顺利进入。

他爱人也是华中科技大学毕业的，学的临床医学，现在同济医院的科研岗位，工作也很忙。

杜工出发去巴基斯坦的时候，跟妻子说最多去 3 个月，可到现在仍旧说不清什么时候能回。家里事情一大堆，全都甩下了。妻子时常打电话、发微信询问，甚至闹气。

杜工说，其实妻子还是支持和理解自己的，不定哪一阵子遇到烦心事，朝自己发泄发泄。

在他们团队里，哪一个人都不是独立的，都是连带着一家子人。老人有病住院，小孩没人带，还有的年轻人家里等着办婚礼。

国际电话打起来太贵，主要通过微信和国内联系，还受到现场网络条件限制。

来的头 4 个月，工地只有 3G 网络，勉强能用微信语音，视频不行。工地上圈了好几百号人，闲的时候都在用，因此很卡，说不成话。

有的同事是瞒着家里出去的，像小张，老家东北的，一个人在武汉。出去时怕家人担心，想着顶多一两个月就回来，结果一出去就是几个月，打电话时可能正忙着，视频也接不了，微信语音看着通了，实际上这边十几秒后才响。家人就特别操心、着急。

后期总包方联系中国移动在巴基斯坦的通信公司，在换流站营地内部架了移动基站才好一些，解决了 4G 网络的问题。

04

说起 2014 年，去马来西亚沫若水电站执行高压试验任务，更是难忘。

那是武汉南瑞运检中心成立后的第一个海外试验检测项目。

杜工他们先是飞到吉隆坡，然后转机再飞过去。下飞机之后，再坐 4 个小时的车到达水电站。

那个时候，还是用 2G 信号，水电站在大山深处，手机信号不佳，整个工地几百号人用 2 兆带宽的卫星锅对外实现网络连接，通信十分不便。

还有那次去巴西，春节前出发。从巴黎转机过去，就要过春节了。

巴西那里是热带雨林，有蚊虫叮咬，虫子很小，芝麻那么大，却咬得很痒。

还有蛇，一次在树荫下乘凉，一条蛇掉下来，吓出一身汗。

还有黑帮问题。有同事从这边换流站去另一个开关站，4 个人开着车遇到了打劫，电脑、手机都被抢走。

巴西美丽山二期直流工程，从北往南两个换流站，两个接地极，中间通过直流线路连接。

杜工他们 5 个人去接地极做检测，从城镇开进去一两百公里，进入热带雨林手机就没了信号。

一天到晚都在下雨。车子走着走着就陷在了里面，费好大劲也出不来，去找人，找到半夜，终于联系到一辆拖拉机，拖了出来。

这天正干着活，小沈突然肚子疼。

紧急送到医院。医生说是阑尾炎，需要马上手术。

杜工有一点蒙，他们一般生了病就吃个药，怎么在国外就要做手术？

赶紧跟小沈家里联系，跟上级领导联系。

家人也没有办法，领导说看能不能接回国内来。都是怕同事在外面出什么事。

语言不通，当地人讲葡萄牙语，靠手机翻译交流。巴西的医生坚持不能离开，要求立刻做手术，怕阑尾穿孔。

没得选了，只好答应。没有想到手术很成功，而且准备付钱的时候，发现免费医疗，没让掏钱。

05

在巴基斯坦，一直待了 7 个月，才把合同约定的工作彻底干完。也抢到了回国的商业航班机票。

杜工带着 17 个人，安安全全地回来了。

现在运检中心正准备"金上直流"的试验调试项目，就是金沙江上游水电送湖北的直流工程，是国家电网公司的第一条高海拔直流。

杜工还是项目经理，又得带队出征西藏。

二、老挝 10 年

01

老挝的夏天十分闷热，从 4 月到 10 月，总是不断地下雨，下了雨再出太阳蒸发。让人有透不过气的感觉。

老何他们从 2009 年开始，到 2019 年，在老挝断断续续做了 10 年。

1972 年出生的老何是山西太原人，1996 年从浙江大学研究生毕业进入中国电科院，当时在电网所，2012 年国家电网公司科研产业调整，北京科东并入南瑞集团，他也就成了南瑞人。

北京科东主营业务是电力调度自动化控制系统，这个系统，相当于"电力运行的大脑"。

其实调度自动化系统在那个年代，还是以引进为主，就是说电网用的都是外国货。从 1992 年开始，北京科东开始搞国产化的研制和替代。

到现在电网调度自动化系统，从 CC2000 到 D5000，已经迭代更新三代，而且还将有更新的一代。

老何说："后来我们还帮助搞了油气管道调度系统，其实也是借鉴了调度自动化系统的技术。可以说我们最早认识到国产化的重要性，在没有提出全面国产化的时候，我们已经在国调中心的指导下，开始国产化研制。到目前为止，调度自动化在整个系统里还是比较领先的。"

当时老挝还没有调度自动化系统，而老挝经济在不停地发展，工矿企业上得也比较快，因此需要调度自动化。通过招标，他们进行考察之后，决定使用中国的设备。

02

安装稳定设备之前，老挝的供电系统总是不正常。

2012 年，老何到老挝去调研，正在一个变电站休息，突然停电了，而且停了一晚上。

等到这个项目结束，老挝就很少再停电，说明中国的系统起了作用，提高了供电的稳定性，同时提高了老挝的经济效益和社会效益。

老挝这个项目比较大，主要是变电站监控设备和通信设备改造。

老何所在北京科东抓住机会，项目一期就做了 16 个，二期做了 90 个。一共在老挝改造升级了 100 多个变电站，包括电厂、水电站。也就是说，对老挝全国的变电站的监控设备都做了更新换代。

这些设备基本上都是南瑞的设备，所需要的其他非电业的国内其他厂家的设备，也都在施工中加入进去，完全使用了中国的技术、中国的产品、中国的标准。

03

一期结束，老挝国家总理出席了庆祝仪式，感谢中国为他们保证了电网的稳定。赞赏南瑞工程师高超的技术和顽强的敬业精神。

老何谈到，当时，老挝准备安装中国的系统，要先在厂内装一套，让他们过来验收，学习操作。学会之后，再把设备运到现场去安装。

老何他们给老挝的工程师作了整套可行性报告。

到了老挝，设备从海关运过去，还要运到变电站。老何他们觉得这点活儿不值得去找人，找也不一定好找。

于是中国的小伙子自己动手干起来。

他们找来人工叉车，把设备搬下来。

地面有些不平，人工拖拉的叉车晃晃悠悠。车上的设备箱子也不停地晃，同事小周怕箱子掉下来，用力地扶着。过一个坎，车子又一晃,挤住了小周的手。

那个地方有些偏,好不容易找到一家中国人开的诊所。

医生说是骨折,进行了简单包扎,打了破伤风针。

老挝夏天很热,老何怕感染,让小周赶快回国治疗。

小周却说没事,坚持留下来工作。

04

老何带着七八个人,最后工作量大的时候,扩展到 15 个人。

开始要到每个变电站去调研,为日后的安装做准备。

老挝是个长条形的国家,虽然有一条公路叫 13 号公路,从北贯通到南,他们管它叫高速公路,实际上跟高速公路的概念完全不同。

变电站的位置都很偏僻,都在大路之外。有的没有什么路,有路也是土路,一下雨就泥泞不堪。

老何他们从北到南分成几个组,坐着老挝人开的皮卡车,在荒野中颠簸。遇到雨季,车子常常会陷进去,人就得全部下来推车。

北部有的地方不安全,一个叫卡西的地方,还发生过枪击事件。

当年战争留下的地雷也没有排除干净。为了赶路,经常会半夜赶到地点。这些年轻人,还是冒着一定的风险的。

安装中国的系统,需要查看老挝购买设备的有关资料。老挝人却提供不出来,说人家安装完毕就走了。

资料呢,按道理该有设备资料。老何说,应该去变电站找。

老挝人带着老何他们找到一个库房,说如果有就可能堆在这里面。

老何他们翻找起来。各种各样的文件、报告、材料,全是英文。

最终还真找出来了。

05

老何他们去的时候，只会说英语，对老挝本地语言根本不懂。

但是什么能难倒这些头脑灵活、接受事物能力极强的青年呢？他们很快就能听懂一些当地语言，同老挝人沟通便利多了。

在老挝，老何他们也会搞一些"为爱同行"的助学活动，跟老挝的朋友一起参加泼水节、足球比赛。他们说这是文化交流。

不光是搞工程建设、技术支持，通过这种交流，也增进了两国人民的友谊，提高了南瑞的社会影响力。

老何他们的驻地旁边有一所小学，当地的孩子看到他们，总是露出好奇的神情。

开学的时候，老何他们就给孩子们送一些学习用具，孩子们别提多高兴了。

他们幼小的记忆里，有了中国叔叔阳光般的笑脸。

三、沙特市场的新突破

01

沙特智能电能表项目，是沙特实现"2030愿景"的重点项目，是国家电网公司服务"一带一路"建设的重点环节，南瑞集团用电公司参与承担该项目。

凭着良好的工作作风、扎实的专业素质和熟练的英语能力，贺工白天参加业主组织的业务讨论、项目协调各种外部会议，晚上参加总包方组织的现场问题分析、技术方案讨论。

外部加内部，两下里折腾，有时能够统一，有时却有分歧。于是还是内外协调，不断讨论，直到确立到一个目标上来。

而后整理工作日志。整理完，已是深夜。

可以说，他们用行动诠释着"南瑞人"脚踏实地的工作态度。

1977 年出生的贺工，本科在武汉大学学的电气工程，硕士在河海大学读的仍然是电气工程，专业掌握得比较扎实。加上在南瑞的实际应用，可谓是这一领域的专门人才。

他十年如一日，坚持 AMI 领域标准技术的研究和探讨，因而被邀请参加"AMI 国家标准体系建设及技术标准制定"工作组。

他发明的基于设备主动注册机制的"AMI 系统档案同步方法"，在国内外项目中被规模化借鉴和应用。

在南瑞组织的对外技术援助培训班上，外国学员济济一堂，听他讲授"新能源及智能电网技术"，他们饶有兴趣地听取并询问关于"AMI 技术及整体解决方案"，认为中国组织的国际培训十分有意义，是他们在国内所听不到的既有理论又有实际应用的专题课程。

在海外项目上，贺工先是带领团队投入沙特智能电能表项目，主导制定了基于离散时间机制进行数据推送的被动采集方案，在世界范围内，首次基于 NB-IoT 窄带物联网技术，实现了百万级电能表大规模接入及高效数据采集。

他牵头负责智利切昆塔 AMI 及智能电能表 EPC 项目实施，首次实现南瑞自主设计研发制造的成套计量产品在南美市场应用。

在全球疫情持续蔓延的情况下，贺工带领项目成员，毅然赶赴沙特阿拉伯，推进沙特智能电能表项目的实施。

02

现在，新的情况又来了，在事先没有约定的情况下，沙特业主提出要求，要大幅增加窄带物联网（NB-IoT）通信电能表的比例，从计划的 25 万只提升至 200 万只。而此前，全球都没有大规模应用 NB-IoT 方式的电能表项目。

这是一个新提法，也是一个新要求，项目团队面临了前所未有的挑战。因为国内外暂时没有在智能电能表项目中大规模应用 NB-IoT 通信技术的先例。

这会给项目团队带来巨大压力，但对沙特未来智慧城市应用，很有好处。

沙特的提法，自然对他们有好处，如果能够实现，对我们同样有好处。

一是可以锻炼队伍，进一步掌握智能采集通信技术的主动权，为后续项目积累宝贵经验；二是可以扩大影响，提升南瑞 AMI 解决方案的知名度和影响力，为以后的合作铺一条锦绣大道。

干！能不干吗？就是困难多一些，前辈们早就有话，千难万险难不倒南瑞人！

沙特人看贺工这边没有及时回话，也知道是一块难啃的骨头，就说："这只是我们美好的愿望，还需要中国朋友好好考虑，不要勉强。"

贺工说："不用考虑了，满足客户的一切需要，是我们南瑞的一贯作风，你们的建议很好，我们会排除困难，争取圆满完成。"

两国朋友的手紧紧握在一起。

03

贺工对自己的团队说:"没什么好说的,既然人家提出想法,说明我们的产品和市场还有开发的空间,我们要利用这次机会,将这个空间填补起来。"

大家一致认为,这对南瑞是一个挑战,更是一个契机,一定抓住这个契机,全力迎接挑战。

思想统一后,大家摩拳擦掌,说干就干,开始了技术攻关。

原理有了,只要找出关键点,就好突破。

同时,与设备厂商、网络运营商紧密联系,互通信息,联合突破,尽可能得到各方面的支持,让利益最大化。

已经进入了 2021 年,春节很快就到了。

沙特这里没有中国人的春节意识,他们依然在工作,并且关注智能电能表项目的进展情况。沙特项目组成员自然不能回家与亲人团圆,他们仍旧处于紧张之中,丝毫没有节日的轻松。

为满足业主要求的实施进度,确保沙特智能电能表项目如期交付,贺工多次推导验证系统割接方案,组织项目团队一次性将用电信息采集系统,从临时环境割接至永久环境,扭转已安装电能表无法继续注册及现场消缺缓慢的不利局面。

不断探索,不断进步,一点点完成预设目标。

04

完成后,他们就在现场不同的区域,开展大量性能测试,通过不断摸索优化采集策略,最终设计出适配百万级 NB-IoT 通信的

"推+拉"混合式电能表数据采集方案。实现了对沙特西部和南部地区总计约 500 万只智能电能表项目的顺利投运。

这个时候，贺工所带团队，已经在沙特项目现场待了整整 14 个月。

这也是南瑞集团用电信息采集系统业务首次大规模进入海外市场。

2021 年 10 月 1 日，正是新中国 72 周年华诞。

这一天，沙特智能电能表项目，按计划顺利投运并进入运维阶段。这也是南瑞人为新中国生日献上的贺礼。

沙特人知道这天是中国的国庆日，他们向团队表示祝贺。

此后，由于十分满意中国南瑞的产品及团队的出色表现，沙特电力公司业主，再次向南瑞伸出了"橄榄枝"，希望在新能源领域开展更多合作，引进更多的南瑞制造。

四、在海外一线充实人生

01

1987 年出生的小罗，年龄不算大，却已经经历了一般人没有经历过的人生历程。

这是他的宝贵财富，够他受用一生。

当然，他并没有躺在其中睡大觉，而是继续经历着、实践着、充实着、丰富着。

2013 年开始，小罗被南瑞国际公司派往泰国，这是他第一次接触海外一线工程。

作为现场经理，他在泰国一待就是 3 个年头，完成了泰国 20个站点和 10 个新站数字化变电站自动化改造工程，为国际项目履约执行，奉献自己的青春和力量。

从 2015 年开始，又是 3 个年头，小罗在泰国负责实施第一个变电站总包项目。

总包，不再是某项具体的工程，而是一项完全的责任。也就是说，项目所有的内容全在其中，事无巨细，一样不落。

这对于小罗，是此类项目的第一次，也是十分重要的一次。

过去了就是通天大道，过不去，可能再也爬不起来。

能过不去吗？对他来说，还没有过不去的坎。说是尝试，也是真干。尝试只是心理上，真干才是行动。

摸着石头过河，边学边干，边干边学。不懂土建施工过程，就多问师傅，多跑现场，多看资料，多记笔记，并且把 GIS 变电站设备安装和调试流程吃得透透的，对于项目管理，也不断地摸索、试用、征询。

实践是探求的最好方法。

你看，他一天到晚，头戴安全帽，在工地上跑来跑去。

高声喊着，仔细看着，弄得浑身是土，两脚沾泥。

时间一长，人们都信服了他，觉得这个年轻人靠谱，懂行，真抓实干，真心实意。

信服他也就尊敬他，什么事做起来，也就干劲十足，也就认真稳妥，也就顺风顺水。

最终，两座变电站按时投运送电，为南瑞集团继续深耕泰国市场，打下了坚实的基础。

02

小罗不忘将自己的工作经历及工程情况记录下来，总结成文。

这是年轻一代的特点，头脑灵活，积极主动，为以后奠定基础，也为人生打下烙印。积累多了，无论是对个人，还是对南瑞，都必然成为一种宝贵的资产。

3 年过后的 2018 年，又是近 10 个月的时间，小罗再次担起项目经理的重任，接受泰国 LUANGPHAENG 变电站总包项目。

项目包括设备设计、采购、生产、发货等。

这个时候，他已经做得应对自如，一切都在轻松的掌控之中。

工程也就圆满而顺利地完成。

他的出色表现，让公司领导认为，完全可以放手让他到更为广阔的天地去闯一闯。

从 2018 年 10 月开始，随着公司业务的调整，他离开了泰国团队，被派往南瑞国际公司在欧盟的第一个自主执行总包项目，担任希腊 NAXOS 岛 150 千伏变电站总包项目管理。

说起来，又是 3 年时间。

人生有多少个 3 年，小罗就这样，3 年一个台阶，3 年一个台阶地往上登攀，不停地登攀。

03

他到了希腊以后，解决了当地的税务问题，完成了主设备的设计、采购、生产、发货以及清关工作，并克服疫情带来的重重困难，完成项目移交和送电投运。

这些工作说起来容易，做起来却难，都需要一件件去考虑、去安排、去奔走、去协调。

每一件都是大事情，不能等闲视之，每天要做什么，如何做，临上床休息，还要在脑海里过电影，把不利的因素、可能遇到的问题考虑好，第二天信心满怀地迎接新的一轮朝阳。

投运仪式上，希腊的重要官员、主要媒体都来了，来祝贺中国在电力方面对希腊的支持和贡献。

纳克索斯岛市长、希腊环境和能源部长，以及业主希腊国家电网公司总裁兼首席执行官，在发言中分别表示，在全球疫情暴发的背景下，中国承建的项目能够克服各种困难，如期成功投运，实属奇迹。

为此，他们对中方项目执行成果，给予高度赞许，并期待后续有更多的合作。

这种态度是真实的愿望，因为他们感受到了中国承诺、中国效率、中国精神。

当然，在与中国电力人的接触中，他们也感受到了友好、真诚和信心。

这项工程，也为南瑞集团乃至中国企业在希腊，乃至欧洲后续市场的开拓，奠定了坚实的基础。

04

从2021年4月起，随着南瑞国际化业务的深入，南瑞的美洲区域市场实现了新的突破，根据安排，小罗需要同时负责希腊纳克索斯岛扩建项目和智利切昆塔DAMASCAL项目的工程实施工作。

在进行希腊项目的同时，还要跨时区工作，实现希腊（东二区）、中国（东八区）以及智利（西四区）三个时区的团队资源整合及协调，实现项目的快速推进。

在做好项目的同时，他还具体负责筹建智利本地的执行团队、机构设置、内部流程等相关事宜，尝试通过本地化来推进项目履约，寻求新的人才国际化的思路，为公司持续发展提供坚强支撑。

真的是能者多劳，他乐在其中。他就在这些地方和项目之间来回地奔走着，安排着，协调着，以让海外人员发挥最大作用，让项目取得最大效益。

小罗乘坐着各种交通工具，海陆空满世界穿行，有时会遇到弥漫的风雪，有时会逢到春和景明。

远处的城堡、近处的花海，都会进入眼底。

但是这些都在他身边迅疾地闪过。

他的心里装着的，唯有工作、工程、工地。

05

小罗不断地会见各种人士，签署各种文件合同，解决各种问题。

如果是在以前，在国内，他可能会随时找领导汇报，回家时会向家人絮叨絮叨。

但是现在，多是一个人承担。

多少困难、多少纠纷、多少问题，都要一个人随时随地地解决，答复。

经历了如此的日日月月，他变得成熟，沉稳，果敢。

因为他的身后，是强大的南瑞，他所做的一切，所代表的一切，都是南瑞。

南瑞的担当，南瑞的精神，都在他心里装着，他每天践行着一个企业的文化素养和文化指向。

是啊，在南瑞这个大熔炉里，他一点点地百炼成钢。

为了在海外顺利开展工作，他还努力争取了国外的资格认证。

这也是要费一番心血的，有了认证，就有了行业内部的通行证。

2017年，获得美国项目管理协会PMI的PMP项目管理师称号。

2019年，获得英国工程技术学会的英国皇家特许工程师称号。

当然，他的努力，也必然地得到南瑞的认可，在南瑞的推荐下，小罗成为南京市2021年度十佳海外项目经理。

五、产品服务中心来的埃及人

01

走进南瑞调度自动化产品在线服务中心，偌大的空间里是一排排桌子和一台台工作站。

在几部电脑前，竟然聚集着一群老外。

他们聚精会神，盯着屏幕，不时地交流几句。更多的时候，是听南瑞技术人员的指导。

在一台工作站前，一个南瑞的女老师，正在一对一地辅导一位女子。

那女子十分认真地操作着，并使用手机全程录制，以备复习。这个景象，很像是辅导班上的教学。

服务中心朱经理说，这些老外，是埃及派来的工程师。

我数了数，整整 10 位。

02

隶属于埃及电力部的埃及输电公司，是埃及境内唯一一家经营输电、供电业务的企业。

2020 年 1 月 2 日，南瑞集团、埃及 Egypt Tech 公司等组成联合体，与埃及输电公司签订了埃及开罗区调改造总包项目。合同总金额为人民币 4.7 亿元。

这个项目，是埃及首都重点电力保障项目。

建成后，将实现埃及首都电力调度智能化升级，保障电网安全稳定运行。

因此备受业界关注。

南瑞集团主要负责项目调度主站软件及硬件部署、机房装修、153 个变电站远程终端设备改造及调度接入。

目前，项目的调度系统在开罗现场顺利调试、测试。

03

调度系统的操作及运维培训，关系到电力调度系统的安全稳定运行。

在与南瑞签订调度系统供货合同时，为保障南瑞调度系统正常投入运行，埃及方面对培训提出了较高要求。

南瑞集团为埃及输电公司划定了 39 名调度员、运维人员、高级应用工程师及管理人员，并分批次提供累计 1000 人天的在华调度系统培训。

这些培训内容，包括SCADA软件、高级应用、调度员仿真系统、前置采集系统等功能模块及第三方系统、设备的软硬件。

因而，南瑞集团为此次培训量身定做，设计搭建了仿真环境。

使仿真系统的数据、界面与现场同步，尽可能满足埃及人员沉浸式学习的要求。

04

埃及方面每次精选出10名技术骨干，飞赴中国，到这个颇为神秘的地方学习一系列操作技能。

这已是埃及输电公司选派的第4批技术骨干。

他们怀着好奇与真诚，决心把所有技术学到手，切实掌握SCADA和高级应用软件系统。

我所看到的，便是埃及输电公司开罗区调计算机管理部门的2位高级经理及 2 位高级应用工程师，还有计算机部门的 6 位SCADA工程师。

南瑞集团电网调控技术分公司的国际工程部，派出技术精湛、对系统了如指掌的技术人员作为导师，对他们悉心指导。

培训期限为42天。

埃及的10位技术骨干，深切感觉到时间紧迫，任务艰巨。

他们要在规定时间内完全掌握平台维护、数据库软件、高级应用软件的操作。

中国方面的3位导师，也是担心不能达到预期目的。

大家每天不约而同地早早来到这个宽敞的大厅，很快进入各自角色。

05

埃及方面没有想到，仅仅是 3 位中国专家，就完全能够把控全局，指导他们一点点掌握各种技能。

不能有一丝含糊，不然回去在真正应用时会抓瞎。

所以埃及工程师会提出各种想到和想不到的问题。

中国专家听了，便会耐心地指导、解说，看他们还不明白，就反复讲解，直到他们满意地点头。

埃及人员感到钦佩的，还有中国专家的英语表达能力，他们对那些专业术语也能表述得十分清晰。有时候他们聊着聊着，会露出会心的微笑。

正是初春时节，瑞园内青草泛绿，鲜花开放，鸟儿欢鸣。

埃及的 10 位技术人员，同南瑞员工走在其间，走向工作的大楼。他们的心中有种说不出的感觉，因为他们看到南瑞的这些青年人，充满了朝气和自信，每个人都有着不凡的身手，有着征服一切的信念。

在一天天的交往中，他们感同身受，中国的设备和技术，中国的人员和服务，都是顶级的，让人信服的。

尤其是，他们深深体味出中国文化的内涵和力量。

每个南瑞人所带给他们的，都是那种自信、自立和自强。

他们举止大方，态度友好，观念超前。让人感到，一个企业的无限的生命力，就在他们身上体现出来。

由此，随着日历的翻动，逐渐的接触中，便有了潜移默化的作用。

他们回去，也便带有了这种充沛的企业感情和认真的工作态度，带有了向上、向善、向美的精神元素，带有了用心投入、迎难而上、力争更好的果敢担当。

六、373 天的坚守

01

巴西美丽山特高压输电二期项目工程，不少南瑞人都在其中，参与了各种项目的工作。每一个人的工作不同，经历不同，体验也不同。

在里约换流站，就有南瑞集团中电普瑞的小李，他从北京到巴西里约热内卢的帕拉坎，跨越三大洲两大洋，飞行差不多 30 小时，一下子就把地球看够了，把飞机也坐够了。

当然，他也没有想到，此一去，会在巴西值守 373 天。

02

2020 年 12 月 28 日，距 2021 年农历春节还剩 45 天，小李接受了任务，他不能在家里过春节了，需要出发前往巴西里约热内卢的帕拉坎比，负责巴西美丽山特高压输电二期项目里约换流站的驻站值守保电任务。

这个时候，正是海外疫情肆虐时期。

小李说："一方面，项目建设初期就已经定好了后期值守人选，这是我的分内工作，不能因为疫情就不去；另一方面，只有我去了，之前值守的同事才能回来，我更有责任去。"

他朴素的话语里，体现了责任与担当。

那几天，妻子总是露出无助的目光，春节都不能在家团圆了。而且此一去，还不知道多少天才能回来。临走的那几天，他总是不断地干活，不断地采买各种东西。只有这样，心里才舒服一点。

03

临行，妻子给他戴上了一个手链，妻子说："这是我亲手做的，你戴上，能保健康平安。你一定要注意。希望能早点回来。"

小李感动了，拉着妻子的手说："放心吧，我会注意的。只是苦了你，要照顾家照顾孩子，老人那里有事也要管。"

妻子说："你放心去吧，不用多操心。唉，从你走后，我又得数着天数过日子了。"

他知道，每次回家，都能看到那本日历上，妻子用笔划掉的一个个数字。

抱起 3 岁的孩子，亲了又亲，他说："好好在家，听妈妈的话，爸爸很快就会回来。"

04

到巴西不久，就到了春节新年，这是中国的节日，当地却没有多少节日的气氛。

这是小李第一次在异国他乡的工程现场过春节，他叫上项目现场的另外几个中国同胞一起做了一桌子饭，简单地过了个年。

他不忘同妻子视了个频，妻子说："你黑了。"小李说："你瘦了。"妻子说："瘦了吗？那倒是好，我还怕胖呢，等你回家认不得了。"

小李说："我这里都好，我们还一起吃了一桌饭，大家都很快乐。"

工地离得远，没有食堂，中午要吃饭就得自己带，带的也都凉了。小李便将一日三餐改成了两餐，也就是早餐吃得饱一点，下午下班后再回去自己做晚餐。

同样不方便的还有物流。帕拉坎比是个小镇，由于疫情影响，店铺关门的不少，想买一支笔都很困难。其他东西也一样，即使有卖，价格也很贵，当然，还有就是生活单调，单调得近乎无聊，寂寞、孤独的感觉都有，思乡和怀念的感觉更甚。但一天天地，他都克服了，只要一投入工作，就什么都忘了。

05

巴西那里白天的温度最高有 38 摄氏度。早晚会凉爽一些。小李的任务是驻站值守保电，为业主提供换流阀设备技术支持。温度越高，越能真实反映换流阀设备运行情况。

因此，小李绝对是要冒着高温爬上 30 多米高的阀厅去巡视。

换流站的阀厅是没有电梯的。每天穿好防护服，戴好安全帽，系好安全带，背上巡视装备，一步一步在阀厅外面的钢梯上攀爬着。

这是体力和耐力的考验，是责任和信心的坚持。

"工程值守就必须要站好岗、放好哨、严密监视设备运行情况，及时发现设备状态参数变化，一有风吹草动，便第一时间报告相关人员，提前采取针对性措施。"

为了与巴方人员交流，小李还学会了简单的葡萄牙语。

06

"爸爸，你什么时候回来呀？我好想你！"每次与家人视频通话，3 岁的孩子就会这么问他。

"快了，快了，爸爸很快就回去了。"

孩子说："我都上中班了，爸爸还没回来。"

小李一遍遍安慰着孩子，心里也满是对家人的思念。

时间总算是一天天过去了。小李即将完成此次驻外值守任务，准备回国。

小李突然接到业主通知，希望他能留下来执行额外的检修任务，是的，是额外的要求，对方也知道。小李更知道。但是为了国家声誉，为了南瑞信誉，他还是留下来。将好不容易买到的"一票难求"的机票退了。

他跟妻子和孩子说，快了，前面都坚持下来了，后面的就有盼头了。我如果回去，这里的检修还得找人做。来一趟去一趟的不容易。

就这样，又在巴西继续值守了 58 天。

07

2022 年 1 月 7 日，这个久盼的时日，小李终于登上了回国的飞机。离祖国离家那 30 个小时的距离，已经感觉近在咫尺。

这个时候，距 2022 年的春节，仅剩了 24 天。

巴西美丽山特高压输电二期项目，是中国特高压"走出去"的重点工程，已成为中国走向世界的一张"新名片"。

为了这张新名片，南瑞无数个小李跨越山海，以自身的努力坚守，唱响了伟大中国的颂歌。

南瑞用扎实的实践证明，只有抢占世界电力前沿技术制高点，使得核心技术产品和解决方案走向世界，才能让中国品牌赢得国际市场。

随着一项项亮眼工程的落地，更多的"中国标准"被越来越多的国外客户认可和采用，南瑞产品在国际上越来越受青睐。

目前，南瑞集团的产品和服务遍及 130 多个国家和地区，形成了以电网调度自动化、变电站保护及自动化、直流输电及柔性交流输电、AMI 及智能电能表等为代表的国际化系列产品，累计签订海外合同超 300 亿元，产品通过 439 项国际认证测试。

潮平两岸阔，风正一帆悬。

尾 声

一、五十年华诞

01

2023 年 12 月 28 日，南瑞迎来了她 50 年华诞。

职工礼堂响起庄严的乐曲，老中青职工代表集聚一堂，共同纪念南瑞这个辉煌的节日，并举行"光耀传承五十载　牢记嘱托再启航"主题活动。

顾盼往昔，50 年如云烟，那烟云伴着杲杲朝阳一次次腾起，辉耀南瑞集团的天际。

半个世纪以来，南瑞人在极其艰苦的条件下，从 1973 年的春天出发，乘风破浪，高歌猛进。

他们以强烈的使命和担当，在不断追求科技创新的征途上，践行科技自立自强，推进产业转型升级，推动创新链与产业链深度融合，从无到有、从弱到强，逐渐发展成为我国技术水平领先、产业动力强劲的能源电力领域的龙头企业、高科技产业集团。

同时仍旧不断进取，开拓创新，在大电网安全稳定控制、继电保护、电网调度、变电站自动化、特高压交直流输电、柔性交直流输电等领域不断突破，攻克多项世界性难题，成为国内乃至世界能源电力的引领者。

现在，南瑞更是承载着新的历史使命，加快新型能源体系建设，为实现"双碳"目标，为建设一个清洁美丽的世界，贡献自己的力量。

02

老员工和新员工代表依次上台。

那是一个队列，表明南瑞集团连续的接力奋进。

老员工们显得很高兴，他们促进和见证了南瑞的发展，更是看到了南瑞的未来。

作为集团发展的突击队，南瑞的未来就在青年一代身上。

纪念活动让员工们更有了一种幸福感、荣耀感。他们要以强大的凝聚力，书写好新时代的华彩篇章。

礼堂周围，是职工们50件书法、绘画、篆刻、摄影作品。

每一张影像都炫彩夺目，每一幅丹青都诗情激荡。良好的艺术感知，讴歌着南瑞50年的光辉历程，抒发着人们不负韶华的凌云豪情。

03

纪念活动隆重而热烈，有回顾，有展望，有寄托，有担当。鲜花献给老一辈功勋，掌声送给新一代力量。

老一辈南瑞人代表，沈国荣院士上台发言。

他说："作为一名老科研工作者、一名老南瑞人，看到如今的发展成绩，我倍感欣慰和自豪！在南瑞这片沃土上，我们共同谱写了拼搏奋斗的诗篇。在未来，也希望大家继续传承发扬团结拼搏、求实创新的南瑞优良传统，不断将我们的南瑞推向辉煌！"

南瑞研发中心的金玉龙，代表青年科技工作者，向南瑞集团广大青年，发出《牢记嘱托担使命　赓续传承建新功》的倡议书。

这位清华大学的硕士慷慨激昂地说："作为南瑞的青年一代，我们将提高站位、立足岗位、敬业奉献，切实当好'国之大者'的忠实践行者。"

金玉龙倡议："作为集团发展的生力军和突击队，将大力发扬'努力超越　追求卓越'的企业精神，接续传承南瑞优良传统、厚植爱企情怀，凝聚奋进力量，奏响青春强音，全力打造南瑞，推动集团基业长青。"

04

集团董事长在会上讲话："回望奋进路，我们初心如磐，不负使命担当。我们传承创新，勇攀科技高峰。我们主动变革，持续发展壮大。"

展望未来，他豪情满怀地说：

"我们要肩负重任，挺起中国电力事业的'脊梁'。

"我们要走好创新之路，激发蓬勃动力。

"我们要永葆改革之志，增强发展活力。汇聚人才之力，筑牢发展根基。

"我们要传承精神之火，书写璀璨篇章。"

作为集团领导，他信心十足：

"一代人有一代人的使命，一代人有一代人的长征，未来发展志在万里，今朝南瑞风华正茂！"

二、祝福，希望

01

说实在的，在南瑞走访，所见到的每一个人，听到的每一个故事，都值得写下一笔。

南瑞的老中青三代，每个人身上都诉说着动人的情怀，都可以说是南瑞的发展史、奋斗史。书中出现很多化名，因为这不仅是他的故事、她的故事，更是以他们为代表的那一群人的故事。

南瑞的 50 年里，他们是一个个体又是一个整体，他们以丰实的棵穗，推涌起南瑞的麦浪滚滚；以点点辉光，燃亮了南瑞的璀璨星空。

02

直到现在，我没有见到一部专门描写他们的作品，甚至没有一套完整的记录。

明明是惊天动地的史诗，怎么能成为文学遗忘的角落？不，即使我来得有些晚，即使时间有限，也仍然让我感受到那激情燃烧的岁月、嘹亮的进军号角、铺满天际的锦绣华章。

我想我不会忘记他们，南瑞不会忘记他们。多少年后，也许我还会再来，来看看那些写到或没有写到的朋友。

真的，你们的故事常常感染着我，感动着我，我为有这样一个甘于奉献、勇于拼搏的集体而欣慰。你们是国之精魂、国之栋梁。有了你们，电力有希望，国家有希望，人民有希望。

03

我们看到，又一天的朝霞中，这支实力雄厚、作风过硬、威武整齐的队伍，正重整行装，行进在新的征程上。

临别，我再次回首，望向那个优雅而葱茏的园区。

南瑞，那是一个企业的名字，也是一个美好的象征，是一个祝福、一个希望。